短视频教程
策划与内容生产策略

钟欣颖　胡筱◎编著

中国国际广播出版社

图书在版编目（CIP）数据

短视频教程：策划与内容生产策略 / 钟欣颖，胡筱编著. —北京：中国国际广播出版社，2022.10（2023.9重印）
ISBN 978-7-5078-5225-7

Ⅰ.①短… Ⅱ.①钟… ②胡… Ⅲ.①网络营销—教材 Ⅳ.①F713.365.2

中国版本图书馆CIP数据核字（2022）第188960号

短视频教程：策划与内容生产策略

编　　著	钟欣颖　胡　筱
责任编辑	屈明飞
校　　对	张　娜
版式设计	陈学兰
封面设计	赵冰波

出版发行	中国国际广播出版社有限公司［010-89508207（传真）］
社　　址	北京市丰台区榴乡路88号石榴中心2号楼1701
	邮编：100079
印　　刷	天津市新科印刷有限公司
开　　本	710×1000　1/16
字　　数	290千字
印　　张	20.5
版　　次	2022年12月　北京第一版
印　　次	2023年9月　第二次印刷
定　　价	68.00元

版权所有　盗版必究

本研究系"教育部产学合作协同育人项目：基于《纪录片创作》课程'第一、二、三课堂融合模式'实验实训研究"（项目编号：220605744100312）阶段性研究成果。

序

党的二十大报告提出，要增强中华文明传播力影响力，坚守中华文化立场，讲好中国故事、传播好中国声音，展现可信、可爱、可敬的中国形象，推动中华文化更好走向世界。作为重要的人才培养平台，高校有责任回应国家的需求，培养出更多满足时代需求的、有历史责任感的、有勇力担当的优秀人才。

随着移动端的日益便捷和 5G 时代的到来，短视频已成为当今信息的主要传播方式之一，在百姓故事的讲述、企业品牌文化的推广、民族文化的传播与振兴、国家形象的构建与表达等方面起到了积极的推进作用。同时短视频的制作也不再是传媒行业的专属，从官方到民间，从明星到素人，从发现选题到制作内容再到发布信息，短视频给各个层面人士都提供了一个较为开放、宽容、自由的平台，有效地传递了个人诉求及家国情怀。在短视频发展的十多年间，无论是个人的短视频账号，还是各类有较大影响力的短视频 App、知名短视频 UP 主，都积极主动地"表达"自己的见识与观点。尤其是一些优秀的短视频作品从地方传播到全国，又从全国传播到国际。优秀的短视频一方面传承中华优秀传统文化，满足人民日益增长的精神文化需求，另一方面对外展示中华文明的精神标识和文化精髓，有效地讲好中国故事、传播好中国声音，展现出可信、可爱、可敬的中国形象。短视频借助其社交传播属性的优势和大数据智能推荐的算法，深化文明交流互鉴，推动中华文化更好走向世界。

短视频之所以能够获得"快生长"，其本质是充分满足了人们的潜在需求，短视频是社交裂变中的内容产物，相比其他影片类型更契合用户对内容消费的需求，其传播方式极大地适应了用户碎片化的生活方式。同时，短视频制作的低门槛也让更多的用户参与其中，许多短视频的用户同时也是短视频的创作者，这极大地释放了短视频的生产力。展望未来，短视频拥有广阔的发展前景，"短视频+"模式将逐渐形成并备受瞩目。"短视频+直播""短视频+电商""短视频+社交"等模式将成为短视频行业发展的新趋势、新生力。

目前，随着国家对短视频产业扶持力度的加大，国内许多高校开始开设和短视频相关的课程，从前期的策划到中期的拍摄、主持、表演，再到后期的制作与营销，都有涉及。钟欣颖、胡筱两位教师在短视频教学和研究方面各有所长，钟欣颖老师擅长短视频的选题、策划、制作，胡筱老师擅长短视频 UP 主和账号的范例解析。两人在学术上相得益彰，合作出版的短视频教材为高等院校传媒类专业下的短视频制作课程提供了策划和生产策略。两位青年才俊以"新文科"建设为起点，紧贴学生的需要与时代的发展，能够抓住高等教育的新形势、新方向、新变化，与时俱进，实为不易。

该教材以短视频类型来划分整体内容生产策略，不同类型短视频对应不同的生产策略，打破了大部分短视频教材把重点放在拍摄技术或营销层面上，厘清了短视频制作的基础理论，立足于策划和内容生产的核心问题。同时两位老师还在短视频 App 中经过海量筛选与研究，找到了最契合理论学习的实践作品作为案例分析。该教材不是"纸上谈兵"，而是将理论知识与实践方法统一融合，分类清晰、内容详细、易于理解，让学生有明确的学习目标，老师有明确的教学目标，不仅适用于在校学生的系统学习，也适用于一线制作人士自学。

该教材的出版将为短视频领域的教学发展添砖加瓦。新媒体领域的学术研究和教学实践任重道远，相信以两位老师严谨的学术态度与专业的教学水平将来会撰写出更多优秀的新媒体著作。

是为序！

谢梅

2022 年 11 月 22 日于成都

目 录

第一章　短视频概论 / 001

第一节　短视频的定义 / 001

第二节　短视频的发展历程与现状分析 / 003

第三节　短视频行业发展的新趋势 / 014

第四节　短视频的特征 / 019

第五节　优质短视频的五要素 / 026

第二章　短视频领域的精准定位 / 033

第一节　自我分析 / 033

第二节　用户画像分析 / 037

第三节　竞品分析 / 043

第四节　USP 定位 / 048

第三章　短视频的策划 / 051

第一节　优质账号的策划 / 052

第二节　爆款选题的策划 / 056

第三节　优质内容的策划 / 068

第四节　优质短视频的包装策划 / 075

第四章　短视频制作团队的搭建 / 086

第一节　短视频从业人员的职业素养 / 086

第二节　人员配置 / 092

第三节　不同类型短视频团队分工 / 097

第五章　短视频的拍摄与制作 / 103

第一节　前期创作准备 / 104

第二节　中期创作拍摄 / 110

第三节　后期剪辑包装 / 127

第六章　生活服务类短视频的策划与制作 / 139

第一节　生活服务类短视频的特点 / 139

第二节　生活服务类短视频的要素 / 146

第三节　各类型生活服务短视频的内容生产策略 / 149

第七章　知识教育类短视频的策划与制作 / 161

第一节　知识教育类短视频的特点 / 162

第二节　知识教育类短视频的要素 / 170

第三节　各类型知识教育短视频的内容生产策略 / 177

第八章　搞笑类短视频的策划与制作 / 200

第一节　搞笑类短视频的特点 / 201

第二节　搞笑类短视频的要素 / 204

第三节　各类型搞笑短视频的内容生产策略 / 212

第九章　人际交往类短视频的策划与制作 / 224

第一节　人际交往类短视频的特点 / 224

第二节　人际交往类短视频的要素 / 227

第三节　各类型人际交往短视频的内容生产策略 / 229

第十章　技艺展示类短视频的策划与制作 / 241

第一节　技艺展示类短视频的特点 / 242

第二节　技艺展示类短视频的要素 / 243

第三节　技艺展示类短视频的内容生产策略 / 246

第十一章　广告宣传类短视频的策划与制作 / 255

第一节　广告宣传类短视频的特点 / 255

第二节　广告宣传类短视频的要素 / 261

第三节　各类型广告宣传短视频的生产策略 / 264

第十二章　网络微短剧的策划与制作 / 275

第一节　网络微短剧的特点 / 276

第二节　微短剧的要素 / 280

第三节　各类型网络微短剧的内容生产策略 / 284

参考文献 / 305

后　记 / 311

第一章　短视频概论

本章将从短视频的定义开场,从短视频领域的宏观发展到短视频各个代表性应用程序(App)的过去、现在与未来的梳理,分析短视频的共性特征和要素,让大家对"短视频"及其行业有一个总体的认知。

因此,本章你将学到以下内容:
1. 短视频的概念;
2. 短视频经历的发展阶段;
3. 短视频的"新"的具体表现;
4. 短视频的特征;
5. 优质短视频具备的要素。

第一节　短视频的定义

从人类开始使用符号、语言、文字,到图像、音频、视频,再到今天的短视频,每个时代都有自己的信息传播媒介。

随着移动终端的普及和网络的提速,"短、平、快"的大流量传播内容逐渐得到各大平台、粉丝和资本的青睐。如今,观看短视频已经成为人们打发碎片化时间的主要方式,那么现在人们口中的短视频究竟是什呢？我们应该给它下一个定义。

通常意义上，大众所提到的短视频一般指的是在互联网新媒体上传播的时长在5分钟以内的视频短片。根据短视频的特点，我们可以进一步地、更加清晰地界定，短视频是一种继文字、图片、传统视频之后的一种新兴的互联网内容传播形式，它融合了文字、声音和视频，主要依托于移动智能终端实现快速拍摄和美化编辑，应该适合在各种各样的新媒体平台上播放，应该适合用户在移动状态或短时间的休闲状态下观看，应该可以在社交媒体平台实现实时分享，应该具有较高的推送频次，应该具有相对较短的时间长度，可以更加直观、立体地满足用户表达和沟通的需求，满足用户相互之间展示与分享信息的诉求。

"短视频"这个名称的重点在于"短"，因此在定义它的时间长度方面，各界一直都有争议，也是最难定义的。

最早的短视频可以追溯到2005年，境外视频网站YouTube（优兔）上出现了一个名为《我在动物园》的19秒视频短片，上传者是网站创始人之一的贾德·卡林姆，他使用的YouTube账号是"jawed"。这个视频短片改变了人们对于视频时长的认知。

微信（6.5.1版本）在2016年12月上线短视频功能的时候，将用户发布到朋友圈的随拍短视频限定在了更短的10秒内。

2017年3月，易观分析发布的《中国移动短视频市场专题分析2017》提到短视频的定义是：移动短视频是指视频长度在20分钟以内，在移动互联网环境下拍摄制作、上传观看、分享互动的视频短片。

2017年4月19日，快手官方给出的短视频定义是短短的四个字："57秒，竖屏"。

2017年4月20日，今日头条副总裁赵添又说，4分钟才是短视频最适合播放的时长。

抖音限定了一个更短的15秒作为"抖音标准"，但2019年4月，抖音还是向所有用户开放了1分钟视频的权限，并在几个月之后，进一步将其平台的短视频时长限制延长到了 15 分钟。

其实，随着短视频内容生产策略的变化和发展，随着用户对于短视频内容价值的追求，无论短视频的时长如何定义，只要用户在移动网络平台上观感舒适、不觉冗长，注意力能够被一直吸引，就是短视频的最佳时长。

第二节　短视频的发展历程与现状分析

一、发展阶段

从 2004 年到 2011 年长达 8 年的时间里，随着优酷、乐视、搜狐、爱奇艺等视频网站的相继成立及用户流量的持续增加，全民逐渐进入网络视频时代。

当移动互联网终端开始普及，网络速度增快，网络流量资费逐渐降低，更加贴合用户碎片化内容消费需求的短视频凭借着"短、平、快"的内容传播优势，使各大内容平台、用户，以及资本等多方迅速反应，给予了大量的支持与青睐。

自 2013 年新浪微博和"秒拍"合作，短视频在我国互联网的土壤上开始快速成长。2016 年，"papi 酱"成为现象级"网红"，开启了短视频元年，自此短视频进入蓬勃发展阶段。2017 年，短视频流量变现规模已达 57.3 亿元。2018 年，短视频内容爆发式增长，整个行业欣欣向荣。2020 年，短视频用户规模已达 8.73 亿。各互联网巨头都将短视频提到了核心战略地位，强势投入重金与资源来推动用户增长。

总体来说，短视频经历了萌芽期、探索期、成长期、成熟期和突破期五个发展阶段。

1. 萌芽期（2004—2011年）：短视频初露锋芒

短视频的源头有两个，一个是短的影视节目，如微电影；另一个是视频网站播放的网络短片。

2004年，我国首家专业的视频网站——乐视网成立，拉开了我国视频网站的序幕。

2005年，美国的视频分享网站Youtube等备受用户欢迎，其发展经验和成功模式也引起了我国互联网企业的关注，土豆网、56网、激动网、PPTV（聚力视频）等相继上线，成为我国视频网站群体发展初期的主要成员。

视频网站在国内刚兴起时，就以用户上传分享的短视频见长。例如，2005年底，时长20分钟的网络短片《一个馒头引发的血案》爆红，下载量击败电影《无极》，被认为是微电影的雏形。此后，在优酷、土豆、搜狐视频等平台力推之下，《青春期》系列、筷子兄弟的《老男孩》等短片涌现，不少知名导演、演员以及大量"草根"拍客加入微电影大军，无数网友也纷纷拿起DV（数码摄像机）、手机，开始拍摄、制作短视频。微电影推动了短视频的"草根化"，无意中培养了网友利用碎片化时间拍摄、制作、上传、观看短视频的意识。①

但在PC（个人计算机）互联网时代，视频网站内容以传统电视传媒的内容上线为主，短视频只是补充。进入移动互联网时代后，短视频才得到发展。

2. 探索期（2012—2015年）：各类短视频平台崛起

随着移动互联网时代的到来，信息传播的碎片化和内容制作的低门槛促进了短视频的发展。

2011年3月，北京快手科技有限公司推出一款叫"GIF快手"（一般指快手）的产品，用来制作、分享GIF（图形交换格式）图片。

---

① 运营那些事儿.短视频发展简史：从20分钟到15秒的新秩序［EB/OL］.（2018-06-07）. https://www.niaogebiji.com/article-17658-1.html.

2012年11月,"GIF快手"转型为短视频社区,改名为"快手",但一开始并没有得到特别多的关注。

2013年1月,"小影"安卓版上线后,为用户提供滤镜、配乐、海报等多种视频剪辑素材,在10个月内收获注册用户超100万,每天上传分享视频超1000条。其创始人韩晟曾将"小影"定位为"手机视频里的美图秀秀"。同年,微视诞生,意味着短视频走过了移动工具的第一阶段。同在这一年,新浪微博推出了秒拍,刚转型短视频的快手迎来了宿华。此外,微拍、啪啪奇、微录客等一大批短视频应用加入竞逐,小影等工具类短视频应用悄然壮大,以微电影为代表的微视频应用也在抢夺用户时间。

2013年,注定是移动短视频元年。

2014年,随着智能手机的普及和无线网络技术的成熟,短视频的拍摄与制作更加便捷,智能手机成为视频拍摄的利器,人们随时随地拍摄、制作、分享短视频成为一种流行文化。

2014年春节,百位明星齐聚微视拜年,并在电视上轮播。2014年8月,慈善活动冰桶挑战进入国内,72小时内,就有122名明星使用秒拍发布冰桶浇身的视频,最后共计2000名明星参与,秒拍日活用户达到200万。2014年9月,"一条"在微信公众平台推送,这个用户群定位为中产阶级,主打生活美学的短视频新媒体,每条视频3~5分钟,包括美食、建筑、摄影、茶道、手工艺等视频内容。

2015年,快手、美拍、秒拍都迅速崛起,也迎来了用户数量的大规模增长。2015年5月,美拍日活跃用户达1431万。与此同时,一下科技旗下另一款短视频应用小咖秀上线,仅两个月,小咖秀便冲到排行榜第一名,截至2015年8月,小咖秀日活达500万,日均原创短视频达到120万条。

短视频的生产模式由专业生产内容(Professional Generated Content,PGC)转向了用户原创内容(User Generated Content,UGC),这无疑让短视频的产量随之剧增,各类短视频平台也如雨后春笋般纷纷涌现。

3. 成长期（2016—2017 年）：短视频行业井喷式爆发

中国短视频史上刻下了一个名字——姜逸磊（网名"papi 酱"）。2016年，这个自称"一个集美貌与才华于一身的女子"通过 3 分钟短视频将优质内容的价值推向一个新的高度。因此，她曾估值 1 亿元，一条广告价值2200 万元，随后，万千网友争相模仿。

2016 年是短视频行业迎来井喷式爆发的一年，各大公司合力完成了超过 30 笔的资金运作，短视频市场的融资金额更是高达 50 多亿元。随着资本的涌入，各类短视频 App 数量激增，用户的媒介使用习惯也逐渐形成，平台和用户对优质内容的需求不断增大。

2016 年 9 月，抖音上线，其最初是一个面向年轻人的音乐短视频社区，到了 2017 年，抖音进入迅速发展期；而快手在 2017 年 11 月的日活跃用户数超过了 1 亿。

伴随着更多独具特色的短视频 App 的出现，短视频创作者也纷纷涌入，短视频市场开始向精细化和垂直化发展。此时，主打新闻资讯的短视频平台开始出现并急速增长，如《南方周末》的"南瓜视业"、《新京报》的"我们视频"、界面新闻的"箭厂"等。

在短视频的成长期，内容价值成为支撑短视频行业持续发展的主要动力。

4. 成熟期（2018 年）：短视频行业发展回归理性

从成长期走来，短视频行业经历"杂草丛生"的行业乱象，2018 年，有关部门开始出台相关政策，规范短视频行业的发展乱象，一些短视频平台和一些网红被封禁，短视频市场暂时进入遇冷期和瓶颈期，但这也给了短视频行业更多理性思考的空间，为短视频行业向更为成熟的领域发展提供了契机。同年，快手、抖音、美拍相继推出商业平台，短视频的产业链逐步形成。而后短视频平台方和内容方不断丰富细分，用户数量大增的同时商业化也成为短视频平台追逐的目标。如今，以抖音、快手为代表的短视频平台月活用户环比增长率出现了一定的下降，用户规模即将饱和，用户红利逐步减弱。如何在商业变现模式、内容审核、垂直领域、分发渠道等领域更为成熟,成为短视频行业发展的新目标。

5. 突破期(2019年至今):寻找短视频市场的蓝海领域

2019年MCN(多频道网络)产业依然强势崛起,以PGC和PUGC(专业用户生产内容)为主的优质内容视频受到用户青睐,知识类、精致类短视频生产者开始大量涌现,短视频市场开始向规范化、精品化、个性化发展。

随着5G(第五代移动通信)技术的发展和AR(增强现实)、VR(虚拟现实)、无人机拍摄、全景技术等短视频拍摄技术的日益成熟及广泛应用,短视频为用户呈现出越来越好的视觉体验,有力地促进了短视频行业的发展。

(1)"短视频+"模式逐渐形成。

在短视频市场如火如荼的竞争下,人们都在努力寻找市场发展的蓝海区域,而"短视频+"的模式备受瞩目。例如,短视频平台与电商平台共同积极响应国家网络扶贫政策,开拓出通过"短视频+直播"和"短视频+电商"售卖农副产品的渠道,其传播路径更短、效率更高,能够给消费者带来更加直观、生动的购物体验,产品转化率高,营销效果好。显而易见,"短视频+直播"和"短视频+电商"将成为短视频发展的全新赛道。

随着5G时代的开启,"短视频+社交"模式正在成为下一个风口。据艾媒咨询数据显示,37.3%的用户愿意采用短视频代替文字交流。未来,5G将为视频类社交方式带来新的变革。

(2)短视频与长视频融合发展。

短视频"变长",长视频"变短"已经成为当下各视频平台探索的新方向,以抖音、快手为首的短视频平台开始进军长视频领域。2019年4月25日,抖音全面开放了用户1分钟的视频权限。同年8月24日,又宣布逐步开放15分钟视频的发布权限;而快手也在2019年7月内测长视频功能,将时长限制在57秒以上10分钟以内,对于获得权限的用户,官方会私信通知,用户在"相册"选择时长超过57秒的短视频发布即可。目前,抖音和快手正积极推动短剧、短综艺等内容的开发。

以优酷、爱奇艺、腾讯视频为首的长视频平台在短视频领域表现并不突出,2013年,优酷推出了迷你剧《万万没想到》,为短视频领域的"网络微短剧"拉开了序幕。这种模式做到了视频的长短平衡,剧情虽然简短,但是内容完整,如优酷设立"小剧场",爱奇艺设立"竖屏控剧场",腾讯设立"短剧"频道等,短视频和长视频呈现出融合发展的趋势。

(3)微信视频号(简称视频号)或成下一个风口。

2020年1月,微信视频号开始进行内测,用户可发布一分钟以内的视频,2020年6月视频号进行了改版,增加了"关注"、"好友点赞"、"热门"与"附近"四个入口,截至2021年6月,视频号功能日趋完善,可发布图文、长短视频、直播等不同形态的内容,减少了"附近"的入口,并且与朋友圈、公众号和企业号等多个微信产品打通。虽然起步晚,但因为自带微信流量的优势,视频号的未来发展不容小觑。

二、行业现状分析

2021年6月2日,中国网络视听节目服务协会在第九届中国网络视听大会上发布了《2021中国网络视听发展研究报告》(简称《报告》),《报告》中显示,2018年12月,中国短视频用户规模达6.48亿人,2019年6月,这个数字增长到7.73亿。截至2020年12月中国网络视听用户为9.44亿人,其中短视频用户排名第一,为8.73亿人,使用率为88.3%。截至2021年3月,移动网民人均单日收看短视频的时长达125分钟。

《报告》中还显示,在2020年6月统计的数据中,新网民第一次使用的网络视听应用中短视频占15.2%。在2020年12月统计的数据中,新网民第一次接触的网络视听应用中短视频增加到20.4%。

当然,2019年观看短视频人数和时长的增加在一定程度上受到了新冠肺炎疫情的影响，也恰好在这一时期，短视频行业完成了优胜劣汰，留下的几大头部短视频 App 都在自己的发展轨迹中找到了特有的路径。在 2020 年和 2021 年人们生活趋于稳定和常态化时，短视频依然稳健发展，占据了泛网络视听领域 34.1% 的市场规模，这说明短视频已经成为互联网的底层基础应用。

就目前状况来看，抖音 App 和快手 App 两家独大。但腾讯的微信视频号也在 2021 年走出了自己的道路，活跃度持续增加，相比 2020 年 11 月，2021 年 4 月微信视频号的活跃账号增长 25%，发布体量增长 37%。

根据艾瑞咨询、中商产业研究院整理的数据，短视频内容市场的规模由 2015 年 2 亿元增加至 2019 年 1265 亿元，年均复合增长率为 401.5%。短视频行业迅速发展。

接下来我们对短视频两大头部平台（快手和抖音）进行介绍。

（一）基本概况

1. 快手

2011 年，快手推出原创移动应用程序 GIF 快手，系短视频的雏形。

2012 年，快手成为中国短视频行业的先驱，帮助用户使用移动设备制作、上传及观看短视频。

2013 年，快手推出短视频社交平台。

2016 年，快手推出直播功能作为平台的自然延伸。

2017 年第四季度，以虚拟打赏所得收入计，快手主站成为全球最大单一直播平台。

2019 年 8 月，快手正式推出极速版。以商品交易总额计，快手极速版成为世界第二大直播电商平台。

2020 年上半年，快手日活跃用户 3.02 亿。

2021 年 2 月 5 日上午 9 点 30 分，快手科技在香港联交所主板挂牌上市，被称为"短视频第一股"。

2. 抖音

2016年9月，抖音上线，主打的是音乐短视频社区，当时的名字叫作A.me-音乐短视频社区。

2016年11月，抖音加入了社交功能，开始向"活跃的社交内容平台"的方向发展。

2016年12月，A.me-音乐短视频社区正式更改名字和logo（徽标或商标）——抖音正式进入大众视野。

2017年3月，相声演员岳云鹏在微博中发了一条带有"抖音"水印的短视频，为抖音打开了知名度。

2018年2月，抖音在春节期间继续流量爆发，收获大量用户。

2018年6月，抖音日活用户达到1.6亿。

2020年8月，抖音日活用户超过6亿。

（二）发展态势

虽然用户画像仍有差别，但快手和抖音在短视频内容上越来越呈现出同质化的趋势，如何在同质化中找到自己的个性，我们只能在其未来的发展规划中找到答案。

1. 快手

快手成立6年后（2018年），日活量破亿。

2021年5月24日，快手发布了这一年第一季度的财务报告（简称财报）。

根据财报来看，2021年第一季度快手营收为170亿元，为其贡献最多的是广告营收，营收金额为85.6亿元，同比增长151%，环比增长0.5%；贡献第二的直播营收为72.5亿元，同比缩减19.5%，环比缩减8%；其他收入（包括电商）12.1亿元，同比增长589%，环比缩减28.2%。

从这个数据来看，广告营收占了总营收的一半。电商营收增加，直播营收减少（直播收入的减少与新冠肺炎疫情过后，人们的生活恢复常态有密切关系）。

电商收入的增加与用户在购买产品时对主播的直接信任有关，这也说明快手的用户黏性度更高（根据财报数据，快手有超过 110 亿对用户"互相"关注）。

快手加大了在二次元和游戏领域的尝试，并且在 App 中有了内嵌的游戏功能，游戏短视频的月活数量达到了 3 亿。2019 年，快手推出了"百万游戏创作者扶持计划"，通过平台资源鼓励视频创作者来创作游戏内容，虽然只是针对主机和单机类游戏的短视频生产者，但也足见快手在游戏领域的流量扶持。快手还在游戏直播方面与腾讯合作，借助腾讯大量的游戏版权资源，相信未来，无论在游戏直播方面，还是在游戏短视频方面，快手都会有更多令人惊喜的作为。

2. 抖音

2020 年 1 月，抖音发布了 2020 年的数据报告，报告显示，截至 2020 年 8 月，抖音的日活用户突破 6 亿。由于抖音的母公司北京字节跳动科技有限公司目前还不是上市公司，没有披露财报的义务，我们无法收集到抖音 App 直播、电商、广告等的准确数据。

2020 年，抖音的电商 GMV（商品交易总额）超过了 5000 亿元，并且为了大力扶持电商业务，抖音举办过奇妙好物节、宠粉节、抢新年货节等。2021 年，抖音将推出"电商合作伙伴 UP 计划"，扶持商家、达人和商品，将助力 1000 个商家年销破亿，100 个新锐品牌年销破亿；100 个商家的年度 GMV 破亿，100 个 MCN 机构的年销破亿；帮助 10 万个优质达人实现年销 10 万元，其中 1 万个达人年销破千万元；帮助 100 款优质商品年销破亿元。

除了电商，抖音的未来发展元素依然有音乐，毕竟这是它最初的诞生模式。2020 年 11 月 5 日，抖音发布了《2020 抖音音乐生态数据报告》，其中在抖音排名前十的歌曲，总播放量达 945 亿次。今后，抖音音乐品牌将运行反哺原创音乐内容的闭环运行机制，建立泛娱乐音乐产业链的良好生态体系，促进中国音乐产业发展。

北京字节跳动科技有限公司 CEO（首席执行官）张楠在 2021 年 3 月发表了题为《在抖音，人人都是艺术家》的致辞，表示抖音将加大力度做好艺术创作者的服务，通过"DOU（平均每户每月上网流量）艺计划"帮助短视频的 UGC 生产者像"艺术家"一样自由洒脱地表达自己。截至 2020 年 6 月，该计划推动抖音平台 8 大艺术门类——音乐、舞蹈、影视、建筑、书法、戏曲、雕塑、绘画内容短视频已达 2.8 亿条，累计 1.5 万亿播放量，累计点赞 490 亿，累计评论 26 亿。抖音也已经成为大众艺术交流的重要工具，全民通过抖音分享艺术、欣赏艺术、接近艺术的趋势已经形成。

（三）行业特点

短视频之所以能够获得"快生长"，主要在于其更契合用户对内容消费的需求，短视频的传播方式极大地适应了用户碎片化的生活方式。同时，短视频制作的低门槛也让更多的用户参与其中，许多短视频的用户同时也是短视频的创作者，这极大地释放了短视频的生产力。此外，网络通信技术与推荐算法能够精准定位用户群体，迅速提升短视频的曝光率，也有力地推动了短视频的蓬勃发展。

1. 短视频更符合用户对内容消费的需求

用户对内容消费的需求可以细分为快餐化消费、寻求消费指导、获取新闻资讯和进行深度阅读四个方面，如图 1-1 所示。而短视频恰好契合了用户对内容消费的细分需求。

（1）快餐化消费。

短视频能够让用户充分利用碎片化时间直观、生动、便捷地获取信息，从而降低获取信息的时间成本，这种快餐化消费更适合现代人的消费习惯。在移动互联网时代，短视频以其短小精悍、生动有趣的特点，迅速赢得了广大用户的喜爱，从而得以飞速发展。

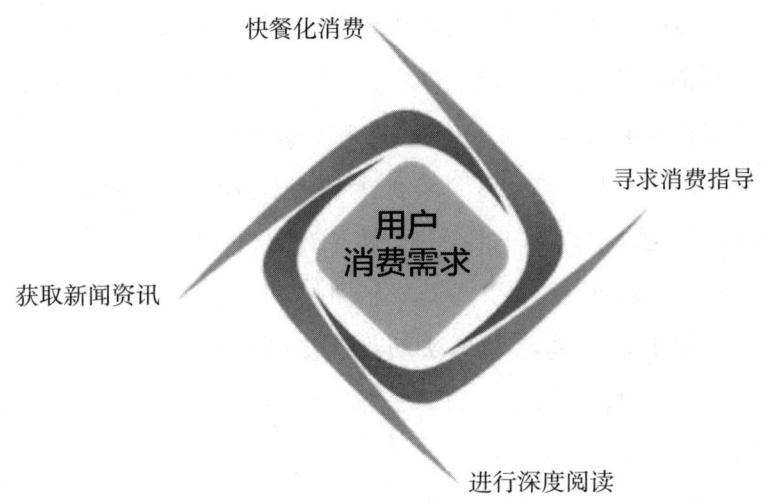

图 1-1　用户对内容消费的需求

（2）寻求消费指导。

现在人们不管是做什么、买什么，不用单纯地依靠搜索引擎寻找指导和攻略，还可以从短视频平台搜寻信息，在吃、穿、住、行各个方面寻求消费指导。例如，通过美食类短视频学习各种美食的制作技巧，通过时尚类短视频学习穿衣打扮，提升个人形象和魅力等。利用这类平台，用户可以对一些产品的基本信息、优惠信息及购买价值等有一个基本的了解，从而决定是否消费。

（3）获取新闻资讯。

对新闻资讯的需求几乎是所有用户的需求，手机上包含新闻资讯信息的内容形式有文字、图片、短视频和直播。与其他三种内容形式相比，短视频不仅直观、明了，而且更加生动。

（4）进行深度阅读。

知识内容视频化同样是用户的需求，一些用户观看短视频并不只是为了娱乐消遣，而是想通过深度学习来提升自我。

抖音横空出世时，娱乐类内容大行其道，但由于同质化严重，造成了部分用户不同程度地审美疲劳。

尤其是在知识教育类短视频内容越来越深入与多元化的今天，用户不满足于单纯的娱乐消费，更希望通过短视频获得有深度、有价值的内容。

虽然目前，知识教育类短视频主打的知识内容仍然停留在每个知识领域的表层和常识化的阶段，但随着用户审美水平、能力的不断更新和提高，不仅仅是知识教育类，各个类型短视频到达浅易的内容逐渐匮乏的阶段只是时间问题，所以，一部分用户需要在短视频领域进行"深度阅读"是内容消费发展的必然趋势。

2. 网络通信技术与推荐算法助推短视频发展

除了短视频内容契合用户的消费需求外，网络通信技术与推荐算法也是助推短视频发展的重要因素。

（1）网络通信技术。

在互联网时代下，短视频是一个水到渠成的产物，它符合互联网表达方式的演进规律，其迅猛发展的基础是移动互联网通信技术的发展，技术手段的升级可以不断丰富沟通的方式，让沟通的双方建立更好的沟通场景。

（2）推荐算法。

推荐算法即通过一些数学算法，推测出用户可能喜欢的内容。机器在推荐之前会对用户画像和用户行为进行分析，准确判断用户的喜好，然后选出用户最可能感兴趣的内容。

利用推荐算法进行个性化推荐是短视频平台的核心竞争力，可以提升用户的沉浸感。假如推荐算法不够成熟，难以形成精准的用户画像，在为用户匹配内容时就会出现偏差，推送不恰当的内容会显得很突兀，影响用户在观看短视频过程中的沉浸感，不利于增强用户的黏性。

第三节　短视频行业发展的新趋势

短视频之所以迅速崛起，本质原因是人们的潜在需求，它是社交裂变中的内容产物，但恰恰因为核心是"人"，短视频才必须时刻求变，始终保持自身的动态发展，从产品设计到内容形态，短视频的发展可以有更多的选择。目前短视频仍处于风口之上，拥有广阔的发展前景，总体来说有三个新走向，分别为新内容、新产业和新生态。

一、新内容

如今"新内容"成为互联网与传媒产业的高频词语，它是指新媒体作品的表现、意义及审美价值，以及在表达、生产、传播与消费上对传统内容的颠覆和重构。"新内容"既是一个创新的概念，也是一个发展的概念。

新内容不仅包括新的内容生产，还涉及新的内容传播和新的内容消费。随着内容传播形态、人们生活方式的改变，内容的载体和呈现形式也越来越多样化。短视频大多是 UGC 模式，它在内容的生产、分发、消费和变现等方面都已发生了很大变化，这与以往的 PGC 有所不同，甚至可以说短视频彻底颠覆了过去的内容体系。新内容生产于传播和分享之中，在这个过程中，短视频的发布、平台推送与用户的观看和互动是并行的，基于算法推荐和平台分发的短视频具有强大的传播力。

目前，新内容不断向垂直化、个性化和社交化的方向发展。

1. 垂直化

目前占据短视频内容较大份额的幽默类、故事类节目虽然拥有很大的流量，但这种泛娱乐化的策略往往导致内容趋同，变现困难。因此，垂直细分市场是未来短视频平台发展的必然趋势。例如，音乐类短视频可以从风格上细分为古典、嘻哈、流行、摇滚等，也可以从内容上分为乐器教学、乐理知识学习、音乐点评等。

2. 个性化和社交化

短视频的个性化和社交化会形成两种发展趋势，一种是内容平台与社交平台的融合；另一种是个性化分发与社交分发融合，转变为智能分发和用户分发结合的"智能社交"。

短视频用户既是内容的消费者，也是内容的生产者。短视频的新内容仍处在动态发展的过程中，其内涵和外延还在不断完善，用户对内容的认知也会不断发生变化。

二、新产业

新内容一方面会引发内容生产方式新一轮的变革，另一方面也会形成互联网新生态，进而催生互联网新产业。短视频不仅是内容产品，还是服务产品、关系产品。短视频依靠短小精悍、生动形象、"病毒式"传播等特点和优势，迅速成为社会化传播和数字化营销的新宠，进而成为互联网产业中的新业态。与此同时，短视频行业也需要升级换代。

1. 关注原创

当短视频的流量红利逐渐减少时，原创、优质的垂直内容便成为短视频行业关注的重点，部分门槛较高的垂直领域细分市场有待内容生产者的涌入和资本市场的青睐。

2. 媒体融合

媒体融合是指传统媒体和新兴媒体的融合，如今短视频成为媒体融合发展的重要抓手。一方面，广播电视立足公信力和权威性，依托优势资源，面向用户需求提升短视频创作质量，拓宽短视频的内容展现形式，打造既专业又接地气的短视频产品，并通过自建平台、第三方短视频平台等渠道进行分发和导流，以进一步扩大广播电视的影响力；另一方面，广播电视媒体积极进驻短视频平台，收获了大量用户。截至2019年11月，各级广播电视机构在抖音开设账号1114个，在西瓜视频开设账号1082个，在快手开设账号241个。

媒体融合正在尝试突破内容合作发布方式，探索战略合作、资源互换等方式，总体来说呈现出合作共赢的趋势。例如，2019年11月16日，湖南广播电视台经视频道与快手签署战略合作协议，涉及广告、直播、电商等领域的多元化变革，更偏重商业化运营；2019年12月3日，抖音联合20余家省级卫视推出"抖音融媒体联盟计划"，拟在热点信息共享、内容互动、数据表现反馈等领域深入合作。

3.转换新模式

对于一些经济附加值高的内容，短视频平台可以采取内容付费的模式，并结合智能移动终端的定位系统和场景识别功能进行端口接入，通过连接相应的电商平台进行付费转出，此类基于内容变现的模式比流量变现更高级、更健康、更持久。

三、新生态

在互联网生态的建构和重构中，媒介、技术、平台和资本等有可能成为结构性力量。这种结构性力量体现在以下几个方面。

1.短视频对互联网行业的影响

中国通信院在《2018上半年中国网络直播行业景气指数及短视频报告》中指出："'短视频+直播''短视频+电商''短视频+音乐''短视频+资讯''短视频+社交'等创新App不断涌现，'短视频+'模式席卷移动互联网。"[①] 短视频行业呈现出加速融合的态势，短视频的关系产品正在迭代出新，已经成为推动内容传播、构建垂直社群和创新商业模式的利器，使互联网行业发生了深刻的变化。

2.短视频对其他行业的影响

短视频与其他行业的融合越来越丰富，全面嵌入各行各业的传播系统中。例如，"短视频+电商"已经成为电商平台和卖家扩大销量、增加收益的重要推动力量，短视频所打造的"网红"也有着极强的粉丝群体和带

---

① 中国信息通信研究院政策与经济研究所，网宿科技.2018上半年中国网络直播行业景气指数及短视频报告［R/OL］.（2018-11-12）.http://www.199it.com/archives/794021.html.

货能力，有力地助推着农产品的销售。

3. 短视频融入多领域寻求共同发展

现在，各大互联网平台都在打造自己的生态系统，而短视频无疑是各方博弈的制高点。社交、资讯、电商等领域纷纷采用短视频作为内容的展现方式，多种业态积极地与短视频融合。例如，"钉钉"用短视频形式呈现求职简历、企业介绍、企业管理等信息；"唱吧"上线短视频功能，增加独立内容板块和录制功能；如今，一下科技携旗下秒拍、小咖秀、一直播、波波视频等多款移动视频产品，联合微博的社交和流量优势，已经形成了国内最大的"N+1"移动视频生态联合体。

目前，各类互联网平台在"短视频+"的玩法和商业模式上不断创新，各放异彩。短视频作为更加符合移动互联网用户触媒习惯的视频内容形式，在内容和功能上具有很大的发展空间。基于各类互联网平台的产品功能、用户群体，以及短视频内嵌需求的差异性等，都赋予了"短视频+"不同的发展土壤。

与此同时，政府的监管、平台的自律、民众媒介素养的提高等因素都在影响着短视频的发展和互联网生态的重构。

除了上面提到的短视频领域带动的多种不同的变现方式，短视频引领的消费背后还有大量的网络红人（网络营销人员）。除去部分非专业人士，这些人员大部分都有专门的机构负责管理，这类公司被称为MCN机构。

MCN机构在2009年诞生于美国，全称为Multi-Channel Network，与美国MCN机构担任YouTube网站与其频道之间的中介角色不一样，中国的MCN机构更像网络营销人员的经纪公司，目前，国内对MCN机构定义为：联合若干垂直领域具有影响力的互联网专业内容生产者，利用自身资源为其提供内容生产管理、内容运营、粉丝管理、商业变现等专业化服务和管理的机构。

2020年5月，克劳锐（克劳锐成立于2014年，是北京新三优秀科技有限公司，由新浪微博、360、UC以及IMS新媒体商业集团联合投资，为自媒体全产业链开发、商业价值挖掘变现以及版权经济管理等提供整合解决方案。)发布的《2020年中国MCN行业发展研究白皮书》显示，2019年中国国内MCN机构数量已经突破2万家。从MCN机构在国内的地理分布来看，主要分布在北京、上海、深圳、杭州、成都等城市。目前，中国MCN行业整体规模、业态以及呈现形式都已远超海外。2019年，近六成MCN机构营收规模达到千万级，近三成头部MCN机构营收规模破亿。

第四节　短视频的特征

一、内容特征

短视频的"短"，是和大众在传统媒体上看到的节目、电视剧，大银幕上电影等的时长相较而言的"短"。它的短小精练，是指在视频开头的5~8秒的时间内要迅速吸引观看者的注意力，也就是短时间内要突出重点，视觉冲击力强，并且由于新媒体作品要和受众强互动，无论是什么类型的短视频，它的内容都需要引起观看者的情感共鸣。

1. 短小精练

短视频短小精练的"短"不仅是内容时长的短，更在于制作周期的短，要保持高频推送，就需要具备"高频"的条件。对于中长度的视频来说，从前期策划、中期拍摄到后期制作所耗费的时间就决定了它无法满足"高频"的需求。首先，中长视频因为时间较长，拍摄素材就必须达到一定的时间要求；其次，拍摄的时间长，就意味着人力、财力和物力的增加。短视频短小精练的"小"还在于制作团队规模的"小"：最少一人，最多五人。

"短小"是时间，"精练"是内容，在短时间表达最精彩的内容，是移动媒介对短视频最基本的要求。

2. 视觉冲击强

"冲击"的意义在于力量迅速和猛烈，从而引起情绪上的变化：或兴奋、或悲伤、或惊讶。由于短视频时间短、内容体量小，不具备长视频娓娓讲述故事的优势，因此，要想快速抓住用户的眼球，短视频的画面必须具备强烈的视觉冲击力，在不断变化的镜头下，通过各种运镜、转场、特效、包装等使画面多变，好看。

3. 与受众强互动

在传统媒体时代，观众和内容生产者或者媒介之间的互动大多是通过书信、留言、热线电话及后来的短信、微信。那个时代的观众几乎是在和媒体单方面的联系，能得到的反馈少之又少，严格说来都不叫"互动"。除了个别综艺节目会有抽奖、送奖品的活动，观众和媒介的互动更多是一场没有结果的"单恋"。

新媒体时代，大家可以通过移动媒介给内容生产者时时留言、点赞、私信、转载和分享等。普通百姓不仅仅是传播内容的接收者，同时也能成为传播者。不仅是形式上的互动，短视频的内容也想方设法与接收者产生情感共鸣与情感互动，目的就是与受众建立深度连接，为之后自己内容的宣传、引导、引流和变现打好基础。

二、审美特征

短视频的审美特征是既大众又分众的，这两者并不矛盾。短视频需要流量来持续生产达到变现（一些官方媒体短视频的宣传引导作用除外），如果不大众，就无法达到这个目的。而分众又决定了是哪一部分人来为其买单。移动媒介是一对一的传播，如果做不到用内容垂直细分，短视频的审美就变成"无人审其美"。

1. 大众化

任何短视频作品，都需要吸引大量受众观看得到流量，因此它的审美特征必须是大众化的。"大众化"意味着"多",从微信公众号文章的"标题党"开始,吸引受众点开文章赚取流量的方式也同样适用于短视频。我们先不评价此方式的优劣——越多人点击意味着越多流量,越多的流量意味着越多的变现机会。所以,不同类型的作品都在自身内容的基础上思考如何吸引尽可能多的受众:阳春白雪的内容要降低门槛,简单粗糙的内容要精心包装。视频生产者的目的只有一个:得到尽可能多的播放量和尽可能多的赞。

视频收看者是消费者,短视频是商品,视频生产者是售货员甚至老板。好的老板和售货员都希望将商品卖给更多的消费者,而做不出大众化的商品又怎么能让大众买单呢?

2. 个性化

前文说到了"分众",想要分众,就需要找到不同分众的个性。短视频是一对一的传播,如果做不到精准定位于自己的受众群,就无法找到短视频引导、宣传、引流和变现的渠道。

短视频的大众化传播是建立在个性化的基础上的,所以,个性化也是大众化的前提。

个性化意味着短视频内容的深度垂直,也就是在某一个领域的"精"和"尖"。但却恰恰不需要"高",正如前文所述——阳春白雪的内容需要降低门槛。短视频的受众群早已经不只限于18~35岁的青年人,所以不仅仅是年龄的区分,性别、地域、收入、职业等都会成为短视频内容"个性化"的考虑因素。

短视频内容的"大众化"和"个性化"在审美特征中是相辅相成的。如很多做美妆穿搭的UP主(上传者),他们不仅仅会分享高端奢侈的产品,还会定期分享专门为"学生党"准备的物美价廉的化妆品,他们在专注于短视频内容"个性化"的基础上,加入了"如何让各个不同收入的人都变美"的"大众化"。

三、传播特征

1. 算法精准

"算法精准"这个词无须做过多解释,无论是各种新闻类的 App,还是短视频的各大平台,根据使用者的收看习惯计算收看喜好已经不是什么技术难题,并且在算法的精准度上,各个平台的标准差别不大。

如果有一天你在某短视频 App 搜索了"球鞋"这两个字,或者对体育类的短视频点了赞,那么接下来,只要你没有选择"不看此类视频",这个短视频平台就会一直为你推送与体育、球鞋等相关的内容。

这样的传播特征,一定是有利有弊的。精准算法会让我们每次打开短视频 App 都有"回家后有善解人意的家人"的温暖感,但也会在一定程度上造成我们的知识领域局限:我们只看我们想看的内容,而忘记了我们该看的内容。

2. 高频推送

短视频的内容制作须符合"高频推送"的标准,视频号才能持续地运转下去,当然也有极个别的例外,后面我们会提到,但是在这里,"高频"内容的生产是一个普遍现象。我们在刷各个短视频 App 内容时,就算整整一天不更换软件,也不会刷到完全相同的内容。

短视频的 UP 主在进行内容的定位时就要考虑到,是否能保证自己的内容符合"高频推送"的标准。比如,团队固定,人力、财力和物力成本可以保证持续生产力。如果不能,要怎么去解决,尤其是自己的内容处于"红海"领域,竞争激烈,如果不能保持频繁的内容更新,将很快被淘汰。

3. 产生共鸣

一个成功的短视频,其内容内核一定是能与大众产生情感共鸣的,这种情感表现在共同的经历、共同的生活环境以及共同的观念等。只有产生了共鸣,才能留住用户,才能产生更多积极的传播效果。

人们会产生共鸣的事物大部分都是和自己的工作、学习、生活息息相关的。比如上班族看到有人说出挤地铁的尴尬、研究生看到有人吐槽发论文的艰辛、大学生看到大学舍友合拍搞笑的段子、中学生看到教室里同桌之间的日常对话，都会联想到自己。再比如单身年轻人听到有 UP 主说不要将就的随便结婚、已婚的人看到有人拍摄婚姻生活的鸡毛蒜皮……这些都是容易得到"共鸣"流量的内容，但如今，短视频内容的生产者都深谙"共鸣的诀窍"，于是谁跟受众产生的共鸣更细致、更准确就成了取胜的关键。

4. 社交属性

新媒体的内容需要强社交和强互动，一对一的传播属性决定短视频内容生产者需要与受众靠"交朋友"的方式来进行交流，使短视频在传播的过程中与受众产生情感共鸣或保持三观一致，才会获得流量和热度。因为在短视频平台，受众的选择性太多、太杂，他们喜欢寻找与自己具有相同价值观的兄弟或姐妹。

在受众给喜爱的 UP 主点赞或者留言后，如果能得到回复，就能在他们心中建立起较深的社交关系，有了这层关系，受众自然也会帮助维系 UP 主的热度（点赞、留言、关注、看直播和买产品等），就像对待自己的朋友一样。

四、叙事特征

1. 内容表层化

首先，短视频的时长决定了它无法深入探讨某个事件或者人物，很多知识类的 UP 主也是尽量在将复杂的内容简单化，深层的知识表层化。专业的知识有专业的人员在专业的场合去研究探讨，如果人们想要了解非自己专业领域的知识内容，那么，短视频中已经被加工的表层化的知识一定是一个好的选择。

其次，人们刷短视频基本是利用闲暇放松的时间，短视频内容如果做得宏大深入，也就丧失了为人们打发时间的功效。

最后，内容的表层化是为了其审美特征的"大众化"，"大众"就是流量，流量就是宣传、引导、引流和变现。

2. 场景碎片化

每个人的放松场景都是碎片化的，这也就意味着短视频的叙事特征也需要碎片化。在这里"碎片化"绝不是贬义词，而是片段式、少量多次集中的意思。

比如一位 UP 主要介绍一本书，需要大家为他的视频驻足停留，他不可能只是从头到尾将这本书的内容讲述一遍，而是要将书中最经典的内容集中讲述，将他最深刻的感想精简陈述，因此，所谓的"碎片化"其实是对经典内容的多次少量提炼。

在有限的时间了解最精彩的内容，"场景碎片化"是短视频呈现事物、人物的有效途径。

3. 镜头多元化

短视频的"短"决定了每一个镜头都必须丰富、有内容，每一帧都不可以"浪费"，每一帧都要抓住用户的眼睛。因此，短视频镜头语言需要多元化。

镜头的多元化表现在景别上。景别分为五种：中景、近景、远景、全景和特写。比如我们想要拍一只狗，这几种景别就要轮换着从不同角度呈现。我们可以先给这只狗一个大全景，再来上半部分的中景，之后是头部的近景，最后是这只狗的漆黑眼睛的特写。在短时间内，景别变换不会让人产生视觉审美疲劳，使看到的"狗"更生动。

镜头的多元化还表现在运镜上。短视频的运镜每一帧都需要"言之有物"，但它可以根据短视频的内容来决定运动轨迹。比如在通常情况下我们需要拍到人群中的某一个人，运用的方法是先拍人群的全景，然后将镜头逐渐推进，推到要拍的这一个人身上。但是在新媒体的短视频中，我们的运镜方式直接决定短视频主题的走向。比如，如果这个人坐在人群的右边，我们可以先拍左边的人群，突然将镜头运动到右边，这时候表现的是这个人出现的出乎意料；我们还可以先拍这个人，只有这个人身上有光束，让大家误以为他是唯一的主角，然后再突然把镜头拉开成大全景，灯光亮起，镜头里的这个人就变成了人群中的沧海一粟，这时候我们要表现的是这个人的渺小或者人群的庞大。

短视频的运镜规则是：出现在镜头里的每一个物体都必须有意义、有目的。无论你的镜头怎么运动，轨迹是从上到下还是到从左到右，哪怕是混乱的运动轨迹，只要事物或人物出现在了镜头里，就是为视频内容服务的。

短视频中的镜头语言就是内容语言，它除了决定短视频在讲什么，还会决定短视频表达的中心情绪。

4. 冲突强烈化

通常，我们对于顺理成章的事情都不会花太多的心思，因此短视频内容的生产者要学会制造一些"小惊喜"，比如角色身份的转换、认知的转换、还有剧情的反转。总之强烈的反差带来的戏剧性和趣味性，会给人们留下深刻的印象。

比如，有一些美食UP主专门模仿特别精致的菜品制作，它的短视频内容中呈现出来的被模仿菜品的制作过程精细，成品色、香、味俱全。这些UP主在模仿制作的过程中呈现出自己特别努力的状态，但我们看到后却产生"态度认真但能力不够"的感觉。他们做菜时仪式感十足，绝对没有一丝一毫的懈怠——以便为接下来他们自己制作的菜品展现埋下反转的伏笔。UP主们呈现的菜品成品当然是与被模仿菜品有很大差距的，这就制造了比较强烈的戏剧冲突：我经过了一番惊天动地的努力，最后却依然不尽如人意。受众在觉得好笑的同时也在他们身上看到了模仿大厨们做饭的自己，前后的内容冲突强烈，就连和大家产生的共鸣也十分戏剧化。

第五节　优质短视频的五要素

一、内容为王

在这个"内容为王"的时代，优质的内容才是竞争的核心要素，且永不过时。能够吸引用户观看的短视频通常具有三个特点，一是用户能够从中获取有价值的内容，二是用户能够从中获得有趣味的主题，三是用户能够从中产生情感共鸣。

1. 有价值的内容

"内容为王"不是简单保证内容的真实性、高质量，还应表现出能让人深受启发的深层次的内涵与相关延伸内容。这种正能量的价值观和对受众的正向引导是每一个短视频生产者必须肩负的社会责任。

2. 有趣味的主题

结合短视频的内容特征和传播特征，千篇一律的主题，只会让用户觉得乏味，很难吸引用户观看，达不到很好的传播效应。这里的趣味不是哗众取宠、博取眼球的低级趣味，而是符合社会主义核心价值观，坚持积极向上的高级趣味。

3. 产生情感共鸣

短视频应以有价值的内容吸引用户，以有趣的主题留住用户，进而与用户产生情感的共鸣，满足用户的需求，才能使用户对该账号保持长久的关注。

二、清晰画质

短视频时代的来临，诞生了很多UGC生产者，因此，人们往往会形成"短视频拍摄门槛低"的误区,认为自己随意拿起手机就可以轻松创造优质短视频。

不可否认,在点赞量上万甚至几十万的短视频中不乏画质粗糙,剪辑随意的作品,但这些 UP 主并不具备"高频推送"优质短视频的能力。很多短视频传播不开,和本身的画质有很大的关系。如果视频拍摄得不清晰,画质不够优秀,即使内容很好,也容易被用户关掉。

视频画质清晰与否决定着用户观看视频的体验感。清晰的视频画面能够给用户带来视觉上的享受,从而获得更多用户的关注。很多受欢迎的短视频,其画面清晰度较高,画质像电影"大片"一样。视频画质是否清晰取决于多种因素,包括拍摄硬件、后期的编辑工具、播放介质等。

画面清晰度符合用户"消费升级"的要求,更是短视频创作者基本态度的体现。

三、优质标题

广告大师奥格威在其《一个广告人的自白》中提到,用户是否会打开文案,80% 取决于标题。同样,对于短视频来说,标题是给用户的第一印象,标题优质与否,是决定短视频的打开率,影响短视频播放率的重要因素。

短视频的标题跟其他网络视频或者电视节目不一样,不需要华丽的辞藻。前文介绍过,平台主要通过机器算法推荐分发短视频内容,会从标题中提取分类关键词进行推荐,短视频的播放量、评论数、用户停留时间将决定这条短视频是否能够继续得到推荐。因此在为短视频取标题时,创作者需要想清楚这条短视频的内容到底要解决谁的什么问题,也就是定位观看这条短视频的用户是谁?用户的"痛点"是什么?只有能切中用户痛点的标题,才是短视频的优质标题,才会激发用户的观看欲望,提高短视频的播放率。

例如，一个育儿账号的短视频标题是《清华学霸父母必做的 7 件事》，首先，这个标题清晰、精准地定位了用户是谁，便于精准推送。其次，标题里显示出了父母在教育上的痛点，那就是望子成龙，望女成凤。那么用户在看到这个标题之后，就会本能地点进去继续观看。如果将标题换成《教育孩子你需要做的 7 件事》就显得不痛不痒，没有找准父母的痛点是什么，难以激发用户的观看兴趣。

四、音乐节奏

音乐节奏也是短视频的重要要素，它决定了短视频的情绪、氛围和基调。

短视频本身就是一种视听的表达方式，配乐作为声音元素的重要组成部分，能够更好地烘托氛围和情绪，更有效地配合画面将信息传达出来。音乐节奏的搭配有两个要点。

（1）挑选和短视频内容、风格、情绪相符的音乐类型，做到音乐和画面的和谐。

（2）可以采用卡点的形式进行剪辑，把动作放在音乐节奏的重音上，使音乐和画面看起来很协调，突出重点。

对于短视频创作者来说要意识到音乐的功能不可或缺，它能升华情绪和主题，帮助观众快速进入情境。

在制作短视频的过程中，要准确把握短视频背景配乐的节奏感。背景配乐决定着短视频的整体风格，短视频是以视、听来表达内容的形式，而配乐作为"听"的元素，能够增强短视频在屏幕前给用户传递信息的力量。

无论是短视频、中视频还是长视频，在视频诞生的时候，它就和音乐有着密不可分的联系。不是所有的短视频都需要有音乐衬托，一旦短视频加入了音乐，那么音乐对于短视频就有着最直接的加分或减分的作用。

五、多维胜出

短视频的时长虽然不如长视频长，但麻雀虽小，也需要五脏俱全。因此，专业的短视频创作团队会在编剧、表演、拍摄和后期制作等方面精雕细琢，多方面、全角度优化短视频能提升短视频的综合价值，从而打造出颇具创意、与众不同、更有核心竞争力的短视频。多维胜出决定了短视频的综合价值，只有能多维度胜出的短视频才会成为优质的短视频。

1. 主持人

短视频的主持人与传统媒体视频中的主持人不同。短视频的主持人既包含视频中的主播，也包含视频中的表演者。但无论是主播还是表演者，一旦在短视频中出现了"人"，那么这个人物元素对于整个短视频就有着至关重要的作用。

短视频的主播需要和观众有比较强烈的情感互动。他的整个状态是随意且放松的，但又必须是言之有物的。

短视频中的表演者的表演状态也是为短视频的主题服务的，他可以是夸张搞笑的，也可以是深沉文艺的，总之他出镜目的和主播是相似的——陪伴在用户的碎片化时间中。

2. 配音

短视频中配音的话语样态不同于传统媒体中所有节目和视频的配音话语样态。它不能让受众听起来有较高的门槛。从语音语调和发声状态来看，短视频配音要贴近生活且易于模仿。它甚至不需要字正腔圆。只要吐字是清晰易懂的，话语样态是平易近人的，各个地区的家乡话和方言都可以出现在短视频中。

很多短视频剪辑的影视作品中，优秀的配音就像一位老朋友，在和你面对面地娓娓道来这部电影或者电视剧的内容。而一些美食节目的配音却是非常夸张有趣的，比如 B 站（哔哩哔哩）上"绵羊料理"这个账号的配音，给人的感觉更像是在和你面对面眉飞色舞地交谈。由此可见，无论是哪种类型的短视频配音，娓娓道来也好，眉飞色舞也罢，都需要和受众有面对面说话的交流感。

3. 文案

无论短视频的形式如何变化，以内容为核心这一点是亘古不变的。短视频的文案决定内容，因此文案的好坏直接决定短视频的成败。

在这里，我们要说到一位叫作"老师好我叫何同学"的账号（简称"何同学"）。作者是目前唯一一位不符合"高频推送"这一审美特征的千万级数码测评 UP 主。他的短视频更新频率变成了大家常用的形容词：你做事比"何同学"更新还慢。可这丝毫不影响"何同学"在 B 站和微博上 1000 多万的粉丝量。

在 2021 年 2 月，他还作为中国数码测评的网红代表采访了苹果公司 CEO 库克。

"何同学"的每一期短视频都是不出则已，一出便一鸣惊人。作者的文案内容具有其他数码测评 UP 主所不具备的特质。

2019 年 6 月 6 日，"何同学"的一个关于 5G 在自己日常生活中使用体验的短视频，让他一夜之间涨粉 100 多万，并且这则短视频还被《新京报》和《新周刊》等官方视频媒体转载。那段时间测评 5G 的短视频账号非常多，但只有"何同学"脱颖而出，原因就在于作者独一无二的文案。他的这则短视频有 7 分 33 秒，时间不短，但文案思路非常棒。最出彩的地方莫过于他站在现在的时间刻度上，去解读过去的大家对未来的看法："站在未来看前人对现在的预测。"于是他在搜索引擎中把时间调到了 2012—2013 年，看看那个时候的人们搜索"4G 有什么用"出现的结果，和现在的真实结果有什么区别。其文案思维让这则短视频不再仅仅是数码通信测评，而是一种对人文和整个科技社会的期待和预测。

4. 包装动画

"包装动画"在短视频中有简单和复杂之分，简单的包装对于部分短视频来讲不是核心，而只是起到锦上添花的作用，如一些以内容为主的美妆、美食等短视频。而对于一些需要包装来为其雪中送炭的短视频来说，精美的包装动画就是它的内核。如一些专门的漫画、动画类的短视频账号，动画制作的精巧程度就会直接决定内容质量。再如一些将自己拍摄的城市夜景专门做成赛博朋克风（赛博朋克类作品背景大都建立于"低端生活与高等科技结合"的基础上，通常拥有先进的科学技术，再以一定程度崩坏的社会结构做对比；拥有五花八门的视觉冲击效果，比如街头的霓虹灯、街排标志性广告以及高楼建筑等，通常搭配色彩是以黑、紫、绿、蓝、红为主）的 UP 主，就是需要精美的包装动画来呈现内容的 UP 主。

5. 拍摄剪辑

拍摄剪辑自然是短视频的灵魂。在这里，不得不提到一个抖音账号"燃烧的陀螺仪"。

该账号作者的拍摄具有一定的套路性，但是剪辑出来的视频效果，呈现的是在极短时间内的空间、时间的浓缩转换。再加上他的职业是飞国际航班的副机长，他将他的职业生活都用短视频的方式呈现，让人既感到神秘又觉得新鲜。

他的拍摄刚开始并不专业，但是因为他的高频更新，他拍摄和剪辑内容的炫酷程度一直在进步。在这里，我们用到了"酷"这个词。大家看到他的视频，就会感受到他干净的镜头设计和干脆的剪辑节奏的确很"酷"。

2019 年 2 月，一段"燃烧的陀螺仪"剪辑的自己回家过春节的短视频出现在了中央广播电视总台春节联欢晚会的《一年又一年》特别节目里，同时打动传统媒体与新媒体两边受众的，正是他流利精练的拍摄剪辑。

思考与练习

1. 现在人们口中的短视频究竟是什么,如何定义?

2. 短视频的"前世今生"是怎样的?

3. 短视频凭借什么出圈?

4. 优质短视频需要具备的特征是什么?

5. 举例你常用的短视频 App 或应用,并从它的用户定位、内容等方面来分析它的特点。

第二章　短视频领域的精准定位

　　面对短视频营销的巨大风口，短视频创作者要想在激烈的竞争中获胜，关键之一就是要对短视频账号进行精准定位。那么如何做账号定位呢？首先是做好自我分析，打造明确的标签，锁定自己适合和擅长的领域，然后进行用户画像分析和竞品分析，最后从 USP（Unique Selling Proposition，营销领域理论）定位出发，彰显账号的独特性，从而做好短视频的精准定位，为制作爆款短视频打好基础。

　　因此，本章你将学到以下内容：
　　1. 如何做好自我分析，找准定位，突出自身优势和独特性，锁定适合和擅长的领域；
　　2. 如何做好用户画像分析，针对用户需求，解决用户痛点；
　　3. 如何做好竞品分析，有效提升账号和内容的设计和运营；
　　4. 如何做好 USP 定位，彰显自身的独特性。

第一节　自我分析

　　2021 年 2 月 3 日，据中国互联网络信息中心（CNNIC）发布第 47 次《中国互联网络发展状况统计报告》显示，截至 2020 年 12 月，短视频用户规模 8.7 亿，使用率 88.3%，较 2018 年和 2019 年增长趋势明显。在短视频行业全面爆发的今天，无论是个人还是企业，若想搭上短视频流量的顺风车，就需要做好自我分析，对短视频账号进行精准的定位。

在自我分析时，需要从以下三个方面进行考虑：我是谁？我要传递何种价值？我如何实现这种价值？

一、我是谁：梳理优势，强化专长，明确标签，选择合适的短视频题材

在创作短视频之前，首先要问自己：我是谁？我的优势和专长有哪些？我的标签是什么？我适合创作哪种题材的短视频？我擅长经营哪种类型的短视频账号？只有确定了短视频的题材，才能明确短视频的创作方向，并沿着这个方向进行具体的内容生产工作。

运营个人账号时，首先要对自己进行客观分析，梳理各项优势，找到自己擅长的领域，进而突出特长，强化专长，更好地向用户展示出自身所具有的独特魅力。那么，如何找到个人擅长的领域呢？短视频创作者可以从以下四个角度来考虑。

1. 自己做过被人称赞的事情

我们可以回顾自己过去所做过的事情，客观地审视自己，从中找出最受别人关注、被别人称赞最多的事情。例如，曾被很多人夸过做饭好吃，厨艺很棒；曾被许多人称赞过声音好听，歌声优美；周围的人都觉得自己做的手工作品栩栩如生，被称赞心灵手巧……那么，做饭、唱歌、做手工就是自己的特长，在进行个人短视频账号的内容定位时，可以从这些技艺入手。

2. 自己学习过的知识技能

回想自己学习过的知识技能。例如，自己学习过医学专业知识，比别人更懂疾病防控、急救知识等；学习过农业相关知识，比别人更懂种植知

识；学习过时装设计，比别人更懂穿衣搭配……只要自己比别人拥有更多的知识技能，那么在这些领域就能凸显出优势。

每个人都有属于自己的优势，只是有些优势显露在外，有些却隐藏较深，需要自己在实践过程中慢慢发现。通常，确定自己隐形优势的一个重要标准就是学习某项技能或者做某件事情时，用时比别人短，效果却比别人好。

3. 自己做过最专注的事情

有些人可能会说："我没有特长。"这也没关系，另一种方法就是认真回想自己在做什么事情时最为专注。当一个人内心真正喜欢做某件事时，就能做到心无旁骛、甚至废寝忘食，而对自己最专注的事情做起来也会最用心。

4. 自己的切身体验，积累的经验

如果自己是一位"宝妈"，对育儿一般会有切身的体验；如果自己曾经是一位肥胖者，经过有效的锻炼方法而变得身材苗条；如果在创业过程中历经坎坷，但所有困难都被自己勇敢地克服了……这些亲身经历都会带来丰富的经验，相比其他人，拥有这些经验就是优势，那么就可以把这些经验梳理出来进行分享。

找到自身的优势后，就可以明确自身标签了，这也是精准定位的方式之一。在短视频领域，无论是地域、性别、职业，还是性格、样貌、文化等，都可以成为一个人的标签。贴标签，就是找到适合自己的风格，以及自己擅长的领域，树立自己的个性形象，向用户展示出自己的特色，在突出自身优势的基础上，找到并锁定自己适合和擅长的领域。例如，我们看到美食创意类型的短视频就会想到"办公室小野"，看到搞笑类型的短视频就会想到"我是田姥姥"，看到育儿类型的短视频就会想到"博哥威武"……只有认真分析自己的优势，找准自己的定位，贴上适合自己的标签，才能更有效地推广自己的短视频。

不论是梳理优势，强化专长，还是明确标签，最终都是为了确定自己到底适合创作哪种题材的短视频，擅长经营哪种类型的短视频。只有确定

了短视频的题材，才能明确短视频的创作方向。

目前，短视频平台常见的短视频题材类型如下：

（1）生活服务类；

（2）知识教育类；

（3）搞笑类；

（4）人际交往类；

（5）技艺展示类；

（6）广告宣传类；

（7）网络微短剧。

需要注意的是，题材的类型并不是固定不变的，创作者可以将所选的题材类型归拢收纳，也可以继续进行极致细分。

二、我要传递何种价值：创作恰当的内容

短视频的创作者在确定了题材，明确了创作方向后，就要思考内容定位，即回答"我要传递何种价值"这个问题。如果说题材定位是搭建框架，那么内容定位就是在这个框架内浇筑"混凝土"，只有两者有机结合，才能建造出能够彰显个性的"高楼大厦"。

在进行内容定位时，要始终牢牢把握住一点，那就是要传递什么价值。在"内容为王"的时代，只有当用户看完短视频后觉得内容有价值，能够满足其需求和痛点，甚至能够促进人们认识、思考这个世界或者是一个民族、一类人的生存、发展，他们才会关注创作者，持续观看其更多的作品。

短视频内容要体现出自己的价值观念，而且要使这个价值观念与目标用户趋于一致，使其产生精神共鸣，促使其传播扩散，进而提高短视频的播放量。

三、我如何实现这种价值：确定短视频的表现手法和风格

在有了创意内容后，就要思考"我如何实现这种价值"，即确定短视频的表现手法和风格定位，选择什么样的表现形式来诠释短视频主题——是用一张张串联起来的图片，还是用一段完整、连贯的视频？是直白式的真人口述，还是采用剧情故事来演绎？是真实记录生活，还是自编自导自演？是想渲染浪漫唯美的气氛，还是选择幽默搞笑的风格？

例如，账号"李子柒"（该账号已停更）就采用了一种把乡村田园描绘成世外桃源般的视频风格，激发了大批生活在城市格子间的都市白领对山间生活的向往之情，这种既唯美又接地气的人物形象吸引了无数人的目光。

需要强调的是，当短视频创作者选择了一种视频风格以后，就要长期坚持下去。只有这样，这种风格才会成为自己的标签，深刻地烙印在"粉丝"们的心中，形成用户黏性，这样，当他们一看到类似风格的短视频，就会情不自禁地联想。

对于短视频创作来说，找准题材是前提，做好内容定位是基础，而选好风格定位是精准吸引目标用户的关键。总之，只要让用户在看到短视频的瞬间能够立刻知晓该短视频账号是做什么的，并且保证短视频内容有足够的吸引力，待用户观看完以后能够领悟短视频所传递的信息价值且印象深刻，那么这样的定位就是成功的。

第二节　用户画像分析

除了要做好精准定位，对用户画像进行分析也是做好短视频的关键环节。

2008年夏，苹果公司在全球22个国家推出了iPhone 3G手机，美国和欧洲国家的消费者满怀欣喜地迎接了它。但是，这款手机在日本市场的反响一般，苹果公司也从未认为日本的用户可能拥有和欧美国家用户不同的需求。事实上，截至2008年，日本用户已经习惯用手机拍录像、看视频，而且日本很多手机都安装了银行卡交易和刷火车交通卡的芯片，而这些功能iPhone 3G手机都不具备。iPhone 3G手机在日本的失败，给了乔布斯一个教训：在推出产品前，了解用户的期望可以解决大问题。了解用户并进行用户画像有利于商家换位思考，让用户回到"以用户为中心"的设计中去，这样也有助于了解用户偏好，挖掘用户需求，实现精准化营销。

什么是用户画像？交互设计之父阿兰·库伯（Alan Cooper）认为：用户画像是真实用户的虚拟代表，是建立在一系列真实数据之上的目标用户模型，简而言之就是将用户信息标签化。

做好精准定位，还要对用户进行分析，首先应明确目标用户，简单来说就是拍摄的短视频是给"谁"看的，这个"谁"包含两层意思，第一层意思是视频的观众，第二层意思是潜在的用户。然后找出目标用户到底需要什么，最想得到什么，挖掘出用户痛点，这样才能拍出能够传递价值信息的短视频，得到目标用户的认可，进而成为爆款短视频。

一、五步形成用户画像

不同的短视频账号，针对的目标受众是不同的，这时就需要进行用户画像。美食、职场、旅游、才艺、美妆、萌宠等各个垂直领域都有其受众群体，短视频创作者要分析出自己品牌或IP的受众群体，锁定目标用户群，提炼其主要需求。以抖音为例，男性用户对游戏、汽车偏好度高，女性用户对美妆、母婴、穿搭偏好度高，"00后"对电子产品、时尚穿搭偏好度高；"90后"对影视、母婴、美食偏好度高；"80后"对汽车、母婴、美食偏好度高。

要想打造爆款短视频,就要在短视频的内容选择上有针对性地迎合目标用户群体的口味,更快、更有效地吸引他们的目光,提升短视频的点赞数和播放量。通过进行用户画像,短视频创作者能够更好地了解用户偏好,从而锁定目标用户群,实现精准定位。

短视频用户画像的形成步骤如下。

1. 数据分类

短视频用户画像的第一步是对用户信息数据进行分类。用户信息数据分为静态信息数据和动态信息数据两大类,如图 2-1 所示。

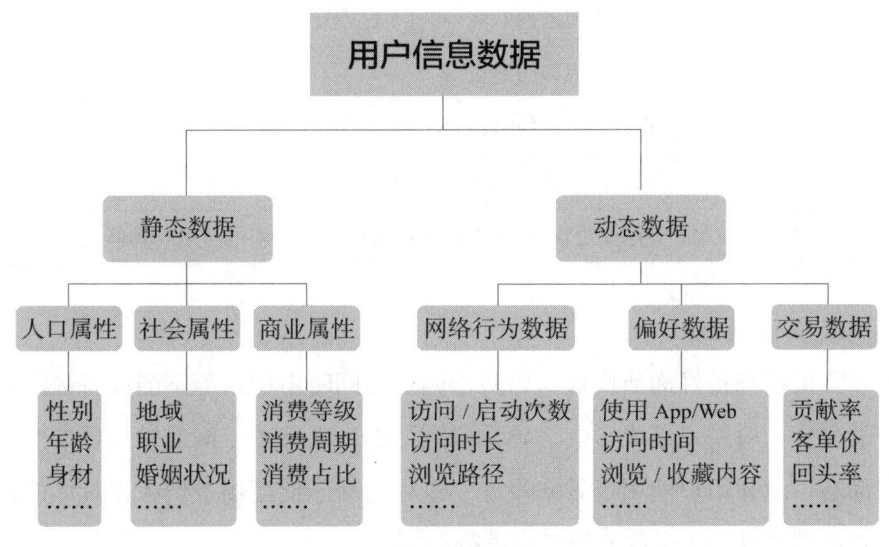

图 2-1　用户信息数据

(1)静态信息数据。

静态信息数据是构成用户画像的基本框架,展现的是用户的固有属性,一般包含人口属性、社会属性、商业属性等信息。这些信息一般无法穷尽,只要选取符合需求的即可。

(2)动态信息数据。

动态信息数据指用户的网络行为数据、编好数据、交易数据等。在选择这类信息时,也要符合短视频的内容定位。

2. 确定场景

只了解用户信息数据的分类，还不能形成对用户的全面了解，应当将用户信息融入一定的使用场景中，才能更加具体地体会用户的感受，还原真实的用户形象。

采用5W1H法可以确定用户使用场景，如表2-1所示。

表2-1　5W1H法的要素及其含义

要素	含义
Who	短视频的用户
When	观看短视频的时间
Where	观看短视频的地点
What	观看什么样的短视频
Why	网络行为背后的动机，如关注、点赞或分享
How	与用户的动态和静态场景结合，洞察用户使用的具体场景

3. 设计模板

要提前准备好沟通模板，以防止调查访问时由于措辞不当或者提问顺序的变化而对用户造成影响，导致研究结论出现偏差。沟通模板要按照用户动态信息和用户使用场景来设计，也称为动态使用场景模板，具体的设计要依据自身期待获取的信息来进行。

动态使用场景模板一般包括以下内容：常用的短视频平台、使用频率、活跃时间段、周活跃时长、使用的地点、感兴趣的话题、什么情况下关注账号、什么情况下点赞、什么情况下评论、什么情况下取消关注，以及用户的其他特征等。

广告界传奇人物大卫·奥格威认为，假如让用户刻意回答对某个产品的看法，他们很有可能无法解释清楚。例如，当问用户对于某条短视频的感受，或者为何关注某个短视频账号时，他们很可能无法明确地说出答案。因此，我们首先要做好数据收集与整理，然后在调查和了解用户行为习惯的方法上更细致与人性化,以摸清他们在作出某个决定时的心态,找到用户为短视频点赞、转发,以及关注短视频账号的深层原因。

4. 获取信息

要想获得用户信息,需要统计和分析大量样本。但由于用户基本信息的重合度较高,为了节省时间与精力,短视频创作者可以通过相关服务网站获取的竞品账号数据来获取用户的静态信息数据。

卡思数据是国内领先的视频全网大数据开放平台,可以为短视频创作者提供全方位的数据查询、用户画像和视频监测服务,从而为其在内容创作和用户运营方面提供数据支持。下面以美妆短视频为例,介绍如何通过分析竞品账号数据来获取用户的静态数据。

(1)打开卡思数据网站,单击"榜单"按钮,即可看到不同维度的榜单排名。按照视频发布的主体,榜单分为红人榜、PGC榜、网综榜、网剧榜和动漫榜;按照不同的平台,可以分为抖音、快手、哔哩哔哩、美拍、秒拍、西瓜视频、抖音火山版、新浪微博等;按照视频内容类型,可以分为萌娃、时尚、美妆、美食等。短视频创作者可以选择"红人榜""抖音""美妆"选项,查看最新的榜单前 100 名。

(2)经过筛选,短视频创作者可以选择与自身账号所属领域相同的其他账号,单击进入后会发现四大数据分类:数据概览、粉丝画像、视频列表和带货分析。单击"粉丝画像"分类即可查看基本的静态数据,如性别分布、年龄分布、省份分布、粉丝活跃时间分布等。

(3)选取两个与自己账号所属领域相同的账号,统计数据以后进行归类,就可以确定该美妆类账号用户画像的静态信息数据。

5. 形成用户画像

将静态信息和动态使用场景进行整合以后,就可以勾画出大概的美妆类账号的用户画像。

二、三个维度挖掘目标用户群需求痛点

挖掘用户痛点是短视频创作中很重要的环节。痛点是指用户未被满足的、急需解决的需求，只有短视频的内容戳中了用户的痛点，才具有吸引力和说服力。因此，在进行短视频策划时，要先搜集和分析用户的痛点。

在搜集和分析用户的痛点时，可以按照以下三个维度来进行。

1. 深度

深度是指用户的本质需求，具有延展性，短视频创作者在植入痛点时要考虑到痛点的深度，注重细节的体现。例如，用户最开始观看美食视频账号"密子君"的短视频时，其本质需求是满足好奇心：看一个女孩子到底能吃多少美食。但随着时间的推移，这种单一的内容类型已经无法满足用户的好奇心，该账号为了让用户持续关注下去，就必须进一步扩展用户需求，分析用户的潜在需求。

大部分的人都爱吃，但受到地域的限制，很多人吃的食品样式比较单调，而该账号的创作者到各地去"探店"，或者探索更多美食的吃法和做法，为用户带来了不一样的美食体验，解决了大多数用户"想吃又不知道吃什么"的痛点，所以获得用户的支持和持续关注就不再是问题了。

2. 细度

细度是指将用户的痛点进行细分。在细分用户的痛点时，可以分为以下步骤。

（1）对垂直领域进行一级细分，如将拍摄类细分为纪实摄影、风光摄影、人像摄影、商业摄影、新闻摄影等。

（2）在上述（1）的基础上再做细分，如将人像摄影细分为婚纱摄影、个人写真、儿童摄影等。

（3）在上述（2）的基础上确定目标人群，如果目标人群是育儿家庭，对儿童摄影会更感兴趣。

（4）以上述（3）为基础确定一级痛点，上述用户的痛点是如何对不能积极配合的儿童进行拍摄，并能充分体现出儿童天真活泼的特点。

3. 强度

强度是指用户解决痛点的急切程度，如果能够找到用户的高强度痛点，短视频成为爆款的概率就会很大。高强度痛点是指用户主动寻找解决途径，甚至消费也要解决的痛点。短视频创作者要及时发现这些痛点，给用户反馈的渠道，或者在短视频评论区仔细分析用户评论，从中寻找其急切需要解决的需求痛点。

例如，很多育儿类的短视频直击父母"望子成龙，望女成凤"的心理，尤其是在成长和学习过程中的行为习惯的养成，父母急迫地想学习和知晓，因此一些名为《一位清华妈妈给孩子定下的十条家规，牢记让孩子受用一生》《三次学习开窍的黄金期，家长千万不要错过》等短视频备受关注，戳中了父母想教子却无方的迫切需求。

第三节　竞品分析

竞品分析就是对竞争对手的产品进行比较、分析的过程，是一种带有主观性的横向分析过程，通过对多个产品的整体架构、功能、商业模式、产品策略等多维度的横向对比分析，获得目的性的结论。

在短视频领域做竞品分析，不仅能够深入了解竞品的动态，及时调整自己的运营策略，为短视频账号的发展制订可行性方案，还能了解竞争对手的用户细分群体，帮助自己避开强有力的竞争对手，走"避强"垂直化之路。

一、四个角度，清晰理解何为竞品

在做竞品分析之前，首先要清楚到底什么是竞品，以抖音平台为例，凡是与自己同类型的短视频及其账号都可以称为竞品。下面从四个角度更清晰、更具体地介绍何为竞品。

1. 竞品的级别分类

在短视频红利时代，很多个人和企业纷纷入驻抖音，都想借助抖音获取流量，实现变现目标。在各种各样的抖音账号中，竞品层出不穷，如果把所有的竞品放在一起分析不仅难度很大，得出的结果往往也比较模糊，根据这样的分析结果作出的定位准确率自然也不会高。因此，首先要对竞品的级别进行分类，只有这样才能有的放矢地对各个级别的竞品逐一进行分析，从而作出精准的定位。

一般来说，竞品分为核心竞品、重要竞品和一般竞品三个级别。以自己的账号及短视频的水平为基准点，那些高于自己且非常有竞争力的竞品为核心竞品；那些高于自己但竞争力一般的竞品为重要竞品；那些在自己之下或者竞争力不如自己的竞品为一般竞品。在短视频领域，竞品的竞争力就体现在账号的粉丝量和点赞量两个方面。

对于核心竞品，如果自己很难与之竞争，就学习其长处来优化自己，实施"避强"定位；对于重要竞品，要分析他们的优势，找到超越的突破口；而对于一般竞品，则不需要花太多的时间，主要研究其劣势，以避免出现同样的问题即可。

2. 竞品的基础架构

竞品的基础架构可以从以下三个方面来了解。

（1）信息。

信息可以研究受用户喜欢的竞品是如何做内容的。

（2）功能。

了解竞品的功能，并据此对自己的短视频进行剖析，明确自己要细化、优化的功能是什么。

（3）交互。

交互是做短视频账号运营的最终目的，和用户在情感、思想上有强交互才是好内容。所以要从用户入口开始分析,知道每条短视频的缺点在哪里,争取做到更好。

以上三个方面都了解清楚后,短视频创作者即可根据自己的账号和短视频特点,将竞品优势合理地运用到自己的账号中,不断优化与完善自己的短视频账号。

3. 竞品的策略分析

竞品的策略分析包括定位分析、运营策略分析和营利模式分析,如图2-2所示。

定位分析:对竞品的介绍、推送、版本、引导方式和市场反响等进行分析

策略分析

营利模式分析:对竞品是通过投资人注资、广告植入、还是用户购买等方式来创收进行分析

营销策略分析:从市场和运营角度对竞品的定位、活动、用户体验和反馈等进行分析

图2-2 竞品的策略分析

经过以上三个方面的分析,短视频创作者可以更好地将自己的短视频与竞品进行全面对比,进而作出更受用户欢迎的短视频。

4. 竞品的发展潜力

在各个短视频平台上,账号的发展潜力主要包括用户规模发展潜力和市场发展潜力。短视频创作者可以对竞品,尤其是核心竞品的发展潜力进行分析,了解自己目前所处领域的用户和市场的体量,进而判断自己的账号有没有更广阔的发展前景。

二、两个要素，做好竞品分析精准定位

要想做好竞品分析定位，离不开两个要素，一个是做竞品分析的人，另一个是竞品分析的内容。

（一）精准确定做竞品分析的人员

我们在做竞品分析时，需要以用户为中心，在账号的不同阶段，做竞品分析的人员也是不同的。

1. 研发阶段

研发阶段是对账号的实际竞争内容进行研究，在账号上发布的可以让用户看到并体验到的内容的内涵价值决定了账号在短视频平台上的市场高度，所以在研发阶段由研发人员进行竞品分析是非常重要的。

研发人员需要对竞品本身及用户对竞品的体验进行研究，如短视频内容的设计、质量，在抖音上的点击量、播放时间、播放次数、用户评论等。研发人员通过对这些内容进行分析，可以找到用户感兴趣的关键点，有针对性地结合自己的特色创作出符合用户喜好的短视频作品。

2. 运营阶段

运营阶段要在研发阶段的基础上进行数据摸底、账号推广和用户引流等工作。这个阶段应当由运营人员来做竞品分析，因为他们更懂得如何增加所发布内容的外在美，以及如何提高视频互动率。

运营人员可以通过分析竞品带给用户的体验效果，了解用户的实际需求，掌握竞品的优点与缺点、受用户欢迎的原因等，以此来完善与提高短视频的内容质量，及时发现自身账号所发布的内容及在运营过程中存在的缺点，避免违规操作，设置好发布时间与发布频次，保证发布的短视频能够获得平台的持续推荐。

（二）准确把握竞品分析四大核心内容

要想把短视频账号运营好，短视频创作者必须通过科学、专业的竞品分析找到准确的定位，作出更能吸引用户眼球的短视频，这样才能提升自身的竞争力。

在做竞品分析时，需要准确把握以下四大核心内容。

1. 用户习惯

用户习惯决定着短视频账号所能达到的战略竞争高度，因此要对竞品的用户行为、消费、体验、情感等进行分析，找到用户喜欢的关键点，运用在自己的短视频上。

2. 核心价值

核心价值是短视频账号的核心竞争力，短视频创作者要分析竞品，给短视频的设计、细节、定位等赋予价值，这个价值可以让用户在观看过程中停留，并作出点赞与转发等行为，从而为短视频带来巨大的流量。

3. 功能拆分

对竞品的短视频账号所发布的内容功能进行拆分，仔细分析自己的账号与竞品之间的差异，如设计特点等，优化这些差异就能更好地定位自己的账号，获取更多的流量。

4. 延伸服务

延伸服务做得好，能够帮助短视频创作者获得更多的流量。有很多竞品之所以做得好，不仅仅是短视频作品本身的原因，而是与用户之间的互动沟通做得好，更能满足用户的互动需求，更合用户的心意。总之，要注意细节，时刻关注用户体验，做好每个环节的服务。

三、取长补短，从竞品中吸取经验

在进行深入、细致的竞品分析之后，短视频创作者可以写一份竞品分析报告，内容包括体验环境、市场状况、行业分析、需求分析、确定竞品、竞品对比、商业模式异同、业务/产品模式异同、运营及推广策略，以及归纳和结论等。对于存在明显差距的、强大的竞争对手，不建议直接与其竞争，可以垂直细化，找到自身优势，以差异化取胜。竞品分析可以帮助短视频创作者更好地找到短视频内容创作的切入点，而不是竞争对手做什么内容，短视频创作者就模仿做什么内容，最终走入内容严重同质化但流量又上不去的误区，并且还容易牵扯版权问题。因此，一定要多观察同领域的热门账号，及时了解竞品的数据和内容，取长补短，从竞品中吸取经验，以优化自己的账号定位和运营方式，从而有效地提升自己账号的竞争优势。

第四节　USP 定位

USP 定位理论是由美国人罗瑟·里夫斯提出的，是指发挥自身优势，向别人展示出自己的独特性，并通过强大的说服力来证明自己的优势。

USP 定位理论主要具有三大特征，如图 2-3 所示。

在海量的短视频中，如果想让自己的短视频脱颖而出，就必须彰显自身的独特性，这样才能引人注目，使人过目不忘。

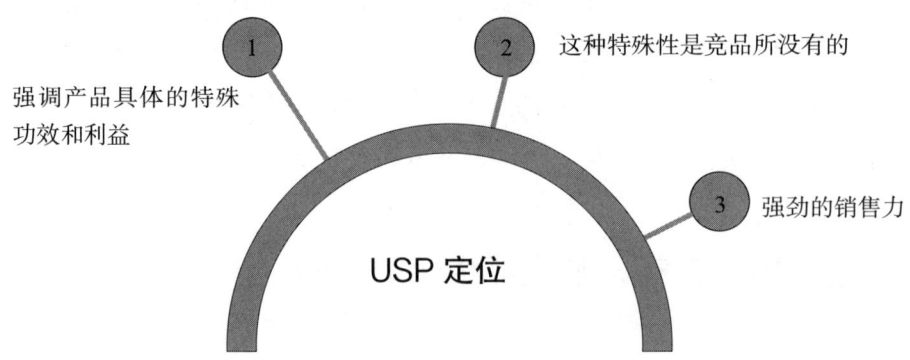

图 2-3　USP 定位理论的三大特征

一、挖掘自身亮点，发挥自身特色

创作短视频时，要深度挖掘自身亮点，充分发挥自身特色，通过作品展现出自身的独特创意和自身个性，才能在激烈竞争中开辟出一条新路，吸引更多的粉丝。

例如，抖音账号"M哥"通过翻唱歌曲实现快速圈粉，凭借其独特的嗓音，利用自身的歌唱技艺展示视频内容的独特性，给用户留下了深刻的印象。

又如，喜马拉雅作为一个听书平台充分发挥自己领域特长，舍弃画面视觉冲击，把自己准确定位到"以听动人"上，其抖音平台上的很多短视频严格来说并不算是视频，只是把自己平台上原有的声频配上静态图转移而来。

二、找准切入点，精准实现差异化

在使用USP定位时，并不是以用户需求为导向，而是找到自身的特别之处，找准切入点，作出与同类产品具有明显差异化的内容，使短视频作品具备较高的辨识度。

例如，视频账号"佳哥就是毕加索"的运营者是一位绘画才艺高超的人，其短视频主要是"由词生画"——先写下关键词，然后根据词意进行创意设计，制作成简笔画。这是很多有着绘画技艺的短视频创作者采用的才艺展示和内容制作的方法，"佳哥就是毕加索"的不同之处在于，其简笔画短视频创作更加具有系统性和代表性，需要精心的布局和创意设计。

在"佳哥就是毕加索"的短视频作品中，制作完成的简笔画几乎找不出绘画时所使用的关键词的笔画痕迹，它们已经完全与画面融为一体。更重要的是，其短视频作品大致分为三类，即结合热点、关联节日和重现经典，以这三类关键词为切入点创作具有系统性和代表性的作品，实现差异化，从而快速引流。

又如，视频账号"小小101"的运营者是一位热爱跳舞的"95后"女孩，她充分发挥自己的特长，将自己的账号内容定位为舞蹈。然而，与许多跳舞者不同的是，她将内容定位进一步细化为"父女舞蹈组合"。在其短视频作品中，大部分都是她与父亲一起展示动感、优美的舞姿，传递快乐、融洽的亲子氛围。这对"父女档"和这种充满差异化的内容表现方式让其突出重围，获得了大量关注和点赞。

思考与练习

1. 打造爆款短视频的首要条件是什么？
2. 在为短视频定位时，从哪三个角度做自我分析？
3. 用户画像形成的五个步骤是什么？
4. 竞品分析的四大核心内容是什么？

第三章　短视频的策划

在这样一个信息过载的时代，面对不计其数的短视频，用户会如何选择呢？根据"定位之父"杰克·特劳特提出的著名商业概念"二元法则"，消费者心智中只容得下数一数二的产品。对短视频内容从业者而言，这无异于一场战争，其本质就是消费者注意力的抢夺和头部位置的抢占。短视频制胜的关键除了第二章讲到的精准的定位之外，成功的策划也是必不可少的。短视频的策划是一个综合性的策划，具体涉及优质短视频账号的策划、优质选题的策划、优质内容的策划以及优质包装的策划，只有多角度、全方位地进行策划，才更容易打造出爆品，完成从"吸粉"引流到"涨粉"裂变的过程。

因此，本章你将学到以下内容：

1. 如何做好一个优质短视频账号的策划，提升账号形象和短视频播放量；

2. 如何做好爆款短视频选题的策划，让你的选题有创意、有流量，能持续输出；

3. 如何做好优质短视频内容的策划，让你的短视频既好看又耐看；

4. 如何对短视频进行包装策划，让它传播得更广泛和有效。

第一节　优质账号的策划

创作者要想让制作的短视频成为爆款，除了要打造优质内容外，还要对短视频账号进行设置和策划，对其进行图文包装，并稳定更新，同时利用账号名称（也叫作账号名）、头像、简介、封面等影响账号的形象和短视频的播放量，进行吸粉引流，因为只有获得众多粉丝的关注和支持，并做好粉丝维护，短视频才能被更多的用户知道，进而成功出圈。本节将从四个方面介绍如何策划一个优质的短视频账号。

一、账号名称

好的账号名能够提示产品提供的价值，使用户快速了解短视频提供的内容，提高短视频传播效率，降低传播成本。但是怎么起名，起什么名才能响亮、有辨识度、令用户印象深刻、便于传播却是一件不容易的事情，团队成员需要集思广益，从各个角度进行头脑风暴，然后进行筛选才能最后确定。拟定账号名有以下思路。

1. 简洁好记

在大多数情况下，账号名不能过于复杂和冗长，应该足够简洁，避免生僻的词汇和发音，避免生僻字，以便于用户记忆和书写，同时也利于后期的品牌植入和推广。

短剧 UP 主"奇妙博物馆"就是一个有创意的账号名。这个账号主打的内容是以人性的贪、嗔、痴、恨、爱、恶、欲为主题拍摄相关短剧，剧情都有超现实的成分，比较"奇妙"，而博物馆的意思是安置一些收藏的机构，展示出来以便公众观看。这个名字恰恰迎合了这个账号将人性这七大情感用短剧的形式拍摄出来让大家观看的主题。

2. 谐音命名

要想在海量的短视频账号中脱颖而出，让用户牢牢记住，创作者就要为短视频账号起一个充满创意、容易引发用户联想的名字，而谐音命名是达到此目的的最常用的方式。例如，测评类账号"信口开盒"的账号名与"信口开河"谐音。

3. 关键词定位

关键词可以提示账号的内容方向，如果短视频账号定位于某垂直领域，那么账号名中最好包含该垂直领域的某些关键词。例如，创作者想要打造一个好物"种草"账号，账号名中就要带有"好物""种草"等关键词，如"种草大户萌叔 Joey"。

4. 以数字命名

古希腊哲学家毕达哥拉斯认为"数是万物的本质，数字有很奇妙的能量"。很多自媒体会巧妙地运用数字来命名，不仅能吸引用户的注意，而且能强调数字所传递的概念。如创意搞笑类账号"陈翔六点半"。

值得注意的是，账号起好名字之后，要核查所起的名字是否已经被注册，避免日后出现不必要的麻烦。

二、账号头像

头像是短视频账号的视觉标识，是用户辨识账号的重要途径之一。在吸引用户打开短视频账号的因素中，除了短视频内容和账号名，就是账号头像。创作者选择账号头像时，要遵循两个原则，一是头像要符合账号本身特征，二是头像要清晰、美观。

选择账号头像的方法主要有以下几种。

1. 使用真人头像

真人头像让用户从虚拟世界回归现实生活，可以更直观地看到人物的形象，拉近彼此的心理距离，获得亲近感。如果用户看到头像中人物的气质和颜值较高，或者风格独特，就很容易点击进入账号主页；如果短视频内容也不错，就很容易关注账号。

短视频平台中，使用真人头像的账号不占少数，段子女王"papi 酱"、家庭喜剧账号"祝晓晗"、游戏解说"蛋蛋解说"以及很多才艺类账号，都很喜欢使用真人头像，有助于个人 IP 的打造。

2. 图文 logo 头像

图文 logo 可清晰明了展示信息，用图文 logo 做头像可以明确短视频的内容方向，有利于强化品牌形象。例如在线教育领域非常有影响力的 PPT 课程——账号"秋叶 Excel"，就是用直观的图文 logo 做头像，有力地强化"秋叶 Excel"的品牌形象。

3. 使用短视频的动画角色做头像

用短视频中的动画角色做头像，有助于强化角色形象，加深用户的印象，如一脸呆萌的"一禅小和尚"。

4. 使用账号名做头像

账号"二更"、"不急不吼养孩子"和"一条"都是用账号名的文字做头像，背景为纯色，突出了字体，很直观，能够强化账号 IP。

5. 使用卡通头像

使用卡通头像，即选取一个和自己账号的内容方向相符的卡通形象做头像，例如"软软大测评"和"两毛钱剧组"两个账号，其头像的形象符合短视频搞怪、俏皮的风格。

三、账号简介

账号简介是用户决定是否关注账号的关键因素之一，也可以被当成文案。账号简介一般有以下几种类型。

1. 表明身份

例如：

"飞碟说"的简介：知识百科类视频自媒体。"一萌小和尚"的简介：

可能是世界上最萌的小和尚。"papi 酱"的简介：一个集美貌与才华于一身的女子。

2. 表明领域

例如：

"秋叶 Excel"的简介：原来 Excel 还可以这样玩。"摩登兄弟刘宇宁"的简介：用心认真唱歌，承蒙各位厚爱。"看鉴"的简介：互联网最棒的历史短视频。

3. 表明理念和态度

例如：

"一条"的简介：所有未在美中度过的生活，都是被浪费了。"真相大白话"的简介：稀奇古怪，饶富趣味，身边的"真相帝"，生活的杂学家。

4. 留下联系方式

如微信号、微博号、手机号、邮箱等。这种账号简介一般与上述账号简介类型同时出现，主要是为了将用户引流到自己的"私域流量池"，或者开通商业合作的渠道。为了不违背相关平台规则，留联系方式时不能出现"微信""微博"等词语，可以用谐音词或字母代替。

例如，"七舅脑爷"就写了两个要素：要聊天来围脖（微博的谐音）吧。

5. 预告内容

很多网络红人会在主页简介中直接预告某月某日自己的直播日期和直播带货的产品门类，像这种简介就会被 UP 主频繁更新，简介也相当于是自己直播带货的广告页面。

四、账号封面

封面也叫头图，是用户第一眼看到的内容。对于短视频来说，给人的第一印象很多时候是"永远的印象"。好的封面可以让用户快速了解视频内容，增加点击率。封面设置应遵循以下技巧。

1. 内容相关

短视频封面要与视频内容保持一致，有较高的相关性，能够帮助用户了解短视频的内容。例如，做母婴内容的短视频可以用可爱小宝宝图片作为封面；做健身内容的短视频可以用健身房的图片作为封面。

2. 有原创性

原创是指由个人或团队独立完成的创作，不属于歪曲、篡改、整理他人创作或者抄袭、剽窃他人创作而产生的作品。各个平台都在大力支持原创。设置短视频封面的时候，创作者可以选取短视频内容的一帧进行修饰，作为封面图使用，也可以专门设计一个封面。不管选择哪一种，都要遵循原创性的原则。

3. 无水印

封面图不能有水印，否则容易导致视频通不过审核，有时候即使通过也不能获得推荐。

第二节　爆款选题的策划

在激烈的短视频市场竞争中，短视频创作者要想让其创作的短视频脱颖而出成为优质短视频，选题是关键。需要用新奇的创意来策划短视频选题，要主题鲜明、新颖有趣、贴近用户，更要注重用户诉求。因此，短视频创作者在创作过程中要充分发挥创造力和想象力，通过演绎故事、渲染情感等方法为用户提供有用、有趣的信息，才能吸引关注，激发共鸣，从而打造出传播力强、影响力广的短视频作品。

一、创意选题的五项原则

不管短视频的选题属于哪个领域，都要遵循以下五项原则，这是做好创意选题的关键。

1. 选题有新意，具备新媒体特征，注重价值输出

选题内容要有新颖的创意，但创意是个比较抽象的概念，只可意会不可言传，因为创作选题的角度和侧重点各不相同，所以创意并没有统一的标准和框架。不过通过分析那些爆款短视频，我们不难发现，它们的选题都有一个共性，那就是内容新颖、打破常规、独树一帜，具备新媒体选题的特征，也就是说符合新媒体用户的关注需求。如"会说话的刘二豆""papi酱"等。但是，这种创意有时很难模仿，所以我们应该多看、多理解、多思考、多对比，去学习其创作思路和创意点。

另外，短视频的选题还要注重内容价值输出，新颖、个性确实吸引用户眼球，但选题内容一定是有价值的内容，这样才能够激发用户对其进行收藏、点赞、评论和转发等，达到裂变传播的效果。

2. 以用户为中心，保证垂直性

目前，短视频行业的竞争越来越激烈，用户对短视频的要求也越来越高，所以在创意选题时不能脱离用户的体验和需求，一定要以用户为中心，优先考虑用户的喜好和需求，满足用户的痛点，这样才能最大限度地获得用户的认可和观看，甚至是产生用户黏性。

此外，短视频选题必须符合账号定位，绝不能杂七杂八、左摇右摆，什么都想做。选题内容越具有垂直性，就越容易引起目标用户的关注，提升账号在这一领域的专业度，从而不断提高用户黏性。

3. 紧跟网络热点，避免违规操作

在创作短视频时，创作者要时刻保持对新闻事件的敏感度，善于捕捉并及时跟进热点，这样就可以使短视频在短时间内获得大量的流量。但是，并非所有的热点都可以跟进，跟进不恰当的热点会有违规甚至被封号的风险。

每个短视频平台都有其管理制度，会对一些敏感词汇作出限制，因此短视频创作者要时常关注平台出台的相关管理规范，远离敏感词汇，避免违规操作。

短视频内容的抄袭和侵权现象也要引起创作者的注意，尤其是很多情景剧短视频内容。一部情景剧的诞生需要团队多日的工作策划和无数次的文案修改，但是我们经常看到不同的网络红人表演相似的情景剧内容，有时候甚至连分镜头都一模一样，当然不仅仅限于情景剧，还有一些对镜头美感要求很高的旅游类短视频也有很严重的内容、解说词和镜头抄袭现象。

不触犯法律法规是底线，除了抄袭和侵权，还有与吸烟、喝酒有关的内容，涉及衣着暴露、脏话和打架斗殴的内容，包含浪费粮食等价值观有明显问题的内容等，这些都属于违规短视频。

4.选题侧重用户参与性、互动性

基于短视频的社交属性，在策划短视频选题时，要尽可能选择一些互动性强的选题，尤其是热点话题，其受众关注度高、参与性强，这种互动性强的短视频也会被平台大力推荐，从而增加短视频的播放量。

5.弘扬正确价值观，把握选题节奏

要想让短视频在各大平台上都得到有效的推广，就必须树立健康向上的价值观。对于用户也是一样，充满正能量的短视频才能得到用户的认可，一味地为了获得短暂的人气而"搏出位"的行为只会削减短视频账号的生命力。

要想让短视频账号持续健康发展，还要把握选题的节奏，因为社会是在不断发展的，用户的需求也随之不断改变。短视频的选题策划必须要适应这种变化，紧跟潮流，根据用户的反馈不断地进行调整，使用户能够更好地接受。

二、确定选题的五个维度

很多人在创作短视频初期，往往找不到选题思路，因此无从下手进行创作，在这种情况下，可以寻找选题的五个维度，即"人、具、粮、法、环"，如表3-1所示。

表 3-1　寻找选题的五个维度

维度	具体说明
人	"人"指人物。例如，拍摄的主角是谁，是什么身份，有什么属性，未来的用户群体是什么
具	"具"指工具和设备。例如，短视频的主角是一位职场女性，她平时会用到 PowerPoint、Word、Photoshop、投影仪等，这些都属于角色的工具和设备
粮	"粮"指精神食粮。例如，职场女性喜欢看什么书，喜欢什么电影，会去参加什么培训等。要分析目标群体，了解他们的需求，从而找到合适的选题
法	"法"指方式和方法。例如，职场女性在办公室如何与领导、同事交际，如何与客户沟通等
环	"环"指环境，不一样的剧情需要不一样的环境，要根据剧情选择能够满足拍摄要求的环境

当能够牢牢掌握选题的上述五个维度并能围绕其进行梳理后，我们就可以做成多层级的选题树。以一个喜欢旅游的女性为例，可以通过选题树策划出各种各样的选题，如图 3-1 所示。

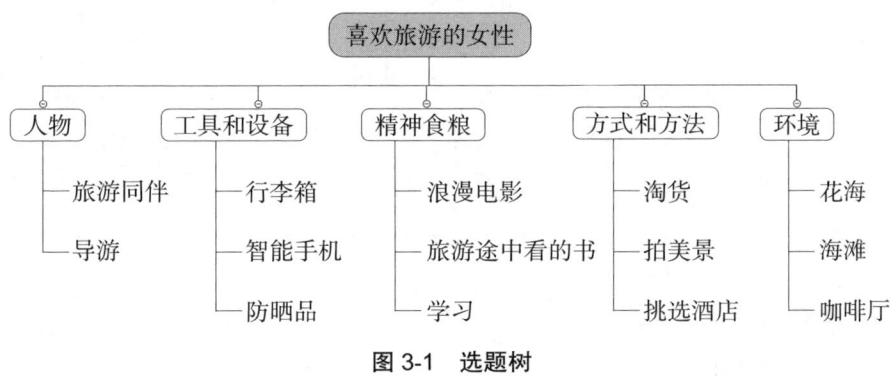

图 3-1　选题树

制作并拓展选题树需要积累，随着时间的推移和经验的增加，选题树中延展出来的选题内容会越来越多。有了丰富的选题内容积累，当遇到相关节假日或热点事件时，就可以快速而有效地选择出相应的选题内容。

三、开发爆款选题的方法

（一）蹭热点

在短视频创作中，除了自身的创意外，还要学会蹭热点，让短视频凭借热点话题迅速发酵与升温，所以它是一种投入少、产出高的选题方法。

1. 热点的类型

热点可以分为常规热点和突发热点，其特点如表3-2所示。

表3-2 热点的类型

热点类型	释义	特点
常规热点	指可预见的热点，大众熟知的一些信息，例如，国家法定节假日、大型赛事活动、热播影视剧、社会需求热点等	①备受大众关注； ②发生的时间、持续的时长相对稳定； ③可以提前策划，减轻创作压力； ④同质化内容较多，考验视频创意
突发热点	指无法预见的、突然发生的事件或活动，如突发的地震、火灾等，或者一些社会事件，如环保问题、婚育问题等	①突然爆发，要在第一时间创作发布短视频，才能借势而上； ②流量较大，短视频的切入点要独特、新颖

2. 热点搜集渠道

短视频创作者可以从各大资讯网站、社交平台、热门榜单中搜索热点，或者关注热门话题的热门评论，也可以挖掘出很多的题材和故事。

（1）在微信公众号中寻找热点。

微信公众号上有许多结合热点、能够引发读者共鸣的爆款文章，短视频创作者可以把这些文章的内容作为拍摄短视频的素材，这样打造爆款短视频的概率会更大。

例如，2019年暑期档国产动画电影《哪吒之魔童降世》一上映就掀起了热潮，许多微信公众号上的文章因为追这个热点而成为阅读量超过10万人次的爆款。很多读者参与点赞评论，在评论区说出自己的心声。这种情况下，短视频创作者可以站在读者的角度，从评论中找出一些核心观点制作成短视频，这样的短视频成为爆款的概率很大。事实也证明，当时抖音、快手平台出现了很多以哪吒形象及哪吒台词为题材的短视频，其中有很多都成为当时的爆款，收获了上百万的点赞量。

（2）在微博热搜榜中寻找热点。

微博是当前人们在网络中使用较多的社交平台之一，其口号是"随时随地发现新鲜事"，所以可以在微博上找到时下最热门的新闻事件和话题，其中微博热搜榜能够对当下热点进行较为及时的整理和归纳。

在微博热搜榜中寻找热点的方法如下。

首先，打开微博App首页，点击下方导航栏中的"发现"按钮。

其次，点击"更多热搜"，就会打开微博热搜榜页面。

再次，点击"话题榜"，查看微博热门话题。

（3）在百度搜索风云榜中寻找热点。

百度搜索风云榜是以数亿网民的搜索行为为数据基础，将关键词进行归纳分类而形成的榜单，在这里也可以寻找热点。

在百度搜索风云榜中，可以看到"实时热点"、"七日关注"和"今日上榜"等内容板块，根据其中的热点，我们可以寻找适合自己短视频创作的选题方向。

（4）在资讯聚合类平台中寻找热点。

一些资讯聚合类平台自身并不生产内容，所有内容都由创作者发布，这些平台会根据标签把内容推送到用户面前，如"今日头条"网站的"推荐"和"热榜"板块，在这些平台上找到适合自己领域的热点事件后，将评论中的精华部分抽取出来，并以此为切入点制作成短视频，就很容易引发用户的共鸣。

从以上渠道中找到热点题材作为创作短视频的素材，再围绕热点评论中的精华部分策划短视频内容，这样即使不是自己的创意，也能使短视频达到博取关注的效果，有利于短视频账号的运营。

3. 热点分析

当遇到一个热点时，不能为了追求热点的及时性就马上将其植入短视频中，而应当对热点进行分析，判断该热点是否符合社会主义核心价值观、是否值得使用、是否符合自己的短视频账号定位以及如何围绕热点创作短视频。

通常来说，可以从以下几个维度对热点进行分析。

（1）热点的价值性。

我们要分析以这个热点为"梗"来生产内容，会不会对当今的社会风气造成不良影响，会不会对大家尤其是未成年人的世界观、价值观和人生观产生负面影响。这一点是短视频内容生产者考虑的第一要素。

（2）热点的真实性。

要详细了解热点的内容和始末，明白热点是如何发生的，其真实过程是什么。不能看到一个热点就想着去"蹭"，为了抢占热点时间上的优势，而不去考究热点的真实性。

（3）热点的时效性。

热点具有很强的时效性，对于突发热点，需要判断该热点所处的传播阶段，分析该热点能否持续发酵，然后有针对性地对短视频内容进行策划。对于短期热点，短视频创作者要重视短视频的发布时间，在第一时间发布可以抢占大量的流量；对于长期热点，要对其进行深入分析与深度解读，体现出自己的见解和看法。

（4）热点的话题性。

热点是否具备可讨论性。热点之所以能够成为热点，主要是因为它能够在受众之间形成广泛地分享和传播，所以具有话题性的热点更容易引起受众关注。

（5）热点的受众范围。

所谓热点的受众范围，就是分析哪些领域、哪种类型的受众群体会对该热点感兴趣，以及这些受众群体的规模有多大。

（6）热点的相关度。

热点与短视频账号定位的关联程度。如果某个热点与短视频的内容格调相契合，短视频创作者就可以围绕此热点创作短视频，从而引来大量的流量，同时加深用户对短视频账号"人设"的印象，有利于短视频账号的长期运营。

（7）热点的风险性。

在运用热点时，一定要保持理智，不能触碰红线，切忌使用有悖于法律法规、道德伦理的内容，不能为了蹭热点而失去底线。

4. 整体策划

在借助热点策划短视频内容时，需要做好以下工作。

（1）找准热点的切入角度。

借助热点制造话题的本质是借势营销，在借热点的"势"时，首先要做的是找准热点的切入角度。从热点中独特、新颖的基点出发，找到既符合账号定位，又契合目标用户需求的关键点来切入。

（2）对短视频进行整体策划。

找准切入点后，开始构建短视频框架，策划展现形式。例如，是做成访谈形式、搞笑段子，还是植入故事剧情，这些都需要综合考虑、整体策划。

（3）创作完成后第一时间发布。

因为热点是有时效性的，所以要保证在较短的时间内完成短视频创作并在第一时间发布，争取抓住利用热点吸引流量的最佳时机。

（二）"趣"标签

人们关注短视频的动机，要么是有趣，要么是有用。因此，在进行短视频创意策划时，短视频创作者可以为其贴上"乐趣""奇趣""野趣""意趣"等"趣"标签，以满足人们对有趣的不同偏好。

1. 聚焦乐趣，给用户创造快乐

在现实生活中，一部分人之所以刷短视频，可能是无聊、烦闷，也可能是工作压力大，想舒缓心情等。搞笑类短视频以风趣、幽默、娱乐性强的特点创造快乐，从而备受人们的喜爱。

因此，在创作短视频时，可以有意地融入一些搞笑元素，运用各种创意方法和技巧对一些比较经典的内容和场景进行视频编辑和加工，也可以对生活中的一些常见的场景和片段进行"恶搞式"的拍摄和编辑，从而打造出使人微笑或者开怀大笑的短视频。这类短视频的目标用户不分性别、不分年龄，群体广泛，只要能够带给他们快乐，就能促使其点赞与分享。

例如，抖音账号"拉布拉多 seven"，其短视频的主角是一只拉布拉多犬，主人称它"老四"，常以憨厚老实的人格化形象让人捧腹大笑。

2. 以奇趣激发用户的好奇心

人人都有好奇心，对未知的事物充满了探索欲。基于人们的这种心理，可以在短视频内容上主打"奇趣"，为其添加新鲜、稀奇的元素，激发人们的好奇心，勾起人们想去探索及继续观看的欲望。这类短视频能够快速吸引人们的关注，使账号收获大批粉丝。

例如，在抖音账号"黑脸 V"的短视频中，主人公从来都是带着黑色的头套，不以真面孔示人，激发了不少用户的好奇心。另外，短视频创作者利用特效制作出各种新颖的内容，让用户眼前一亮，产生一种想去一探究竟的欲望。总之，该账号凭借着其新奇的创意和炫酷的特技效果迅速"圈粉"无数。

3. 用野趣为用户纾解压力

现代都市人每天身处高楼大厦之中，很多人特别向往乡村田野、山水如画的生活，富有"野趣"的田园色彩的短视频能够快速地吸引都市人的目光，促使他们关注点赞。

例如，抖音账号"乡村胡子哥"是一个美食类账号，特点是视频中的胡子哥在野外做美食。用山泉水洗菜，以及大口吃菜、大口饮水的纯朴情景，特别能够激起人们的食欲。这种富于野趣的短视频，让人们暂时忘却都市的繁华与忙碌，只想享受自然、享受美食。

4.凭意趣于平淡之中升华精神

有些短视频将哲理、经验等立意融入带有趣味性的内容之中，让人观看以后能够获得某种感悟，得到思想上的升华。这类短视频看似平淡，却立意深远，让人看后回味无穷，"吸粉"效果也很不错。

例如，抖音账号"田小野"发布的短视频内容是一些日常生活、工作、学习中的事情，通过幽默搞笑的表现手法来反映社会现实，耐人寻味。

四、建立爆款选题库的方法

为了保证短视频账号的正常运营，就需要有持续不断的短视频作品输出，如何更好、更快地创作短视频内容，是需要短视频创作者重点考虑的问题。进行素材储备，建立爆款选题库，既能为打造优质的短视频内容提供参考依据，也能为短视频账号的正常运营提供坚实的基础。

选题库是稳定输出短视频内容的保障。建立爆款选题库能快速培养网感，获取真实的用户反馈，为优质内容的持续输出储备素材。

下面是建立爆款选题库的几个常用方法。

（一）建立选题库框架

根据短视频账号内容定位规划好选题的范围，并将定位涵盖、延伸的内容分类逐一列出，做成选题库的框架。例如，如果短视频账号的定位是儿童教育，那么儿童教育又可以进一步按照年龄细分，或者按照德育、智育、体育等分类，或者按照学科分类，又或者分为家庭教育、校园教育等。

短视频创作者可以根据自身短视频账号的需要，选择合适的维度来做选题库框架。切忌在做选题时毫无方向，风格不一，否则会影响短视频账号的运营与发展。

（二）日常积累，搜集素材丰富内容

优秀的短视频内容创作者都有日常积累的习惯，通过身边的人、事、每天阅读的书和文章，将有参考价值的选题纳入选题库，不断训练发现选题的嗅觉。平时细心观察，挖掘与人们生活息息相关的衣食住行等各领域的内容，随时拍摄记录，勇于尝试，不断试错，一边不断提升自身的拍摄技术，一边积累创作短视频的素材。

当然，建立素材库这项工作并不是一蹴而就的，而是需要日积月累的，所以要广泛地、不限类型地搜集素材。

（三）研究竞争对手的爆款选题

研究竞争对手的爆款选题可以获取很多灵感和思路，拓宽选题的范围。搜集竞品的爆款选题，进行分析、整合，每天5~10条，假以时日，也是一笔可观的资源。比如视频生产者想进入美妆搭配短视频这片红海领域，就可以先研究粉丝在千万级以上的美妆搭配类短视频账号的每期选题，先收集点赞数据，重点研究这些账号的哪些内容点赞量在他们平均点赞数量以上，然后专门整理出来，在这些爆款选题的基础上拓展和延伸，加入自己的个性化内容。

（四）收集用户想法，纳入选题库

早在1980年，美国学者阿尔文·托夫勒（Alvin Toffler）就在其经典名著《第三次浪潮》中预言：未来，在市场竞争、技术变革和企业利益的驱动之下，生产者与消费者之间的界限将会逐渐模糊，甚至融为一体，传统意义上的消费者将更多地参与到产品开发和设计环节，他们就是所谓的

"生产型消费者"（Prosumer）——生产者（Producer）和消费者（Consumer）的合成。用户积极参与短视频内容的制作与筛选就是最好的印证。这种自下而上的选题决策可以有效利用"群体智慧"，增强互动、丰富内容。例如自媒体大号"连岳"，他的很多文章素材就来源于读者来信或读者提问。

对短视频行业来说，推荐使用以下三种方法来收集用户的思路和想法。

1. 借助网站数据，搜集竞品账号中有价值的评论

打开卡思数据网站，选取一个竞品账号，从"舆情分析—评论列表"进入，输入"评论词云"中的关键词，即可获取相关问题，然后筛选有价值的评论。例如，搜索竞品账号"育儿小百科"，找到舆情分析页面的"评论列表"，输入"评论词云"中的关键词"幼儿园"，就可以看到相应的评论列表，然后筛选有代表性的用户问题，整理纳入选题库。

2. 从自己的账号或者竞品账号的评论中寻找有价值的选题

评论是与用户进行有效交流的便捷渠道，会折射出很多角度，如赞同、反对、质疑，甚至提出新的问题，这些都是待发掘的珍贵素材。例如育儿账号"不急不吼养孩子"，就可以从用户的评论中挖掘出新的选题，因为这类账号的用户都是被精准定位的准父母或者父母，在看完视频后会有各种育儿问题提出需要解答，那么短视频创作者就可以根据这些提问找到后面视频的选题。

3. 关键词查找

在进行信息查找、分析、整理的时候，桌面研究（desk research）是常用的方法，而关键词查找是桌面研究依赖的主要方式。寻找选题时，可以进行关键词搜索，使用不同的搜索引擎，如百度、微博、微信搜一搜、头条等，对有效信息进行整理提取、分析总结。

除了以上常用的网站外，还推荐易撰网站，易撰的视频库采集了抖音、快手、美拍等十几个视频平台的视频数据，还提供热词分析，方便提取素材。

例如,输入关键词"宝宝辅食",会出现大量的相关文章,创作者可以从中获取很多选题思路。

第三节 优质内容的策划

随着短视频内容的爆发,用户的品位越来越高,因此,优质的内容才是短视频吸引用户的核心因素。要想创作出优质的内容,创作者需要关注以下几个方面:优质内容的特质、优质内容的深度垂直、优质内容的极致细分、优质内容的热点生态以及优质内容的持续产出。

一、优质内容的特质

根据BuzzSumo(在线互联网内容筛选收集工具)显示,通过聚焦短视频内容的方法快速实现广覆盖和高投资回报率(Return On Investment,ROI)成为主流做法。短视频大奖"金秒奖"的口号也从第一年的"定义短视频"更改为现在的"定义优质短视频"。

关注并解决用户需求,引发用户共鸣的内容就是优质内容。王力在《从零开始学运营》一书中提出,一个网站(产品)进入运营阶段,就要建立标准,第一点就是内容质量的甄别。要甄别短视频的优质与否,主要通过下面五个特质判断。

1. 知识性

随着短视频内容生产策略从红海领域逐步转向蓝海领域,用户对咨询专业度类的短视频(如科普、教育)需求明显提升。切实可用的知识能让用户通过短视频获取价值。

"所长林超"、"真相大白话"和"秋叶Excel"等大批优秀知识类短视频的崛起,给知识类短视频的发展带来了生机,指明了方向。例如,"秋叶 Excel"致力于知识可视化，用生动有趣的短视频解析专业晦涩的 Excel 技巧，通过短短 15~60 秒的短视频讲解一个 Excel 的实操案例，如《最厉害的快捷键》《一秒找出不同》《一键生成图表》等视频，教大家办公"神"操作，简单易学，既有知识性又有实操性，为办公室一族提供办公便利。

2. 娱乐性

1985 年，美国媒体文化研究者、批判家尼尔·波兹曼出版了《娱乐至死》一书，该书是他"媒介批判三部曲"之一，书中说："一切的公众话语都日渐以娱乐的方式出现，并成为一种人文精神。"显然，娱乐性已经成为现代传媒的本质属性之一，所有的内容都以娱乐的形式展现，以求带给人们趣味性的、放松的、愉悦的感官享受。

根据美国非营利性集团 Common Sense Media（CSM）的数据，拥有更多快乐因素的电影趋于得到观众的高分。而据用户选择观看短视频动机的调查，85% 的用户倾向于观看有趣的内容。那些比较受用户欢迎的短视频，其本质都是娱乐性的。无论是段子类的视频，如"papi 酱"，还是知识类的视频，如"Mr Yang 杨家成"，都是通过娱乐的形式来呈现内容，直抵观众内心，触动心灵。

3. 情感性

二更商业视频研究院在 2017 年 7 月发布了《二更·短视频小白书》用户研究报告，该报告通过微信及微博两大平台，抽样选取了 3000 个有效样本，通过对短视频用户的行为调研和深度解析指出，情感性是影响用户选择的关键因素之一。在用户感兴趣的短视频类型中，"情感性"因素占比较高的为走心感动、戳中笑点、励志正能量，用户需要进行自我识别，而短视频的内容正是内心的折射、情感的体现。

4. 创意性

创意性是影响用户选择的又一关键因素。"创意性"因素占比较高的为生活巧心思、小技能，流失的文化、技艺等。例如，短视频账号"山村小杰"还原了男主人公子墨的心灵手巧。他可以用竹子制作很多生活用品，从衣架、手机支架、路灯到挎包、马桶,他在展示这项手艺时就用到了很多创意元素。

5. 鲜明的人设

鲜明稳定的人设能给用户留下深刻的印象,形成自己的标签。例如,人气账号"代古拉k"主打甜美可爱路线,被网友称为"抖音最美笑容"。

二、优质内容的深度垂直

第一财经商业数据中心(CBNData)调查报告显示,垂直化正成为短视频内容生产的趋势。用户更愿为专业化、垂直化的内容买单,这也揭示了短视频内容创业的战略:垂直深耕。短视频从野蛮生长走向了精耕细作时代,产品内容走向纵深化、垂直化,这种趋势要求短视频创作者关注产品形态,专注某一领域深度钻研,为用户提供深度的知识吸收场景。

(一)深度垂直的短视频具有以下优势

1. 受众精准

随着消费标准的转变,用户越来越重视群体归属、情感认同等价值,其消费也渐渐裂变为一个又一个小圈子。从这个角度看,深度垂直的短视频意味着"精准",可以连接文化和消费两个维度,解决用户在专业知识需求、兴趣需求、消费升级需求的痛点。

2. 长尾效应

长尾(The Long Tail)这一概念是由克里斯·安德森(Chris Anderson)在2004年提出的。以亚马逊网络书店为例,网店的图书销售额中有四分之一来自排名10万以后的书籍。这些"冷门"书籍的销售比例正在高速成长,预估未来可占整个书市的一半。亚马逊的案例告诉短视频创作者,要找准垂直领域、细分用户群、抓利基市场,这样才能做到单点聚焦、长线发展。

3. 易于变现

优质的垂直领域创作者能够专心做好内容,借助现成的平台来发展,实现商业利益。一些垂直领域的内容博主虽然没有很大的粉丝基础，但他们可以结合社群进行变现，业绩惊人。例如，深入做红酒内容的"醉鹅娘小酒馆"，该账号已更新了近百个红酒文化视频，靠着企鹅团大约6000位会员的持续消费，年流水超过2500万元。

（二）做垂直领域的思路

做垂直领域的核心词为"聚焦"，具体如下。

1. 聚焦某类目标人群

做垂直领域最常见的方法是确定核心目标人群，通过直击该人群痛点的内容去吸引他们，再通过符合其特质的内容和调性增加用户黏性。例如，"美柚"主打的是年轻女性群体。

2. 聚焦某类主题场景

根据短视频用户的主题场景进行纵深挖掘，在内容表达上突出场景化，与此类消费者进行深度对话。例如，"keep"主打的是徒手健身主题场景，"办公室小野"则聚焦办公室做美食的场景。

3. 聚焦某类生活方式

短视频除了要塑造品牌形象外，还要能够打造一种让用户愿意追随的生活方式。例如，很多人会说："若我不在星巴克，那我就正在去星巴克的路上。"星巴克塑造的是一种生活方式，短视频品牌也应该打造这样一种理想的生活方式，将产品嵌入其中，做垂直化表达。李子柒的短视频一直打造着唯美的乡村风格，让很多用户很喜欢这种山水田园的清幽，也成为大家追寻的一种生活方式。

三、优质内容的极致细分

细分市场（Market Segmentation）这个概念是美国市场学家温德尔·史密斯（Wendell R.Smith）提出的，是指把某一产品的市场整体划分为若干消费者群的市场分类过程，每一个消费者群就是一个细分市场。

对短视频来说，深度垂直是一个趋势，而细分则是在垂直行业板块中再挑选主要的业务深度发展。如果把短视频市场比作一块蛋糕，细分就是市场中的切割思维。切割的方式可以有很多种，可以横着切，也可以竖着切。细分可以按地域分，如"20元吃垮成都""20元吃垮深圳"，也可以按兴趣、生活场景、知识单元来分。

例如，瑜伽是垂直类，那么亲子瑜伽就是垂直细分，周末亲子瑜伽就是重度垂直细分。又如头条号"MakerBeta"定位于科技手工类视频，属于非常细分的领域，很小众，但播放量也很可观，如机械手臂制作视频的播放量为19万，加特林皮筋枪制作视频的播放量为10万。

四、优质内容的热点生态

热门话题是指一定时间、一定范围内公众最为关心的热点问题。做短视频内容，追踪热点的能力是创作者的基本功。只有掌握热点信息的特性，才知道如何追踪热点、抓流量，生产出和热点相关的视频话题，既保持自己的存在感，又契合产品的卖点。

热点分为两种类型：突发事件和热点事件。

突发事件是指突然发生，造成或者可能造成严重社会危害，需要采取应急处置措施予以应对的事件。

以2018年9月16日台风"山竹"侵袭广州为例，很多短视频实时播报台风场景，其中"深视新闻"有一条短视频《台风也阻止不了深圳人的上班路》。视频中深圳市民在倒塌的树丛间爬行穿梭，跨越千山万水去上班，场面既有喜感又让人泪目，播放量可观。对于突发事件采取不一样视角，在"突发"里关注人文，关注民生，得到的流量会更多。

如有热点事件，短视频创作者必须知道，追热点是提高点击率最直接、有效的方式。在特殊的时间节点或者某个热点事件刚发生后，借势热点往往能够让视频瞬间被引爆，从而达到扩大影响力的效果。短视频平台每隔一段时期都会有热推的视频话题，平台也会对相关话题的短视频给予流量倾斜。

据卡思数据月报统计，少儿、游戏领域的暑期效应明显显现，分类流量占比均有所提升，尤其是前者，在七八月超过生活资讯，成为行业第一。对于这种属性很强的分类，只要把握住暑期的流量红利，加强内容和运营，流量通常会有明显的提升。

例如，通过一帧大数据之前监测到的抖音"网红"——"摩登兄弟刘宇宁"的一条火爆视频，7日内新增播放量超1亿，位居抖音近7日视频热度榜前三名，其中新增粉丝量1003663，新增点赞量3988167。

值得短视频创作者注意的是，追热点要追的不是热点新闻，而是热点关键词。平台是根据关键词推送短视频的，创作者只有选了热点关键词，才有可能获取不错的推荐量。

五、优质内容的持续产出

短视频发布的数量和频率也是非常关键的，更新数量越多，曝光概率越大。行业"大V"保持每天5条左右的更新数量，大部分创作者保持每日更新或者每周更新的频率。例如，"日食记"每天都更新内容，虽然不是每天一道新菜，有时会发做菜教程图文版，有时会发视频，有时会发一些互动。一些制作过程相对耗时的短视频，如"papi酱"，也保持持续有规律地输出。那么，为什么要保持持续输出的数量和频率呢？

（一）培养用户习惯

持续有规律地输出内容，可以培养用户固定的观看习惯，增强用户黏性。当黏性足够强时，用户就慢慢具备了粉丝属性。如果不能持续输出内容，就容易被用户忘记。

1. 尽量每日更新

如今是信息"爆炸"的时代，各种碎片化信息层出不穷，如果短视频制作团队很长时间不更新作品，短视频账号就很容易被用户遗忘。因此，每日更新短视频可以保证短视频账号的持续活跃，一直得到用户的关注。

2. 固定更新时间

每日更新短视频，尤其是当固定更新时间时，就会给用户一定的暗示，用户每天会准时上线观看短视频。长此以往，用户就会形成定时观看的习惯，甚至产生催促创作者更新作品的心理，可能会在评论区留言"怎么还没更新？""什么时候更新啊，不是说好的每日一更吗？"这表明创作者创作的短视频对用户来说具有很强的吸引力，用户很期待新的短视频，在此基础上如果创作者继续保持更新频率，就能很好地强化用户的观看习惯。

如果创作者无法保证每日更新短视频，可以间隔一两天发布新的短视频，但要力争将短视频内容做好，以弥补数量上的不足；也可以每周发布一条新的短视频，但要在固定的时间发布，同时保证短视频的质量。每周发布一条新的短视频的优势在于可以让用户产生期待感。

3. 找好时机，挖掘最佳发布时间点

即使创作者保证了较高的更新频率，但如果没有选择好更新时间点，也很难使用户形成观看习惯。例如，当短视频目标用户是公司白领时，由于他们在白天忙于工作，空闲时间很少，所以创作者就不适合在白天更新短视频，而在晚餐后的一段时间更新短视频则较为合适，因为这时公司白领已经忙碌了一天，身心俱疲，很有可能会选择观看短视频来缓解压力，放松心情。

由于用户的活跃时间不同，短视频内容的发布时间与最终的数据呈现之间也有着密不可分的关系。一般来说，在用户活跃高峰期发布的短视频更容易成为爆款。

相关数据统计表明，不管是在工作日，还是在周末，短视频账号发布作品的高峰期为中午（11~12时）和傍晚（17~19时），尤其是傍晚时间段，短视频账号发布的作品数量最多。与周末相比，短视频账号在工作日的17~19时发布的短视频数量更多。

值得注意的是，大多数"粉丝"在300万以上的关键意见领袖（Key Opinion Leader，KOL）在工作日17~19时发布的短视频数量接近全天总量的一半，比周末同时段高10%。

以上数据表明，不管是工作日还是周末，创作者在17~19时发布短视频可以收获更多的互动。

不过，虽然创作者在以上时间段发布的短视频上热门的概率更大，但由于在这一时间段发布短视频的账号很多，竞争也十分激烈。创作者想要让自己的短视频脱颖而出，可以适当把发布短视频的时间推迟一些，如21时。

（二）占领用户心智

互联网时代的竞争就是占领用户心智的竞争。短视频也一样，每个IP都在调整自己的内容和发布频率，尽力得到用户的认可。只有占领了用户的心智，才能扎根于用户心中。

第四节　优质短视频的包装策划

短视频的内容是其核心，但要想传播得更广，深入人心，在运营时出色的"包装"是必不可少的。这个"包装"包括给短视频做一个有亮点的封面，一个使人产生兴趣的标题，几个精准的标签，一段好的描述文案和发表评论。

一、短视频的封面

短视频封面往往用来展示短视频的核心画面，也是留给用户的"第一印象"，用户会在短时间内决定要不要点开短视频进行观看，所以短视频封面尤为重要，因为它会直接关系到用户的点击欲望。可以这样说，短视频封面能够直接影响短视频的播放量。

要想提高短视频的播放量，创作者就要为其设计吸睛的短视频封面，封面要符合以下要求。

1. 封面要有吸引力

提升封面吸引力的方法有以下几种。

（1）封面中的人物表情要夸张，夸张的表情可以传递丰富的情绪信息。

（2）封面中各元素之间可以制造强烈的对比，对比效果越大，就越能吸引用户点击观看。

（3）引发用户的好奇心，使用户在好奇心的驱动下产生期待感，从而进一步产生点击观看的行为。

（4）封面中要展示出人物强烈的戏剧性动作、台词、表情等，直接诉诸用户的感官，吸引用户产生观看的欲望。

2. 封面应是短视频的亮点

很多人认为短视频封面并不重要，只要内容足够好就可以，所以他们往往将封面设置为系统默认画面。而很多时候，用户在尚未点击短视频之前，往往会通过封面来判断短视频内容。因此，短视频封面要将短视频中的亮点和精华展示出来，让用户直接了解短视频的内容，吸引其点击观看。例如，如果短视频内容是"干货"知识，可以把短视频中讲解"干货"知识的清晰截图设置成封面；如果短视频内容属于搞笑类，可以选择其中夸张的人物形象图片作为封面。

3. 封面要与领域相关

创作者在为短视频设置封面时，要根据其所属的领域选择相应的封面，让封面与短视频内容保持一致，具有相关性。如果用户点击观看短视频，看到的内容与封面不相关，不但不会关注账号，而且可能会产生厌恶情绪。

4. 封面要适应平台风格

短视频有时会被发布到多个平台上，这时创作者要注意更换封面，因为每个平台都有其不同的特点，所以要抓住各个平台的特点，设置的封面要符合平台风格，这样更容易获得相应平台用户的认可，从而提高短视频的播放量。

5. 原创性要高

现在各个短视频平台都在大力扶持原创者，封面作为短视频的一部分，也要具有一定的原创性。因此，创作者在设置短视频封面时，要建立属于自己的风格，或者专门为短视频设计一个封面，打上个人标签，形成个人特色。

此外，创作者还可以设置一个固定的模板，让每条短视频的封面都形成统一的风格，这样用户就可以非常方便地在历史记录中找到创作者的短视频。比如美食短视频账号"高芋芋"，在视频的封面中将自制美食展示出来，并且配上了美食的名字，非常方便用户对想学习的菜品进行查找。

6. 封面的质量要高

封面的质量要符合以下要求。

（1）一定要完整，如果封面上有人像，不能遮挡人物面部。

（2）比例要协调，不能拉伸变形。

（3）构图要主次分明，被摄主体要放在焦点位置，突出重点。

（4）调整原图的清晰度、亮度和饱和度等，让封面的色彩更加鲜亮，更能吸引用户的眼球。

（5）封面图上标题要尽量少一些，要放在最佳展示区域，不能被播放按钮、播放时间等要素遮挡或覆盖；文字的字体、大小要在不影响封面美观的前提下放大一些，这样显得更有视觉冲击力。

（6）封面图背景要深一些，如果太浅，界限感就会很弱。

（7）不要设置纯文字封面，封面文字很容易与标题混在一起，显得杂乱。

7. 禁止违规操作

在设置短视频封面图时，禁止违反法律法规，封面上不能出现暴力、惊悚和低俗等内容，不能含有二维码、微信号等推广信息，也不能带水印。违规操作的短视频不会获得平台推荐，严重违规的创作者还会受到相应的处罚，甚至封号。

二、短视频的标题

在短视频运营过程中，内容是"红花"，标题是"绿叶"，只有两者完美结合，才能提高短视频成为爆款的概率。很多时候，即使短视频的内容很平淡，但因为创作者为短视频写了一个非常吸引人的标题，短视频也可能会被推上热门，由此可见短视频标题的重要性。

（一）好标题的意义

好标题通常有下面几个意义。

1. 具备社交属性

好的标题具备社交属性，例如，《幼儿园开园第一天，老师辛苦啦》这个视频的点赞量达168万，转发量达12万。很多父母对此场景感同身受，或转发给其他家长，或转到母婴群里。

2. 获取算法渠道流量

推荐算法渠道能精准获取用户的兴趣点，所以今日头条、企鹅号、美拍等都采用推荐算法渠道。推荐算法渠道的基本流程如图3-2所示。

（1）从用户层面来讲，标题是视频内容最直接的反馈形式，在用户点击因素中占据很高的权重。

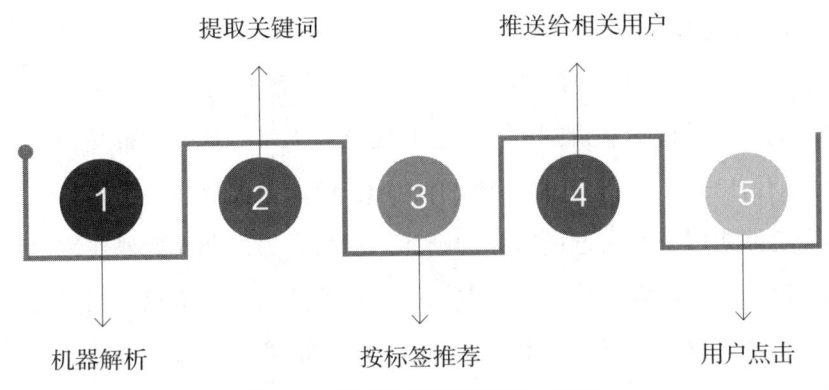

图 3-2 推荐算法渠道的基本流程

（2）从运营层面来讲，机器算法对图文解析的优先级高于视频图像，最直接有效的获取途径就是短视频的标题、描述、标签、分类等，这些是内容运营的重心。

（3）从推荐渠道来讲，平台通过用户输入的关键字给出搜索列表，标题上有用户搜索的关键字就会被推荐。

3. 引起用户行为

短视频的关键行为数据，如评论量、收藏量、完播率等，在很大程度上受标题的影响。我们来看两个短视频标题：第一个标题《3 种剥出完整皮皮虾的方法，最后一个只需 5 秒！》和第二个标题《夏天剥皮皮虾扎手？这三种快速剥皮皮虾的方法可以帮到你！》，相比之下，第一个标题更容易引导用户点击，引导用户看到最后一秒，提升完播率。

（二）拟标题的要点

研究标题本身的内容及平台的运营特点，可以摸索到一些写标题的规律和特点。

1. 明确受众标签

确定视频内容的受众，通过增加人群标签（如职业、学校、年龄、身份、性别、爱好等）提升带入感，可以提升相关人群的行为数据。例如，身份标签的标题《你的父母做过什么事让你最感动》。

2. 明确用户痛点

一条好的短视频能捕捉用户痛点，为用户解决问题。例如，抖音账号"卷毛佟（手机摄影讲师）"专教手机摄影技巧，其有一条视频标题叫《在海边看日出，可以拍这样一个小视频》，教大家如何使用手机的慢动作和曝光功能实现一种人走过镜头的画面。那么，怎样做才能抓住用户痛点呢？短视频创作者应把握三个要点：第一，给予用户安全感。当人有了安全感，防备心理就会下降到最低，此时，一个能够给用户安全感的标题就会满足用户最基本的心理需求，使用户产生共鸣。第二，与用户的情感相结合。人非草木，孰能无情。亲情、友情、爱情、师生情、同事情等都能戳中用户的情感，可以顺利地引起用户的注意。第三，给予支配感。无论是谁，都希望自己可以掌控自己的生活，所以，如果能够给予用户支配感，也可以吸引到他们的关注。

3. 找到情绪的共鸣点

有情绪共鸣点的内容可以让大家感同身受，代替一类人发声。例如，有一条抖音短视频的标题叫《生活本就不易，愿上苍善待你们》。画面中一个身形消瘦的父亲送女儿上大学的场景让很多人泪目，由此想起自己的父亲。

三、短视频标签

标签是推荐系统对短视频通过抽象、归纳、解析后得到的最有价值、最具代表性的信息，是用户对短视频内容的认知和理解。推荐系统会通过深度学习识别短视频的特征，对短视频内容进行词语理解和图像识别，提取出最有价值、最吸引人的信息。短视频标签应符合下列要求。

1. 控制标签字数和数量

一般来讲，每个标签的字数为2~4个字，标签数量为3~5个。标签太少不利于平台的推送和分发；太多同样会淹没重点，错过核心粉丝群体。

2. 核心要点精准化

打标签的时候，要挖掘品牌或者短视频内容的核心要点，把最有价值的、最有代表性的特性提炼出来，不断强化标签的认知度，提升价值属性。

3. 标签范畴合理化

标签的范畴要合理，既不能过于宽泛，又不宜过于细致。过于宽泛容易淹没在众多的竞品中，过于细致会将范围限定在狭窄的群体中，损失了大量的潜在客户。

4. 标签内容相关化

标签的关键词一定与视频内容相关，不能为了流量而强加标签。正确的标签通常这样分配：与视频内容相关的关键词，与行业相关的关键词、品牌词，优先填写有搜索流量的关键词。标签的相关性越高，越有利于被感兴趣的目标人群搜索到。

5. 热点追逐时效化

将时间、热点要素加入标签内容中，可以获取更多流量倾斜。

四、短视频文案

每条高流量的短视频背后都有好文案的支撑。文案对短视频的重要性主要体现在两个方面：一是让短视频更立体、更丰富，更具有传播力；二是可以迅速地传达创作者的思想和意图，感染用户的情绪，吸引其关注。

（一）撰写文案的步骤

创作者要想撰写出扣人心弦的好文案，一般要经历以下步骤。

1. 搭建文案框架

搭建文案框架，即列好文案写作大纲，以确定文案的创作方向。在搭建文案框架时，一定要弄清 4 个问题：文案的观看用户是谁？文案要传递什么信息？文案可以带给用户怎样的情感推动？文案会导致什么结果？

2. 找到文案的切入点

搭建好文案框架以后，要对所了解和掌握的信息进行筛选和整理加工，确定短视频内容的主题和切入点。

3. 将信息转化为文字

根据确定好的主题，将搜集到的信息转化为文字，形成文案。短视频文案的类型和格式并不是固定的，但都要遵循一个共同的原则，即调动用户的情感，引发用户的共鸣。创作者在撰写短视频文案时，要找到目标用户的共性，挖掘出他们共同感兴趣的话题，并合理地表达出观点和态度，从而使用户更愿意关注短视频账号。

（二）常见的短视频文案类型

1. 互动类文案

为了有效激发用户的互动欲望，互动类文案一般采用疑问句或反问句，这种带有启发性的开放式问题不仅可以很好地制造悬念，还能为用户留下比较大的回答空间，从而提升短视频的播放量和评论数，如"有你喜欢的吗？""我做错什么了？""你认为怎么样？"

2. "段子"类文案

"段子"类文案有一个共同的特征，即幽默风趣，结尾有出乎意料的反转效果。这类短视频文案不需要与短视频本身的内容有紧密的联系，但一定要有超强的场景感，让用户感觉身临其境，最大限度地刺激用户进行评论。

3. 共谋类文案

当用户在做某件事情时，总想找一个或一群人与自己一起努力，用户的这种心理使共谋类文案能够产生良好的效果。

共谋类文案可以分为励志类文案、同情类文案等多种类型，这类文案可以引发用户的情感共鸣，获得更多用户的关注，如"春天来了，愿意和我一起打卡健身吗？""春节这几天，你是否也感受到了不一样的快乐？"

4. 悬念类文案

悬念类文案能够带给用户无限的想象空间，使其产生意犹未尽的感觉，有效地延长用户在短视频页面的停留时间。一般来说，这类短视频会在最后设置反转或者留下悬念，给用户留下深刻的印象，如"最后一秒颠覆你的认知！""一定要看到最后，如果你不笑算我输！"但是悬念类文案要避免落入"标题党"的俗套，还是要讲究质量与品位。

5. 叙述类文案

叙述类文案通常是对画面感进行的叙述，给用户营造置身其中的感觉，使其浮想联翩，产生共鸣。因此，创作者在撰写这类文案时，要选用富有场景感的故事，不能平铺直叙。

6. "恐吓"类文案

"恐吓"类文案能够制造紧迫感，让用户产生怀疑，并使用户迫切地想在短视频中寻找正确的答案，如"我们每天都在吃的蔬菜，你真的懂吗？"

五、发表评论

现在短视频的评论区已经成为短视频内容的一个重要延伸，很多用户在看完短视频后会主动打开评论区，寻找有意思的评论。有时，评论甚至比短视频本身更有意思。如果用户看到某条评论很有意思，很有可能会打开该用户的账号进行查看，因此创作者可以寻找一些与自己的短视频定位类似、"粉丝"众多的"大号"，将提前编辑好的评论发布在相应的短视频评论区中，从而吸引该"大号"的"粉丝"来关注自己的账号及内容。

创作者在评论区引流时，应做到：

1. 找准目标账号，引起关注

创作者在寻找目标账号时，要有选择性和策略性，想吸引什么类型的用户群体，就要选择什么样的账号。例如，如果想吸引年轻、时尚的女性用户，其就可以在一些穿搭类、美妆类等账号发布的短视频下面进行评论。

在这些账号发布的短视频下面发表评论的目的是吸引目标用户的注意，并引导其关注自己的账号，所以不能发表一些毫无意义的评论，如"沙发""支持""不错"之类的话语等。

2. 及时评论，且要有吸引力

热门短视频的评论数量有时高达数万，而且评论累积的速度非常快，往往第一个留言评论的账号会排在顶部，这是最好的曝光位置，其引流效果比其他位置至少要高数倍，因此创作者要及时评论，评论越快，机会就越大，引流效果就越好。

创作者的评论要有吸引力，才能给用户留下深刻的印象。如果创作者的语言表达能力不太好，无法写出优质的评论，可以适当地多写一些评论内容，表达出真诚和认真的态度，也可以吸引用户的关注。

3. 利益引导

在评论区中，创作者可以设置优惠券、折扣券、体验券等来引导其他用户关注自己的账号。不同的短视频平台对利益引导的包容度各不相同，这就需要在实际操作过程中进行分析与总结，不断积累经验。

创作者在评论区引流时，还要注意：

（1）评论区广告不能过于明显；

（2）账号形象要有专业性；

（3）创作者尽量不要在同一条短视频下面反复评论，对不同的短视频，评论的内容也不要完全一样；

（4）在引流成功之后，创作者不要散漫地经营账号，而是要更用心地经营账号，让用户持续地从自己的短视频中获得价值，用户会更愿意在未来保持持续关注,这才是真正的引流成功。

思考与练习

1. 为什么需要策划一个优质的短视频账号?
2. 如何建立一个优质选题库?
3. 分析一个成功的垂类短视频账号。
4. 我们可以从哪几个方面去"包装"一个短视频?

第四章　短视频制作团队的搭建

一部短视频从策划诞生到后期的市场反馈优劣全都由生产团队来决定，可以说，生产团队决定了短视频的一切元素。生产团队从最初对短视频的精准定位、策划拍摄到后期是否有宣传、引导、引流或变现的作用都起着决定作用。我们在本章会认识到短视频生产团队人员的素养、配置和团队生产流程。

因此，本章你将学到以下内容：
1. 短视频从业人员的职业素养；
2. 短视频团队的人员配置；
3. 短视频团队的工作流程。

第一节　短视频从业人员的职业素养

新媒体工作要求历来是"快、准、狠"，因此短视频制作团队里的所有人都需要"物尽其用"、各司其职。甚至还会有很多人身兼多职，所以这份工作对短视频团队中的个人素养要求很高。并且，"素养"的要求是多方面的，因为需要用最少的人完成工作，所以除了具备媒体从业者的专业技能以外，还需要具备思想引导和营销上的能力。

一、政治素养

短视频从业人员属于媒体从业者,媒体从业者必须引导大众具备积极向上的正能量审美,因此所有的媒体从业者都必须具有过硬的政治素养,具体来讲体现在三个方面。

1. 政治意识

在当今瞬息万变、错综复杂的形势下,从业人员必须在策划生产短视频时保持清醒的政治头脑,具有正确的政治思想、坚定的政治立场、敏锐的政治观察力和鉴别力。

2. 大局意识

什么是大局?凡是涉及社会发展全局的事情,涉及人民群众根本利益和国家前途命运的事情,就是大局。媒体从业者随时随地都要认识大局、把握大局、服从和服务于大局,把党和国家以及人民群众的切身利益放在第一位,无论生产什么类型的短视频作品,都要遵循这样的大局观。

3. 责任意识

作为生产短视频的媒体从业者,肩负着围绕中心、服务大局、引导舆论、服务群众的政治使命。生产团队所生产的每一帧镜头和策划文案的每一个字都要肩负起这样的政治使命。[1] 我们不能毫无责任地只顾低俗的幽默搞笑和轻松愉悦,我们要用丰富多彩的方式将中国精神和中国文化润物细无声地植入到作品中,用媒体从业者的责任和担当讲好中国故事。

二、专业素养

虽然现在各个短视频平台上 UGC 的用户占据很大的空间,但 PGC 与

---

[1] 范文中心. 浅析新闻工作者基本素质[EB/OL]. (2022-05-17)[2022-06-20]. http://fanwen.geren-jianli.org/1147655.html.

PUGC仍然是短视频的生产主力。一个专业的短视频工作团队需要从策划、拍摄、剪辑最终的营销，每个环节都要做到"术业有专攻"且还能"博"攻。

（一）策划能力

我们在上一章详细讨论了短视频策划的相关知识，在团队中，如果有需要出镜的主播或演员（出镜者），那么出镜者自己就是内容策划者。当然，很多团队有专门负责策划的人员，但他们往往是和出镜者一起讨论如何策划产品的选题和内容，并且出镜者拥有较大的内容自主权，这是短视频团队比较大的特点。在很多MCN机构当中，为了节约成本，一个出镜者的团队有时候是和其他出镜者的团队有人员交叉的，完全为其"服务"的人员并不多，所以出镜者本人也要具备短视频制作的能力。虽然大家认为生产网络红人的MCN机构的定义和明星的经纪公司比较类似，但不同的是，大部分明星并不会参与制作自己的作品，而MCN机构里的网络红人基本都会全程参与短视频作品的制作。

短视频的策划者必须懂得一部分摄像剪辑的原理和媒体市场营销规则，才能策划出符合快速生产条件的爆款选题。

因此在团队中，有良好策划能力的人员还需要具备良好的沟通、协调能力，并且还要具有合作精神。

（二）拍摄能力

1. 拍摄成本

短视频拍摄和传统视频的拍摄差别主要在于各种成本的降低：金钱成本、精力成本和时间成本。因此短视频需要的团队也应该是传统视频团队的"精简版"。基本上一个团队中，负责拍摄的只有一个人。因为短视频团队人数的精简，大家都要有各自的精细分工，拍摄所需要的器材也会精简，对于团队中负责拍摄的人来说，手机摄影、相机摄影、无人机摄影和灯光的调试是需要掌握的最基本技能，只有这样才能降低团队的拍摄成本。在短视频拍摄中，很少会用到专业摄像机，微型单反相机是短视频比较常见的拍摄设备。

2. 技术掌握

短视频的要求的是高频推送，因此拍摄人员要熟练掌握各种相机、稳定器、云台、云导播台等的操作技术，只有这样，才能节约时间成本和人力成本，满足其生产需要。以微信视频号"二更"为例，如果要制作一个成品3分多钟的短视频，他们的拍摄团队只需4人，其中摄像需要1~2人，拍摄设备一般使用索尼的A7M3，稳定器使用大疆。短视频拍摄质量的好坏，很大程度上取决于灯光的使用，什么时候使用LED平板补光灯，什么时候使用COB大灯，什么时候用射灯等都需要摄像师来决定。因此，除了怎么使用各种拍摄机器和稳定器以外，短视频团队的摄像师还需要懂得较多的灯光知识。

（三）剪辑能力

短视频的剪辑非常注重"节奏"的把握。团队中一个好的剪辑人员会利用技术的掌握和艺术的审美来把控好节奏，无论是炫酷的转场还是字幕特效的运用，都需要剪辑人员懂得技术与艺术的良好平衡。

1. 转场节奏

这里说到的短视频节奏，并不是快，而是——紧凑。而是否能理解这份紧凑，就要看剪辑人员对节律节拍的感知能力。剪辑人员应在摄像师拍摄前与其做好沟通，让摄像带着"后期思维"去进行视频拍摄，尤其是有景物转场和遮挡转场的时候，这样既节约时间又能让视频在剪辑后呈现最佳效果。在这里又要提到视频账号"燃烧的陀螺仪"，他自己既是策划、摄像，也是剪辑，因此他的视频中，每一个场景的变化都在前期拍摄中有所"预谋"，最后才能为大家呈现出在技术上干脆利落、艺术上酷炫精彩的短视频转场拼接效果。

当然，不是人人的短视频风格都要干净、快速，很多小清新文艺风格的短视频转场缓慢，但节奏依然紧凑，这就需要剪辑人员从视频的内在节奏中找到窍门：人物的语言、动作，事物的景别、光线变化等，都可以让受众从心理上感知视频的节奏。

由此可见，剪辑人员除了要了解一部片子真正的"节奏"外，还要了解受众的心理。

2. 包装动画

除了转场节奏，一部视频的包装动画也起着很关键的作用。这就需要剪辑人员具有良好的设计审美能力：什么字体适合这部作品的风格？字体和包装颜色、画面构图是否和谐？如果要出现包装字幕，放在画面的什么位置才不违和？等等。

还有一些短视频需要运用较复杂的特效和动画，比如很多主打城市"赛博朋克"（Cyberpunk）风的短视频，以及很多动画和漫画类的短视频，这类短视频号的剪辑制作就需要剪辑师具有专业的动画知识。

（四）营销能力

一部短视频的诞生，从策划、拍摄、剪辑，到最后面向观众，任何团队的作品都是希望被市场认可的。从第一步策划开始，大家就已经开始考虑市场的认可度，因此，短视频的团队中一定需要懂得营销的人员。当然，很多大型的MCN机构的网络红人团队只负责前期的生产环节，营销的工作是公司的另一个部门来策划负责，不属于团队中的一部分，但也有很多中小型团队中包括营销人员。

三、文化素养

短视频的制作团队普遍偏年轻化，部分成员在政治与文化素养上会有所欠缺。短视频制作团队除了要具备政治意识、大局意识、责任意识等政治素养外，还需要在确定自己的账号与视频定位后，全面了解与认识短视频内容的文化背景，即文化素养。

1. 利于策划

如果团队要拍摄生活服务类的短视频，比如美食制作，那么团队人员就需要对这份美食的地域背景、人文背景、发展脉络有一个全面的认识，只有这样才能在策划上做到不仅有美食的"食"，还能从深层次展现美食的"内在美"。文化素养的养成除了查阅资料，还需要与人多交流、沟通。比如团队要拍摄老北京的胡同美食，策划人员就需要走进胡同，坐下来，和住在胡同里的百姓深入交流，了解他们的衣食住行，只有做到充分的了解才能将美食文化在几分钟的视频中恰如其分地展现出来。

不仅仅是生活服务类，广告营销类、知识教育类等其他类别的短视频也需要团队人员具备较高的文化素养，只有这样才能使短视频的主旨在几分钟内的视频里有逻辑、有条理地呈现，使整个视频的风格与UP主要展现的知识类型一致。

2. 精于文案

需要文案的短视频涉及领域广泛，美妆、美食、科普等，如果短视频团队没有相关领域的专业知识，不具备良好的文化素养，就无法创作出好的文案，要在短视频的前3~5秒就抓住受众更是无从谈起。并且在较大型的MCN机构中，团队的人员不会完全固定，美妆UP主的文案人员可能还要从事美食UP主的文案共同创作，因此，不仅仅是一个领域的文化素养，很多短视频的创作团队人员还需要了解多个领域的文化知识，具备多重文化素养，这既是金钱成本的节约，也是时间成本的节省。

3. 文化强国

团队人员拥有优秀的文化素养，是指要树立坚定的社会主义核心价值观，有在作品中传播正能量价值观的坚定思想。无论是什么领域、什么题材的短视频作品，团队的创作要始终坚持向上的精神追求，体现出色的时代精神，用短视频的各种生动形式，润物细无声地植入社会主义核心价值观，使用受众易于接受、能产生共鸣，从而感染大众。

第二节　人员配置

短视频生产团队虽然主要在于"生产"，生产包括了视频前期和后期的工作，并不是说只负责生产工作中期的内容。每个人的"一专多能"是短视频团队的特色，但这个"专"是需要人员的具体配置和分工的。"多能"主要是指，每一个人的工作和其他人都是息息相关的，比如灯光和摄像的配合、导演和策划的配合以及演员和导演的配合等，大家要了解其他人员工作和自己工作之间的关系，才能够提高短视频团队的工作效率。根据时间、经费、人员数量的不同，本节将团队的人员配置分为了基础版、标准版、旗舰版和全能版。

一、基础版

策划+摄影、运营+演员、摄影+演员是基础版的常见人员分工。一般而言，无论人员怎么分工，1~2人就是基础版的团队人数配置。

策划+摄影的团队配置适用于没有演员或者主播出镜的短视频类型，即运营负责自编、自导、自演、自营，摄影负责拍摄、剪辑、共同运营。这种团队配置对内容生产者的全能要求很高，基本上从前期到中期都是两个人共同操作。

运营+演员的团队配置是指策划、导演、表演、拍摄、剪辑全由自己独立完成，完成以后后期交给公司运营部门负责后续工作。这样的配置也常见于签约公司的网络红人，多见于美妆、美食类UP主，自己拍摄制作，公司负责审核与宣发内容。

摄影+演员的团队配置一般适用于对镜头拍摄和剪辑的要求不高的短视频制作，UP 主在自己擅长的领域专注自己的专业即可，大部分是单机位和固定机位，剪辑也只是需要剪掉多余的镜头，技术含量较低。

当然还有一种是再增加一位摄影，这种类型的短视频都是有演员或者主播出镜，拍摄演员或者主播是移动机位，一般来说生活纪实或者生活短剧是这样的团队配置。

二、标准版

标准版的团队配置对团队中的每个人提出了"一专多能"的要求，比如"编导"一职直接包揽策划、导演、拍摄、场记和灯光的所有工作，演员不再需要专职化妆，运营由编导、演员或者后期剪辑兼职或者共同担任，常见的短视频团队人员配置情况见表 4-1。

表 4-1　标准版短视频团队人员配置情况

主要工种	兼任工种	人数
编导	策划、摄影、灯光、场记、道具或运营	1
演员	策划、化妆或运营	1 或 n
剪辑	摄影或运营	1

从表 4-1 可以看到，几乎每一个工种都会兼职运营，可见，如何进行短视频内容上传之后的工作和生产内容一样重要，并且这项工作需要了解内容的人来参与，最了解内容的，莫过于标准版配置的这三个工种：编导、演员和剪辑。

例如，短视频账号"二更"的拍摄团队最多 4~5 人，在不需要演员出镜的情况下：表 4-2 所示的人员配置就是他们的最高配置，灯光的工作无论是导演还是摄影都可以完成。这种团队组合也是属于标准版配置。他们的内容运营都是公司的专业部门来完成。

表 4-2　短视频账号"二更"的拍摄团队人员配置情况

工种	人数
导演	1
摄影	1~2
剪辑	1

三、旗舰版

旗舰版是短视频团队的最高配置，团队中所有的工种都按照最全面、最精细来划分，如表 4-3 所示，可以分成 11 个工种。

表 4-3　旗舰版短视频团队人员配置情况

工种	人数
策划	1
导演	1
道具	1
化妆	1
演员	1 或 n
场记	1
摄影	1~2
灯光	1
剪辑	1
运营	1
商务	1

我们来看一下旗舰版团队配置中个别工作较复杂工种的职能责任。

1. 策划

策划负责短视频内容的主题、逻辑、受众群定位工作，如果是短剧类的短视频，策划就相当于编剧；如果是生活服务类的短视频，策划就要规划清楚这一期是做什么菜、推荐什么美妆，以什么方式去推荐；如果是广告营销类短视频，策划就相当于创意总监。策划的工作非常重要，对个人能力要求也很高。

2. 演员

不是每个短视频都有演员存在，有些是主播，有些是配音，也有些短视频全程都只通过画面和音乐来表现内容。脱口秀类、美食类、美妆类、旅游类、知识教育类等短视频都是有主播出镜的，他们的角色就相当于演员。一些短剧类的短视频，就和电视剧、电影、话剧中的演员一样，都是指在表演艺术中扮演某个角色的表演者。我们这里所说的短视频演员除包括上述的短视频主播、短剧表演者外，还包括后期配音的配音表演者。

3. 场记

百度百科上对这一工种的解释是"将现场拍摄的每个镜头的详细情况：镜头号码、拍摄方法、镜头长度、演员的动作和对白、音响效果、布景、道具、服装、化妆等各方面的细节和数据详细、精确地记入场记单"。短视频不需要太复杂的场记记录，如果拍摄内容简单，场景和演员都比较少，实际上场记的工作就只需要简单记录每个拍摄时间段大概的拍摄内容。毕竟和大制作的电视剧、电影相比，短视频的素材时长也是有限的。

短视频需要的是团队快速生产的能力，人员过多不仅耗费金钱成本，也耗费时间成本。因此，旗舰版的配置不太普及，且"场记"适合于场景切换复杂、人物较多的短视频，比如短剧和短视频广告等，其他内容的短视频无论是道具和场记都不太需要单独找人完成。本书介绍这一团队配置是为了让大家看到短视频制作所需的工种有哪些以及如果工种齐全，大概需要多少工作人员。

四、全能版

作家刘瑜在散文集《送你一颗子弹》里说到一首诗《一个人要像一支队伍》，这里说的全能型短视频团队就是这个意思。从字面意思看，其实就是一个人"全能"工作，完成短视频前期、中期和后期的所有程序。而能一个人完成所有工作的，一般是上传生活工作片段类的短视频账号，比如之前提到过的用炫酷的转场记录生活、工作片段的"燃烧的陀螺仪"。作者没有签约任何 MCN 机构，因此账号的运营也是自己在维护。从视频内容来看，他是绝对的"技术流"，策划、拍摄、剪辑都不是难题。而对于账号的运营维护他也有自己的方法：他的视频从来不会有他的正脸出现，只会有自己好看的身体部位：长腿和手指。他自己会在视频的标题里有意无意透露自己的身高超过一米八和他副机长的职业——技术流的内容吸引关注技术的粉丝，长腿、手指和职业吸引关注外在的"颜粉"，从来不露脸增加神秘感。这样一来，粉丝量上去了，吸引人一直想着"总有一天会露脸"的持续关注度也有了。因此，他一个人包揽了短视频的前期、中期、后期的所有工作。

其实只要是没有签约 MCN 机构的短视频 UP 主，基本都是个人全能型。如果是对拍摄技术要求较高的技术型内容，比如旅游、精彩片段混剪等，他们本身就是擅长和拍摄相关的一切事宜的——这类型 UP 主都是亲自操刀灯光、拍摄和剪辑。而如果是内容型 UP 主，如美妆和美食类，技术要求不高，他们只要把内容生产好，有基本的摄影和灯光常识，就可以"一个人就是一支队伍"了。

而在经营一个短视频账号的初期阶段，基本都是"一个人就是一个队伍"，包括有 3000 多万粉丝的大 V "多余和毛毛姐"，在签约 MCN 机构"无忧传媒"之前，就已经达到了几百万的粉丝量，签约以后，因为公司和他自己的联合运营，粉丝迎来了较快的增长，在较短时间内达到了 1000 万以上。之前凭借一个人的力量能有几百万粉丝量是很不容易的事，但如果签约的 MCN 机构不了解自己的特长和风格，或者磨合失败，在运营上起到反作用也不是不可能。

毕竟不是每个签约了大型 MCN 机构的网络红人都可以保持持续的热度，我们看到的成功范例毕竟只是少数。如果能够凭借一个人的力量创造出一支队伍的力量和效果，那么也可选择不与公司签约。

一些短视频账号的团队配置在初创和成熟阶段的都是有区别的，一个是刚才提到的个人经营和签约了 MCN 机构的区别，另一个是一个账号的初始阶段和成熟阶段所要达到的要求不一样，因此需要的团队成员也不一样。这两者都是经过时间的沉淀和磨炼而出现的团队人员配置区别的原因所在。

第三节 不同类型短视频团队分工

前面我们分析了各种不同版本的团队配置，也说到了短视频账号在不同的时间阶段所需要的人员配置会有所区别。那么不同类型的短视频账号所需要的人员配置也会有较大的区别。本书将短视频分为七种不同的类型，下面我们介绍不同类型的短视频的团队的人员数量和分工。

一、生活服务类

生活服务类短视频的大部分类别生产技术门槛不高，大部分美食和美妆类 UP 主只需要一台机位就足够了。美食内容的拍摄目的是勾起用户的食欲，使其乐于模仿制作，探店类的内容只要真实好看即可。美妆类短视频的话，无论是拆箱、护肤品推荐还是化妆技巧展示，一部摄像机器或者手机，一个固定三脚架也足够。这样的配置同样也适用于美体健身类的短视频，只需要一台能拍摄下身体全景的机位，能够带领大家一起做各种运动足矣。除了运营和商务人员，在前期和中期一人全能型的团队配置是完全符合要求的。

生活服务类短视频还包括旅游分享类，这种类型对团队人员的专业素养要求比较高，尤其是画面景色的拍摄，对于非专业人员来说是有一定难度的。并且为了展现美景，很多时候还需要用到航拍无人机。这就对担任

"摄影"工作的人要求更高。因为旅游的目的地不止一处，如果还要展现人和景物的关系，前期的内容策划也是需要人员的专业性。也就是说，旅游分享类的短视频如果时间、金钱和人力成本足够，标准版的团队配置都不会"养闲人"。

基础版的旅游短视频账号也非常常见，人员较少的团队多见于旅行Vlog（视频记录）的内容，目的不在于让大家看景色有多美，而在于关注创作者本身和当地风土人情之间的关系。比如旅行探险类短视频账号"冒险雷探长"UP主经常去的国家语言都不能相通，比如在阿尔巴尼亚自驾的过程中会有陌生人拦车搭顺风车。他的短视频内容几乎都是自己一个人和当地各种陌生人打交道的冒险经历，有时候会有第二视角的机位，因为要考虑旅行成本的问题，所以他的团队早期最多2人（包括他自己），也就是基础版的配置。

旅行类短视频团队几乎没有旗舰版的配置，毕竟节约旅行的成本是非常必要的。

二、知识教育类

知识教育类视频对文案内容的要求非常高，不仅要让人学到知识，而且知识的严谨性也要求必须是该领域的专家才可以胜任内容的撰写。很多时候，出镜解说的人就是文案的撰写人，这和电视台的编导与主持人的关系有所不同。自媒体的"自"就是指自己生产与解说内容，解说可以是出镜解说，也可以是配音，这两者是知识教育类短视频账号的最常见方式。只不过在有团队的情况下，文案解说词是要经过多道关卡、多人共同修改与审核才能够走上短视频平台与用户见面的。毕竟"人多力量大"，既然知识需要严谨性，多人共同创作审核会增加权威性。这时候，这项工作就需要策划和演员一起完成。

团队中的每个人分工明确才会使工作效率最大化，因为一个人的精力是有限的。知识教育类和其他短视频类型最大的区别就是文案解说词占的比重极高，因此，演员主播不仅参与文案策划，还要负责录制解说，而后期的剪辑就需要专门的人去完成了。有个别语言类教学达人的短视频内容剪辑并不复杂，因为这类教育视频只需要老师讲课生动易懂，最多再加上一些板书或者图片解读就很清楚了。但是一些经济、人文、科普类知识短视频就需要在剪辑中加入图表、动画、思维导图等较复杂的后期制作技巧，所以，对这类型的短视频来说，单独的后期人员是不可缺少的。

但是对于知识教育类短视频创作者来说，对形象的要求不高，所以对于化妆、灯光的需求并不大，因此旗舰版不太适用于知识教育类短视频。标准版和基础版是知识教育类运用较多的团队配置。

三、搞笑类

很多搞笑类短视频账号在初期阶段都是全能型。在这里我们又要说到抖音账号"多余和毛毛姐"，该账号在初期阶段都是一个个的幽默段子，由一个人扮演多个角色，固定机位，制作上有一种刻意的"幽默的粗糙"，比如在纸上写着故事发生的地点：火锅店、KTV等，贴在身后。虽然该账号在即将进入"成熟期"时签约了MCN机构，但其"幽默的粗糙"的风格依然延续了下来。

很多脱口秀类的幽默搞笑视频也是固定机位。但像一些脱口秀厂牌的经典段子录制上传，就属于厂牌的官方行为，比如"笑果脱口秀"就不属于制作短视频的范畴。很多对热点话题或者新闻吐槽的个人脱口秀UP主，才是属于个人完成短视频生产的全能类型，比如早期的短视频账号"papi酱"。因为这类型的视频对拍摄技术、剪辑技术要求都不高，最重要的就是演员优秀的表演台词能力。

让人开心发笑不是一件容易的事，所以剧本策划人员再加入团队里和演员一起进行幽默搞笑段子的编剧工作，这样对内容会更有利。如果剧情稍微复杂一些，需要多机位拍摄，比如每一次要扮演全村七八个人的 UP 主晓凡凡（抖音账号"晓凡凡"现已停更），再加入一名摄像师就成了标准型的配置。

所以标准版、基础版和全能版都符合搞笑类短视频的需要。

四、人际交往类

何谓人际交往类短视频——职场、婚姻、家庭、宠物等涉及人和人或者人和动物之间的情感交流内容的短视频，我们都归类为人际交往类短视频。

这一类视频分为个人叙述、个人叙述＋短剧片段、生活片段捕捉、策划好的事实活动纪实、纯短剧等形式。

关于策划好的事实活动纪实这一项，一直致力于展现美国生活和在美国宣扬中国传统文化的短视频账号"毒角SHOW"就是一个典型，他的短视频都是一些实验性的项目纪实，比如在美国街头卖臭豆腐、卖冰粉、街头乞讨等。他的镜头不讲究美感，只讲究纪实，只要将内容在前期规划好，完全可以一个人完成所有短视频生产工作。但因为他自己出镜较多，除了自己手持机器拍摄，还需要再增加一位摄像师方便拍摄自己，因此，基础版的团队配置更适合他。

当然，还有很多情感类的短视频 UP 主就是面对固定机位镜头叙述事实道理，内容文案与自己的表现力是最关键的，所以一人"全能型"就是团队配置。也有一些情感类的 UP 主在初期阶段就是单人的故事道理叙述，在把账号经营到一定阶段，有了较好的收入之后，在叙述中加入了短剧形式的拍摄，比如"66小姐姐的108个精分本尊"，这就需要增加剧本策划、演员和剪辑的成本，这样就成了典型的标准版团队配置。

所以人际交往类短视频采用的较多团队配置是基础版、全能版和标准版。

五、技艺展示类

技艺展示类短视频的种类较多，除了艺术类、曲艺类内容外，还包括像"玲爷"这样挑战一些冷门技能的。一些表现复杂技能的短视频需要多机位进行拍摄，例如从多层酒杯塔下抽桌布、用脚远距离把手机的充电孔直接踢到充电器的插头上等，所以，"玲爷"的摄像应该是一到两人，但是拍摄才艺不需要太专业的技能，画面镜头相对简单，所以摄像就可以直接将自己所拍摄的内容进行剪辑。该账号 UP 主是已经签约了 MCN 机构的网络红人，运营商务都由公司专门的部门负责，因此该团队就是基础版的配置。

更多才艺类的短视频账号，比如唱歌、跳舞、演奏乐器等都是单个固定机位拍摄，大家的关注点都在演员本人的颜值和技能身上。如果签约了 MCN 机构，运营商务有专人打理，就是基础版的团队配置。如果是个人运营，就是全能版的团队配置。

因此才艺展示类短视频账号大部分都采用的基础版和全能版的团队结构。

六、广告宣传类

广告宣传类短视频的拍摄要求较高，因为无论是公益性质的非营利广告，还是有商业目的的营利广告，"广告"本身都需要让观者改变态度、诱发行动，所以无论是什么类型的广告，其前期的策划、中期的拍摄以及后期的宣发都是一样重要的。要在较长的节目、电视剧或者电影中改变观者对人物或者事件的态度都有难度，更何况是几十秒到几分钟的广告呢？

因此，大部分广告的配置都是旗舰版的团队配置。我们需要精准并且与产品调性相贴合的策划、精美的画面语言、能够将广告更好地推广给更多人看到的运营团队。当然，如果广告中有演员出现，就是最标准的旗舰版团队配置，如果没有演员出现，也就是去掉化妆与演员的旗舰版团队配置。

很多商品的官方短视频账号都有拍摄精美的广告推送，植入广告也都是出现在需要大量时间人力成本拍摄的短剧账号中。

这里说到短剧，我们就来看一下短剧的团队配置。

七、网络微短剧

目前，微短剧的拍摄水平参差不齐，大部分问题还是出在剧本的表现力上。但我们现在能看到的各种短视频 App 上的微短剧，虽然剧本策划水平差距较大，但是服化道具都比较正规。比如快手在 2020 年举办了短剧的"金剧奖"颁奖典礼，获奖作品都是制作精良的团队生产，毫无疑问，短剧故事类短视频除了时间和叙事逻辑技巧的不同以外，团队的工种和电视剧、电影的拍摄团队差不多，工种类别一样不少，并且每个工种的人数和表 4-3 所示的旗舰版团队配置相比还会只多不少。

例如策划、演员、摄影和剪辑，人数都会在一个以上，前面提到的创意广告类的旗舰版团队也都会有人数增加的情况，因此，微短剧故事类的团队配置可以称为"旗舰 PLUS 版"。

思考与练习

1. 短视频的团队成员需要具备什么样的职业素养？
2. 短视频团队有几种团队配置？分别是什么？有什么特点？
3. 不同类型短视频的团队配置是什么样的？

第五章　短视频的拍摄与制作

　　短视频的创作如同其他影视作品一样，需要有一个完整的前期准备、中期拍摄、后期制作过程来将文本语言转换成镜头下流转的视听语言，借助镜头讲故事、表达情感、反映人生哲理。短视频的创作包括三个要点——拍什么、怎么拍、怎么剪。在这个过程中，创作者要想顺利地完成短视频拍摄创作，最终让短视频脱颖而出，给观众留下深刻的印象，不仅要学会选择和使用拍摄设备，还要掌握短视频脚本的撰写，拍摄时画面的构图、景别的运用、景深的控制、运镜和转场的技巧、光线的运用，以及画面的剪辑、音乐的选择、字幕的添加、特效的使用等知识。创作者只有掌握了这些"硬核"技能，才能拍摄创作出具有大片感的优质短视频。

　　因此，本章你将学到以下内容：
1.短视频拍摄的前期准备工作；
2.短视频的中期创作拍摄；
3.短视频的后期剪辑包装。

第一节 前期创作准备

一、器材的选择

"工欲善其事，必先利其器。"拍摄制作短视频的第一步就是挑选适合的器材设备，下面就介绍一些短视频拍摄要用到的拍摄设备和辅助器材，帮助大家成为优秀的短视频达人。

（一）拍摄设备的选择

在选择拍摄设备时，涉及专业度、受众、播出平台等需求的差异，不同的团队规模和预算有不同的选择。

1. 高像素手机

在当今这个"全民拍短视频时代"中，普通人也成为短视频的创作者和发布者。随着智能手机的拍摄技术的长足进步，手机摄影也变得越来越流行，成为人们生活中的一种习惯。手机不仅摄影功能越来越强大，而且价格比单反相机更具竞争力，让用户在移动互联时代分享上传视频更便捷，同时手机可以随身携带，满足用户随时随地的拍视频的需求，手机已成为目前大部分短视频用户使用的拍摄设备。

人们在选择手机作为拍摄设备时，可以根据自己的拍摄需求和资金状况综合考虑。首先需要对自己的拍摄需求做一个定位：是用来进行艺术创作，还是纯粹记录生活。对于后者，普通的智能手机即可满足拍摄需求，只要掌握了正确的拍摄思路和技巧，即便使用便宜的手机，也可以创作出优秀的短视频作品。对于那些对短视频品质要求稍高又追求操作便捷的用户来说，很多品牌的高端机型已经具备非常强大的功能，可以满足用户剪辑、拍摄、发布的要求。

2. 小巧卡片相机

卡片相机体积小，重量轻，机身与镜头是一体的，镜头不可更换，操作简单，无须太多专业的知识，同时有美颜模式，适合女生使用。这里推荐两款卡片相机。

（1）佳能 G7 X Mark Ⅲ。

这款卡片相机有翻转屏，可外接麦克风，新加入的 4K 视频能够提供更好的画质，视频录制体验这块也作出了一系列优化，包括无裁切 4K、竖拍信息记录、内置动态 5 轴防抖等。无裁切 4K 能够充分利用 24mm 广角镜头，有利于大场景的视频记录，同时可将相机拍摄的视频直接在手机上竖屏播放，让移动端视频浏览更加方便，从这一点来看，G7 X Mark Ⅲ可以说是不折不扣的"抖音神器"了。

（2）SNOY RX100m7。

这款卡片相机俗称黑卡 7，有出色的视频功能，对焦速度快，自带 24-200mm 的焦段，覆盖了所有常用的焦段。有翻转屏，可外接麦克风，适合拍 Vlog，建议弱光环境下需要灯光补偿。

3. 便携微单相机

微单相机除了体积小、方便携带之外，比手机、卡片机具有更专业的功能，特别是对焦、追焦等性能，除此之外，大都有美颜和防抖功能，对于预算有限又有视频画质改进需求的团队和个人来说是不错的选择，SNOY A6400、佳能 M50 都是目前常见的拍短视频的微单相机。

4. 专业单反相机

当短视频团队发展到稳定阶段，要面向广大的用户，甚至可能接电商短视频广告时，对画质和后期的要求越来越高，就需要考虑更专业的单反相机了。

（二）稳定设备的选择

1. 手持云台

手持云台就是将云台自动稳定系统的技术转移到手持拍摄上来。它能自动根据视频拍摄者移动的角度来调整手机方向，使手机一直保持在一个平稳的状态。无论视频拍摄者在拍摄期间如何移动，手持云台都能保证手机视频拍摄的稳定性。智云 SMOOTH X 和大疆灵眸 3 都是不错的选择。

2. 三脚架

三脚架的最大作用就是保持摄像机的稳定，保证画面的稳定输出。选购三脚架有下面几个要点。

（1）稳定性。

稳定性是首选因素，通常来说，三脚架越重，稳定性越好。

（2）便捷性。

可多角度流畅旋转的三脚架，能省去手动调整的时间。带轮子的三脚架是首选，可以平滑运镜，避免移动时晃动镜头。

目前市面上还有灵活性非常大的八爪鱼支架，它是一种迷你三脚架，非常轻巧，便于携带，同时还可以兼容手机、单反相机和微单相机。八爪鱼支架通常采用高弹力的胶材质制作，持久耐用，可以反复弯折，可以帮助用户从各种角度拍摄短视频创意作品。

（三）灯光设备的选择

在室内或者专业摄影棚内拍摄短视频时，通常需要保证光感清晰、环境敞亮、可视物品整洁，所以就需要明亮的灯光和干净的背景。光线是获得清晰视频画面的有力保障，不仅能够增强画面美感，而且用户还可以利用光线来创作更多有艺术感的短视频作品。下面介绍几种拍摄专业短视频时常用到的灯光设备。

1. 八角补光灯

具体打光方式以实际拍摄环境为准,建议一个顶位,两个低位,适合各种音乐类、舞蹈类、带货类短视频场景。

2. 顶部射灯

功率大小应根据拍摄场景的实际面积和安装位置来选择。顶部射灯适合舞台、休闲场所、居家场所、娱乐场所、服装商铺、餐饮店铺等拍摄场景。

3. 美颜面光灯

美颜面光灯通常带有美颜、美瞳、靓肤等功能,光线质感柔和,同时可以随场景自由调整光线亮度和补光角度,拍出不同的光效,适合拍摄彩妆造型、美食试吃、主播直播以及人像视频等场景。

4. 便携式口袋补光灯

体积小巧,重量轻,自带热靴口,可以直接安装在相机或者是三脚架上,自带锂电池,可随身携带,方便收纳,性价比高。对喜欢拍人像、美食、微距的人来说,口袋补光灯的作用非常大。

(四)录音收声设备的选择

拍摄短视频时声音的清晰度很重要,普通的短视频,直接使用手机录音即可,但对于采访谈话类、教程类、音乐表演类、情感类或者剧情类的短视频来说,则对音质的要求比较高,手机收声很容易让环境的杂音影响短视频的质量和效果,因此需要选择音质好、耐用性高的专业录音收声设备。

1. 麦克风

RODE VideoMicro 是一款非常经济的话筒,它音质好,有很强的适配性,可用于单反相机收音,也可以另配转换线用于手机使用。除此以外,多人录制或者外景录制时,只要准备好吊杆,一个 RODE 就够了。

室外拍摄最大的问题是噪音大、人声小,推荐使用无线麦克风,降噪效果好,也便于携带。SABINETEK(智麦小搬)是一款小巧且真无线的麦克风,可别在衣领上,也可通过蓝牙与手机连接,收音音质较为细腻、真实。强大的智麦 App 可调节四级降噪，语音识别字幕。单支使用时可蓝牙连接实时混录背景音乐和人声，双支配套使用形成主从模式，可实现 App 直播 / 视频收音。

2. 录音笔

户外收音的话，除了用无线麦克风，还可以用录音笔。

科大讯飞智能录音笔 SR702 采用 2 颗定向麦克和 6 颗阵列麦克配合录音，可自动切换使用不同的麦克风组合，匹配相应场景的算法，保证录音的最佳质量。不仅可以录音，还可以实时转写、拍照，将照片中的文字提取出来，进行编辑，甚至可以录制 5 分钟视频，自动生成字幕。

二、短视频脚本的写作

脚本实际上是确立短视频制作的"主心骨"，是短视频创作的关键，是短视频的拍摄大纲和要点规划，包含分镜头、故事线、文案等，用于指导整个短视频的拍摄方向和后期剪辑，具有统领全局的作用。虽然短视频的时长较短，但优质短视频的每一个镜头都是经过创作者精心设计的。对短视频来说，故事性一定要强，这样拍摄出来的画面才能吸引观众的注意力。创作者撰写短视频脚本，可以提高短视频的拍摄效率与拍摄质量。短视频脚本大致分为三类：拍摄提纲、分镜头脚本和文学脚本。脚本类型可以依照短视频的拍摄内容而定。

（一）拍摄提纲

拍摄提纲是指短视频的拍摄要点，对拍摄内容起到提示作用，适用于一些不易掌握和预测的拍摄内容。

拍摄提纲的写作主要分为以下几步。

（1）明确短视频的选题、立意和创作方向，确定创作目标。

（2）呈现选题的角度和切入点。

（3）阐述不同体裁短视频的表现技巧和创作手法。

（4）阐述短视频的构图、光线和节奏。

（5）呈现场景的转换、结构、视角和主题。

（6）完善细节，补充音乐、解说、配音等内容。

（二）分镜头脚本

分镜头脚本包含的内容十分细致，每个画面都要在创作者掌控之中，包括每个镜头的长短，每个镜头的细节等。分镜头脚本既是前期拍摄的依据，也是后期制作的依据，还可以作为视频长度和经费预算的参考依据。分镜头脚本创作起来比较耗时耗力，对画面要求比较高，类似于微电影的短视频可以使用这种类型的短视频脚本。

分镜头脚本主要包括镜号、拍摄技巧、机位、景别、画面内容、分镜头时长、声音、背景音乐等内容，具体内容要根据情节而定。分镜头脚本在一定程度上已经是"可视化"影像了，可以帮助制作团队最大限度地还原创作者的初衷，因此分镜头脚本适用于故事性较强的短视频。

（三）文学脚本

文学脚本要求创作者列出所有可能的拍摄思路，但不需要像分镜头脚本那样细致，只规定短视频中人物需要做的任务、说的台词、所选用的摄法技巧和整个短视频的时长即可。文学脚本除了适用于有剧情的短视频，也适用于非剧情类的短视频，如教学类短视频和评测类短视频等。

要想写出好的文学脚本，创作者需要注意以下几点。

1. 做好前期准备

前期准备包括很多方面，大致如下。

（1）搭建框架：拍摄主题、故事线索、人物关系、场景选择等。

（2）主题定位：故事背后有何深意？想反映什么主题？运用哪种内容形式？

（3）人物设置：需要多少人物出镜？这些人物的任务分别是什么？

（4）场景设置：确定拍摄地点，是室内还是室外？

（5）故事线索：剧情如何发展？

（6）影调运用：根据所要表现的情绪配合相应的影调。

（7）背景音乐：选择符合主题的背景音乐。

2. 确定具体的写作结构

创作者在写文学脚本时，一般要先拟定一个整体架构，文学脚本的整体框架以"总分总"结构居多，这样可以让短视频有头有尾。开始的"总"是指表明主题，在短视频开头3~5秒内就要表明主题，如果超过5秒，观众还不知道短视频的主题，很有可能会选择离开，影响短视频的完播率；"分"是指详细介绍；最后的"总"是指结尾总结，重申主题，以引发观众的思考和回味。

3. 人物设定

人物的台词要简单明了，能够体现人物性格和情节发展即可，若台词过长，观众听着也会吃力。除了台词以外，人物相应的动作和表情也会帮助观众体会人物的状态和心理。

4. 场景设定

场景可以起到渲染故事情节和主题的作用，场景一定要与剧情相吻合，而且不能使用过多的场景。

第二节　中期创作拍摄

一、画面构图

拍摄短视频之前，构图是拍出好视频的第一步。由于手机镜头的大小有限，这就更需要用户在前期就做好构图了。构图是突出视频画面主题最有效的方法，这也是摄像大师和普通用户拍出的视频区别最明显的地方。

构图能够创造画面造型，表现节奏与韵律，是视频作品美学空间效果直接的体现，有着无可非议的表现力，传达给观众的不仅是一种认识信息，同时也是一种审美情趣。摄像师在短视频拍摄构图过程中，既要遵循一定的原则，又要根据被摄主体及自身想表达的思想情感，采取不同的构图方式，这样才能拍摄出优质的短视频作品。

（一）画面构图的基本要素

视频画面构成的基本要素包括被摄主体、陪体和环境。

1. 被摄主体

被摄主体是指摄像师要表现的主要对象，它既是内容表现的重点，也是视频主题的主要载体，同时还是画面构图的结构中心。被摄主体既可以是某一个被摄对象，也可以是一组被摄对象；既可以是人，也可以是物。

2. 陪体

陪体是指在画面中与被摄主体有着紧密的联系，或者辅助被摄主体表达主题的对象。陪体可以增加画面的信息量，使画面更自然，更生动，更有感染力，但不能喧宾夺主。可以这样说，陪体是与被摄主体共同完成视频主题的，陪体起到了陪衬的作用。只有分清被摄主体和陪体，画面才有主次，才有重心。

3. 环境

环境是围绕着被摄主体与陪体的环境，包括前景与后景两个部分。其中，位于被摄主体之前，或者靠近镜头位置的人物或景物，统称为前景，前景有时也可能是陪体。后景与前景相对应，是指位于被摄主体之后的人物或景物，一般多为环境的组成部分。

（二）画面构图的基本方法

构图是一项富于创造性的工作，其根本目的是使视频的主题和内容获得尽可能完美的形象结构和画面效果。因此，摄像师需要了解一些视频画面构图的基本方法。

1. 中心构图

中心构图就是将画面中的主要拍摄对象放到画面中间，一般来说画面中间是人们的视觉焦点，看到画面时最先看到的会是中心点。这种视频拍摄方法能很好地突出视频拍摄的主体，让人易于发现它，了解它想要传递的信息。这种构图方式最大的优点就在于主体突出、明确，而且画面容易取得左右平衡的效果。如果拍摄主体只有一个，就可以采用中心构图的方式来拍摄视频，而且这种方式操作十分简单，比较适合短视频拍摄，是常用的短视频构图方法。但要注意，采用中心构图拍摄视频时要尽量保证背景干净。

2. 水平线构图

水平线构图是指画面以水平线条为主，在表现海平面、草原等广阔的场景时，往往会用这种构图法。平衡的线条本身具有稳定的特性，会给人一种宽阔、稳定、和谐的感觉，主要适用于景物、风光的短视频拍摄。

3. 三分线构图

三分线构图就是将视频画面从横向或纵向分为3部分，在拍摄视频时，将对象或焦点放在三分线的某一位置上进行构图取景，让对象更加突出，画面更加美观。三分线构图属于比较经典又十分简单易学的视频拍摄构图技巧。在日常视频拍摄中采用三分线构图拍摄视频的例子数不胜数。

采用三分线构图的方式拍摄视频最大的优点就是将视频拍摄主体放在偏离画面中心1/6处，使画面不至于太枯燥与呆板，还能突出视频拍摄主题，使画面紧凑有力。三分线构图拍摄视频除了能使画面更加紧凑外，还能使视频画面具有平衡感，使视频画面左右更加协调。

4. 对角线构图

对角线构图是指在画面中两个对角存在一条连线，这条对角线上的元素可以是主体，也可以是辅体。对角线构图有效利用了画面对应的两个角，形成了一条极长的斜线，牵引着人的视线，让画面富有动感。

视频中使用对角线构图更多的是用来交代环境，较少用来表现人物，除非需要表达特定的人物设定。因为这类构图方式有很强的编导的主观态度，适用于拍摄旅行类的短视频。

5. 前景构图

前景构图是指拍摄者在拍摄视频时利用拍摄主体与镜头之间的景物进行构图的一种视频拍摄方式，即视频拍摄主体前面有一定的事物。前景构图拍摄视频可以增加视频画面的层次感，在使视频画面内容更丰富的同时，又能很好地展现视频拍摄的主体。前景构图拍摄视频分为两种情况：一种是将拍摄主体作为前景进行拍摄，另一种是将除视频主体以外的事物作为前景进行拍摄。

6. 黄金分割线构图

所谓黄金分割，是指由古希腊的数学家毕达哥拉斯发现的黄金分割定律。毕达哥拉斯认为，任何一条线段上都存在这样一点，它可以使较长部分与整体的比值等于较短部分与较长部分的比值，即较长部分/全长＝较短部分/较长部分，其比值约为0.618，这就是黄金比例。黄金比例被誉为完美比例，按照这个比例设计的事物能引起人对于美的感受。而在视频拍摄中用到的黄金分割线构图，也来自毕达哥拉斯著名的黄金分割定律。

在视频拍摄中，黄金分割不仅可以表现为对角线与它的某条垂直线的交点，也可以表现为在某种特殊情况下形成的螺旋线，而且，我们用线段就可以表现视频画面的黄金比例，对角线与过相对的顶点的垂直线的交点，即垂足就是黄金分割点，如图5-1所示。

黄金分割除了可以是对角线与它的某条垂直线的交点之外，它还可以是以每个正方形的边长为半径所延伸出来的一条具有黄金比例的螺旋线，如图5-2所示。

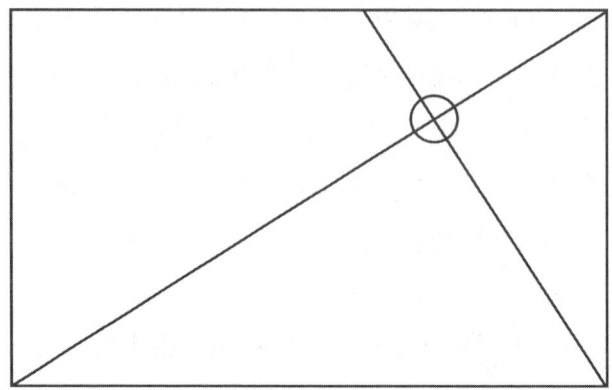

图 5-1　视频拍摄的黄金分割（点）

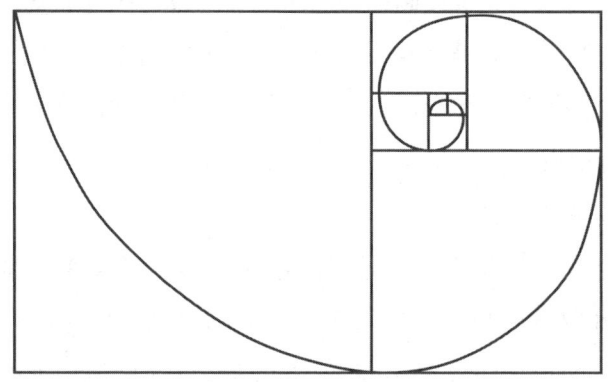

图 5-2　视频拍摄的黄金分割（线）

利用著名的黄金分割点来构图是很多经典影视剧里的一大亮点，这也表明黄金分割定律在视频拍摄中是很受欢迎的。

7. 九宫格构图

九宫格构图是指用横竖的两条直线把上、下、左、右四个边都分成三等份，然后用直线把这些点对应地连接起来，形成一个"井"，将画面等分为九个格子，如图 5-3 所示。九宫格的画面中会形成四个交叉点，我们将这些交叉点称为趣味中心点。可以利用这些趣味中心点来安排主体，使主体对象更加醒目。九宫格构图是最常见、最基本的构图方法，用九宫格构图拍摄视频，能够使视频画面相对均衡，拍摄出来的视频也比较自然和生动。

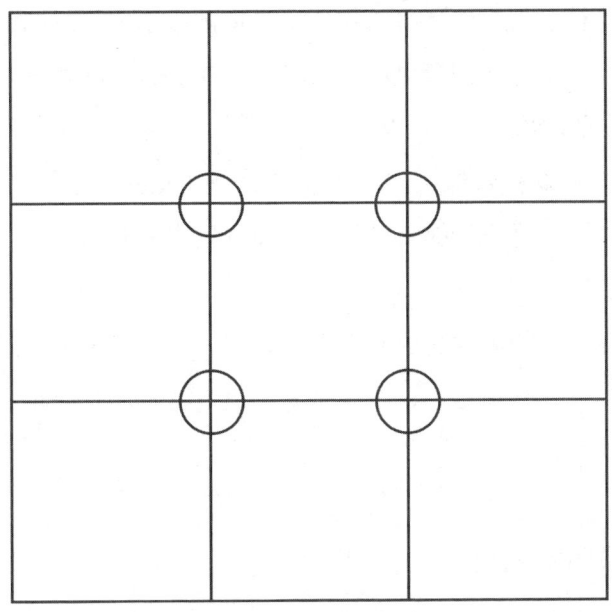

图 5-3　九宫格构图法

8. 框式构图

框式构图就是将画面重点利用框架框起来的构图方法，会引导观者注意框内景象，产生跨过框架即进入画面的感受。这种构图方法在短视频中会产生一种窥视的感觉，让画面充满神秘感。框架不一定是方形，可以是多种形状。在拍摄时可以利用现场的门框搭建拍摄框架，同时也可以利用树木花草搭建框架。

二、景深的控制

景深是指被摄主体影像纵深的清晰范围，也就是说，以聚焦点为标准，聚焦点前的"景物清晰"距离加上聚焦点后的"景物清晰"距离就是景深。

景深分为深景深和浅景深，深景深的背景清晰，浅景深的背景模糊。景深能够表现被摄主体的深度（层次感），增强画面的纵深感。

深景深能够起到交代环境的作用，表现被摄主体与周围的环境及光线之间的关系。摄像师在拍摄风光、大场景、建筑时，能够很好地展现画面的细节和细腻的层次。

浅景深，可以有效地突出被摄主体，在拍摄近景和特写画面时，通常会采用浅景深，这样能够将被摄主体和背景剥离开来。只有被摄主体清晰，才能锁定观众的目光。

影响景深大小的因素主要有3个：光圈、焦距和拍摄距离。三者中二者固定的前提下，光圈越小，景深越大；焦距越短，景深越大；拍摄距离越远，景深越大。

三、景别的运用

景别是指由于摄像机与被摄主体的距离不同，而造成被摄主体在摄像机取景器中所呈现出的范围大小的不同。这里所说的被摄主体多指人，有时也指其他景物。

认识景别有助于摄像师在拍摄时进行画面构图，一般将景别分为五种，由远至近分别为远景、全景、中景、近景和特写。

1. 远景

远景是指拍摄远距离人物和景物，表现广阔深远景象的画面，重在展示拍摄对象的全貌特征，远景重在渲染气氛，常用于介绍环境、显示人物的处境，或者表现一定的意境，使画面更加宽广和富有层次感。

2. 全景

全景是指拍摄人物全身形象或者场景全貌的画面，体现场景和人物形象的完整性，多用于塑造人物形象和交代场景。

与远景相比，全景更能全面阐释人物与环境之间的密切关系，展示人物的行为动作、表情相貌，也可以在某种程度上表现人物的内心活动。如果摄像师拍摄其他物体，则需要保留物体外部轮廓的完整，表现出被摄物体的全貌，并且被摄物体周围不能有太多的空白画面。

3. 中景

中景是指拍摄人物膝盖以上部分或者局部环境的画面。中景既表现了人物的表情，又展示出了人物活动的环境，是叙事功能较强的一种景别。

与全景相比，中景包容人物的范围有所缩小，环境处于次要地位，重点在于表现人物的上身动作。如果摄像师拍摄其他物体，则需要保留被摄物体的大半部分。

4. 近景

近景是指拍摄人物胸部以上或者物体局部的画面。近景着重表现人物的面部表情，传达人物的内心世界，是刻画人物性格较有力的景别。如果摄像师拍摄其他物体，则需要保留被摄物体的主要部分。

5. 特写

特写是指拍摄人物脸部或者放大物体某个局部的画面。特写比近景更加接近观众，具有强调和呈现人物心理变化的作用。一些特写还具有某种意义上的象征意义，从视觉效果上体现出被摄主体的重要性。

不同的景别可以表现不同的画面节奏和主次关系，景别变化还具有以下作用。

（1）景别的变化带来的是观众视点的变化，能够满足观众从不同视距、不同视角全面观看被摄主体的心理要求。

（2）景别的变化是实现画面节奏变化的因素之一。

（3）景别的变化能够使画面具有更加明确的指向。

四、拍摄角度的设计

当观众观看外界事物时会有不同的观察角度，同样摄像师也有各自拍摄角度，这决定着观众从哪一个视点来观看被摄主体、怎样认识被摄主体。从构图上来说，拍摄角度设计就是摄像师如何选择拍摄方向和拍摄高度。

（一）拍摄方向

拍摄方向体现被摄主体与陪体、环境的关系变化，拍摄方向是指摄像师以被摄主体为中心，在同一水平面上改变拍摄角度，形成不同的构图形式。拍摄方向主要包括正面方向、正侧面方向、斜侧面方向和背面方向。不同的拍摄方向具有不同的展现效果，摄像师需要根据拍摄任务合理选择。

1. 正面方向

摄像师从正面方向拍摄被摄主体时，摄像机的镜头位于被摄主体的正前方，观众看到的是被摄主体的正面形象。

正面方向拍摄有利于表现被摄主体的正面特征，适合表现人物完整的面部特征和表情动作，使观众产生亲切感。当被摄主体是景物时，则有利于表现景物的横线条，营造出稳定、严肃的气氛。正面方向拍摄的缺点是不宜表现被摄主体的空间感和立体感。

2. 正侧面方向

摄像师从正侧面方向拍摄被摄主体时，摄像机镜头与被摄主体的正面成90°角，拍摄的视频画面有利于表现被摄主体的运动方向、运动姿态及轮廓线条，突出被摄主体的强烈动感和特征，还可以表现人物之间的交流、冲突和对抗，强调被摄人物的神情。

3. 斜侧面方向

摄像师从斜侧面方向拍摄被摄主体时，摄像机镜头介于被摄主体的正面和正侧面之间，摄像师从这个方向既拍摄被摄主体的正面部分，又拍摄被摄主体的侧面部分，是较常用的拍摄方向之一。

从被摄主体斜侧面方向拍摄，利于表现被摄主体的立体感与空间感，使被摄主体产生明显的形体变化。同时，还能突出表现被摄主体的主要特征，有利于表现被摄主体的方向。在多人场景中，从被摄主体斜侧面拍摄还有利于表现被摄主体、陪体的主次关系，突出被摄主体。

4. 背面方向

摄像师从背面方向拍摄被摄主体时，摄像机镜头位于被摄主体的背后，使观众产生与被摄主体的视线相同的视觉效果。有时也可用来改变被摄主体、陪体的位置关系。

背面方向拍摄可以使观众产生参与感，使被摄主体的视线前后成为画面的重心。很多展示现场的画面经常采用背面方向拍摄，给观众以强烈的现场感。由于观众不能直接看到被摄主体的面部表情，所以能够给观众思考和联想的空间，引起观众的好奇心和兴趣。此外，背面方向拍摄还可以含蓄地表达人物的内心活动。

（二）拍摄高度

拍摄高度是指摄像机与被摄主体水平线之间的距离，不同的拍摄高度可产生不同的构图变化。拍摄高度包括平角度、仰角度和俯角度。对拍摄角度调度，可以丰富人物形象，烘托环境氛围。

1. 平角度

摄像师采用平角度拍摄时，所拍画面符合观众的通常观察习惯，具有平稳的效果，是一种"纪实"角度。摄像师采用平角度拍摄，被摄主体不易产生变形，比较适合拍摄人物近景特写。摄像师如果追求画面构图平稳与普通的透视效果，使用平角度拍摄比较合适。不过，摄像师采用平角度拍摄时，前后景物容易重叠遮挡，难以展现大纵深的景物和空间层次。

2. 仰角度

摄像师采用仰角度拍摄时，摄像机镜头处于人眼（视平线）以下位置，或者低于被摄主体，在仰角度镜头下，前景升高、后景降低，有时后景被前景遮挡。采用仰角度拍摄的画面通常被赋予一定的含义，画面中的被摄主体会显得不同凡响，具有威胁性，富有征服感。

采用仰角度拍摄垂直线条的被摄主体时，线条向上汇聚，能够产生高大、雄伟的视觉效果。

3. 俯角度

摄像师采用俯角度拍摄时,摄像机镜头高于被摄主体,摄像师从高向低拍摄,就像人在低头俯视一样。俯角度拍摄可以表现被摄主体正面、侧面和顶面三个面,增强了被摄主体的立体感和平面景物的线条透视。

在俯角度镜头下,离镜头近的景物降低,离镜头远的景物升高,从而展示了开阔的视野,增加了空间深度。在展示场景内的景物层次、规模,表现整体气氛和宏大的气势时,采用俯角度拍摄效果更佳。采用俯角度拍摄人物时,拍摄出来的画面会让观众产生一种被摄人物低微、陷入困境、软弱无力、压抑、低沉的感觉。

五、运镜技巧

运镜,也就是运动镜头,即通过机位、焦距和光轴的变化,在不中断拍摄的情况下形成视角、场景空间、画面构图、表现对象的变化。通过运镜拍摄,摄影者可以增强短视频画面的动感,扩大镜头的视野,影响短视频的节奏,赋予短视频画面独特的寓意。

常见的运镜方式有推镜头、拉镜头、摇镜头、移镜头、跟镜头、升降镜头、甩镜头、旋转镜头、晃镜头、环绕镜头,以及复合镜头等。

1. 推镜头

推镜头是在被摄主体位置不变的情况下,摄像机向前缓缓移动或急速推进,从而靠近被摄主体。

随着摄像机的前推,画面经历了远景、全景、中景、近景、特写的完整或不完整的过程,但必然是连续的变化过程。

这种镜头的主要作用是突出被摄主体,使观众的视觉注意力相对集中,视觉感受得到加强。它符合观众在实际生活中由远而近、从整体到局部、由全貌到细节观察事物的过程。

2. 拉镜头

拉镜头与推镜头的方向相反，它是通过移动摄像机逐渐远离被摄主体。一方面，取景范围由小变大，逐渐把陪体或环境纳入画面中；另一方面，被摄主体由大变小，其表情或细微动作逐渐不再清晰，与观众的距离也逐步被拉大。

拉镜头往往用来把被摄主体重新纳入一定的环境，提醒观众注意被摄主体所处的环境，以及被摄主体与环境之间的关系变化等。

3. 摇镜头

摇镜头是指摄像机本身所处位置不移动，借助摄像机的活动底盘，镜头上、下、左、右旋转拍摄，有如人的目光顺着一定的方向对被摄主体巡视。

左右摇镜头常用来表现大场面，上下摇镜头常用来展示高大被摄主体的雄伟、险峻。摇镜头能使观众产生身临其境的感觉。

4. 移镜头

移镜头是指摄像机沿水平面进行各个方向的移动拍摄。移镜头可以把行动着的人物和景位交织在一起，变化的总是被摄主体的背景。不管被摄主体是固定不动还是处于运动之中，因为镜头的移动，被摄主体的背景在连续的转换中总是变化的。

移镜头具有完整、流畅、富于变化的特点，能够开拓视频画面的空间，表现大场面、大纵深、多景物、多层次的复杂场景，可以表现出各种运动条件下被摄主体的视觉艺术效果。

5. 跟镜头

跟镜头同样是一种移动镜头，它与移镜头的不同之处在于当摄像机的拍摄方向与被摄主体的运动方向一致或完全相反，且与被摄主体保持等距离运动时，才被称为跟镜头。摄像机的镜头始终跟随运动着的被摄主体，适用于连续表现人物的动作、表情或细节的变化。

跟镜头既能突出运动中的被摄主体，又能表现被摄主体的运动方向、速度、体态及与环境之间的关系，使被摄主体的运动保持连贯，有利于展示被摄主体在动态中的形态。

6. 升降镜头

升降镜头是摄像机借助升降装置一边升降一边拍摄的方式，升降运动带来了画面范围的扩展和收缩，形成了多角度、多方位的多构图效果。

升镜头是指镜头向上移动形成俯视拍摄，以显示广阔的空间；降镜头是指镜头向下移动进行拍摄，多用于拍摄大场面，以营造气势。

7. 甩镜头

甩镜头，即扫摇镜头，是指摄像机只通过上下或左右的快速移动或旋转来实现从一个被摄主体转向另一个被摄主体的切换，多用于表现画面的急剧变化。

甩镜头常用于表现被摄主体的快速移动或者某种特殊视觉效果，使画面更有爆发力。

8. 旋转镜头

旋转镜头是指被摄主体呈旋转效果的画面，摄像机沿镜头光轴或接近镜头光轴的角度旋转拍摄，摄像机快速做超过360°的旋转拍摄。这种拍摄手法可以使观众产生眩晕感觉，是影视拍摄中常用的一种拍摄手法。

在拍摄旋转镜头时，摄像师手持稳定器快速做超过360°的旋转拍摄，以实现旋转镜头的效果；也可以拍摄反向环绕旋转镜头，手持稳定器，摄像师原地转动即可；还可将稳定器倒置，对被摄主体进行低角度环绕旋转拍摄，这种镜头比较适合展现被摄主体的高大形象。

9. 晃镜头

晃镜头相比前面介绍的几种运镜方式的应用要少一些，它主要应用于特定的环境中，让画面产生上下、左右或前后等的摇摆效果。

晃镜头又分为临场感晃动镜头和模糊光晕晃动镜头，前者可以增强观众对视频画面的真实体验感，后者可以增加镜头的美感。晃镜头多用于表现被摄主体精神恍惚、头晕目眩、乘车、船等的摇晃效果，如在视频画面中用来表现地震的场景。

10. 环绕镜头

环绕镜头需要摄像机位置保持不变,以被摄主体为中心进行旋转移动。环绕镜头犹如观众巡视被摄主体的视角,能够突出被摄主体、渲染情绪,让整个画面更有张力。环绕镜头要保证摄像机与被摄主体等距,其次是摄像师移动摄像机时尽量保持顺畅。

11. 复合镜头

在短视频的实际拍摄过程中,摄像师常常采用复合镜头,即在一个镜头中将推、拉、摇、移、跟、升降等运镜方式结合起来,以展现丰富多变的画面效果。

运镜的基础是稳定,不管是使用手机,还是相机或者摄像机,在拍摄时保持器材的稳定是获得优质画面的基础。建议在采用运镜手法拍摄短视频时,尽量用云台稳定器来固定拍摄设备,从而避免画面抖动。

六、光线使用

在短视频拍摄过程中,摄像师无时无刻不与光线打交道。光线不仅能够照亮环境,还能通过不同的强度、色彩和角度等来呈现场景,影响短视频画面的呈现效果,增强画面层次感,因此,摄像师要对光线的运用有一个全面的把握。

(一)光质奠定视频画面色彩基调

光具有很重要的表达效果,有些光是硬的、刺目的、聚集的、直接的,有些光是软的、柔和的、散射的、间接的。在短视频拍摄中,光能够影响被摄主体再现的形状、影调、色彩、空间感、美感、真实感。

摄像师需要对各种光加以分析,了解光的各种特性,掌握光的不同作用,在短视频拍摄时才能充分发挥光的巨大潜力,更好地展现出被摄主体的形象。

通常把拍摄所用光线的软硬性质称为光质,而光质又可分为硬质光和软质光。

1. 硬质光

硬质光,即强烈的直射光,如晴天的阳光,或者直接照射在人或物体上的人造光,如闪光灯、照明灯光等,它们产生的阴影清晰而浓重。被摄主体在硬质光的照射下产生受光面、背光面和影子,可以造成明暗对比强烈的效果,适合表现被摄主体粗糙表面的质感和清晰的轮廓形态。

2. 软质光

软质光是一种漫散射性质的光,没有明确的方向性,不会让被摄主体产生明显的阴影。例如,阴天、雨天、雾天的天空光,或者添加柔光罩的灯光等,都属于典型的软质光。

摄像师在这种光线下拍摄出的视频画面没有明显的受光面、背光面和投影,在视觉上明暗反差小,影调平和。摄像师利用这种光线拍摄时,能够较为理想地将被摄主体细腻且丰富的质感和层次表现出来,但被摄主体的立体感表现不足,且画面色彩比较灰暗。在实际拍摄时,摄像师可以在画面中制造一些颜色鲜艳的视觉兴趣点,使画面效果更加生动。

(二)巧妙设计光位,营造环境氛围

光位是指光源相对于被摄主体的位置,即光线的方向与角度。同一被摄主体在不同的光位下会产生不同的明暗效果。常见的光位主要有顺光、逆光、侧光、顶光与底光等。

1. 顺光

顺光,也称正面光或前光,采用顺光拍摄时画面中前后物体的亮度一样,没有明显的亮暗反差,被摄主体朝向镜头的一面受到均匀的光照,画面中的阴影很少甚至几乎没有阴影。摄像师采用顺光拍摄,能够真实再现被摄主体的色彩,在拍摄风景时能够得到清雅的画面效果,在拍摄人物时能够得到过渡层次平缓细致、自然柔和的画面效果。

但是，采用顺光拍摄不利于表现被摄主体的立体感和质感，不能突出画面中的重点和交代主次，将顺光设置为主光，然后再打上辅助光，拍摄出的画面会更加好看。

2. 逆光

逆光也称背光、轮廓光或隔离光，其光源在被摄主体的后方、镜头的前方，有时镜头、被摄主体、光源三者几乎在一条直线上。

逆光拍摄能够清晰地勾勒出被摄主体的轮廓形状，被摄主体只有边缘部分被照亮，形成轮廓光或剪影的效果，这对表现人物的轮廓特征，以及把物体与物体、物体与背景区分开来都极为有效。

运用逆光拍摄，能够获得造型优美、轮廓清晰、影调丰富、质感突出和生动活泼的画面效果。摄像师在采用逆光拍摄时，需要注意背景与陪体的选择，以及拍摄时间的选择，还要考虑是否需要使用辅助光等。

3. 侧光

侧光是一种表现被摄主体的立体感和质感的光位之一。侧光能够在被摄主体表面形成明显的受光面、阴影和投影，表现被摄主体的立体形态和表面质感。摄像师在拍摄人物时，运用侧光能够表现人物情绪，通常将光线打在人物的侧脸上。

不同的侧光角度，可以表现或突出强调被摄主体的不同部位。摄像师拍摄短视频时，可以根据需要达到的画面效果采用不同角度的侧光拍摄。侧光可以单独使用，也可以作为辅助光使用。

4. 顶光和底光

顶光和底光是两个比较特殊光位的光线。顶光是指来自被摄主体顶部的光线，通常用于反映被摄主体的特殊精神面貌，如憔悴、缺少活力的状态。

底光与顶光相反，是指从被摄主体下方向被摄主体照射的光线，它可以填补其他光线在被摄主体下部形成的阴影，表现特定的光源特征、环境特点，通常用于烘托恐怖、神秘、古怪的气氛。

（三）基础三灯布光法，提升视频画面立体感

光线根据其在画面中的不同作用，可以分为主光、辅助光、环境光、轮廓光、眼神光、修饰光等。这里所讲的三灯布光法主要是指针对以人为被摄主体的灯光布设方案，主要包括主光、辅助光和轮廓光。

1. 主光

主光又称为塑型光，是刻画人物和表现环境的主要光线。不管其方向如何，都应在各种光线中占主导地位，是视频画面中最引人注目的光线。主光处理的好坏直接影响到被摄主体的立体形态和轮廓特征的表现，也影响到画面的基调、光影结构和风格，是摄像师首先要考虑的光线。

主光光源通常位于被摄主体侧前方，并且主光与被摄主体和摄像机之间的连线成 45°~90° 角。在拍摄人物时，主光最完美的角度是与被摄主体和摄像机之间的连线成 45° 角，并以略微高于被摄主体的高度俯射被摄主体，采用这样的主光，会在被摄主体脸部、鼻子侧面与眼睛下方形成一块明显的三角形阴影，使被摄主体的脸部非常具有立体感。

2. 辅助光

辅助光，又称副光，是用于补充主光的光线。辅助光一般是无阴影的软光，用于减弱主光造成的生硬、粗糙的阴影，降低受光面和背光面的反差，提高暗部影像的表现力。

辅助光光源通常位于被摄主体（人物）的另一侧前方，并且辅助光与被摄主体和摄像机之间的连线成 45°~90° 角。辅助光的角度不同，在被摄主体脸上呈现的艺术效果也不同，辅助光多需要与主光合理搭配使用。

通常，主光和辅助光的光比（主光和辅助光形成的亮度比值）决定着被摄主体的影调反差，所以控制和调整主光与辅助光的光比十分重要。主光与辅助光的光比没有固定数值，但需要注意的是，主光的强度一定要比辅助光的强度大，摄像师通常设置的主光与辅助光的光比为 2∶1、4∶1 等。

3. 轮廓光

轮廓光是三种光中唯一不是模拟自然光的一种光线，轮廓光通过照亮被摄主体的头发、肩膀等边缘，从而将被摄主体和背景分开，增强了视频画面的层次感和纵深感。

轮廓光光源的位置通常位于被摄主体后侧方与主光光源大致相对的位置，并以略高于被摄主体的高度俯射被摄主体。经过柔化的轮廓光不易被肉眼察觉，适用于采访、访谈等纪实类影像的拍摄；而较硬且较亮的轮廓光则具有艺术化的修饰效果，通常适用于音乐 MV 以及某些渲染氛围的剧情片的拍摄。

第三节　后期剪辑包装

在短视频创作中，前期拍摄的视频只是一些零散或分离的素材，只有经过后期对拍摄的视频进行剪辑编排，并添加音乐、文字、配音、特效等，才能创作出完整、优质的短视频。

对于视频而言，剪辑是不可缺少的环节，在后期剪辑中，需要注意的是素材之间的关联性，如镜头运动的关联、场景之间的关联、逻辑的关联及时间的关联等。

一、画面的剪辑

剪辑就是借助视频剪辑软件进行镜头的连接，使镜头的逻辑顺序和结构更严密，生成具有不同表现力的新视频。

（一）短视频剪辑的一般流程

1. 采集和复制素材

首先将前期拍摄的视频影像素材文件输入计算机，或者将素材文件直接复制到计算机,然后整理前期拍摄的所有素材文件,并编号归类为原始视频资料。

2. 研究和分析脚本

在归类整理视频影像素材文件的同时,对准备好的短视频文字脚本和分镜头脚本进行仔细和深入的研究,从主题内容和画面效果两个方面进行深入分析,以便为后续的剪辑工作提供支持。

3. 视频粗剪

审看全部的原始视频资料,然后从中挑选出内容合适、画质优良的视频资料,并按照短视频脚本的结构顺序和编辑方案,将挑选出来的视频资料组接起来,构成一则完整的短视频。

4. 视频精剪

对粗剪的视频进行仔细分析和反复观看,然后在此基础上精心调整有关画面,包括剪接点的选择,每个画面的长度处理,整个短视频节奏的把控,音乐、音效的设计,以及被摄主体形象的塑造等,按照调整好的结构和画面制作成新的短视频。

5. 配音字幕合成

为短视频添加字幕、添加解说配音、制作片头片尾等,并全部合成到视频画面中,制作成最终的短视频。

6. 输出完成的短视频

剪辑完成后,创作者可以采用多种形式输出完成的短视频,并上传到短视频平台上进行曝光推广。目前,短视频的输出格式大多为 MP4 格式。

(二)短视频剪辑要素

短视频剪辑要素包括信息、动机、镜头构图、摄像机角度、连贯和声音。

1. 信息

信息就是通过镜头呈现给用户的内容,分为视觉信息和听觉信息。

2. 动机

镜头之间的切换，画面中的被摄对象陷入了回忆，此时的镜头应该切换到回忆的画面。

3. 镜头构图

通过调整被摄主体、周边对象和背景的关系，来达到最佳的构图。

4. 摄像机角度

摄像师和剪辑师要通过一系列的角度设置，获得最佳的效果。

5. 连贯

好的剪辑能够实现平稳连贯的效果，呈现出行云流水的感官效果。

6. 声音

对声音的剪辑分为对接剪辑和拆分剪辑。对接剪辑是指画面和声音的剪辑点一致，拆分剪辑是指画面先于声音被转换，保证画面切换更自然。

（三）剪辑的基本原则

在对拍摄的短视频进行剪辑时，创作者需要严格按照剪辑的各种要点和法则来工作。短视频后期编辑的基本原则如下。

1. 合理流畅，符合镜头组接规律

镜头组接就是将一个个镜头组合连接起来，成为一个整体，又称画面转场。要想做到镜头组接流畅、合理，应遵循以下原则。

（1）各镜头协调统一。

各个镜头之间的组接要符合逻辑规律，各段落内的画面亮度和色彩色调应协调统一，画面的清晰度、情节内容等也应保持一致，否则会产生"接不上"的现象。

（2）运动镜头接运动镜头，固定镜头接固定镜头。

短视频是由各种镜头组成的，包括运动镜头和固定镜头，还可以细分为被摄主体运动、陪体静止镜头和被摄主体静止、陪体运动镜头等。运动镜头又可以分为摇移镜头、推拉镜头等。对这些镜头进行编辑衔接时，一般遵循运动镜头与运动镜头衔接，固定镜头与固定镜头衔接的原则，以保证画面组接的连贯、流畅。

（3）动静镜头之间用缓冲因素过渡。

如果是运动镜头接固定镜头或固定镜头接运动镜头，则需要用缓冲因素来过渡。缓冲因素是指镜头中被摄主体的动静变化和运动的方向变化，或者活动镜头的起幅、落幅或动静变化等。利用缓冲因素选取剪接点，可以使该镜头与前后镜头保持运动镜头接运动镜头、固定镜头接固定镜头，使镜头的切换自然、流畅。

（4）选好动作剪接点。

在展示运动画面时，如果前一镜头中被摄主体在做某一动作，那么后一镜头中应展现被摄主体的动作变化的过程，以保证被摄主体的动作连贯和变化自然。

（5）遵循轴线规律。

在被摄主体的活动有多种方向时，镜头中要有一个轴线主导，以保证被摄主体方向和位置的统一。这里所说的轴线指的是被摄主体的视线方向、运动方向，以及根据不同被摄主体之间的位置关系所形成的一条假想的直线或曲线。摄像师在拍摄短视频时，不管角度、运动多复杂，都要遵循这一规律，否则就是越轴，越轴很容易让观众产生空间错乱的感觉。剪辑短视频时，也要遵循轴线规律，才能符合观众的视觉感受。例如，镜头左边的人，在下一个镜头里还应该出现在镜头左边；同样，镜头右边的人，在下一个镜头里也应该出现在镜头右边，若想安排越轴镜头，应插入过渡镜头，如天空、树木、花草镜头等。

（6）避免三同镜头直接组接。

在组合衔接同一被摄主体的镜头时，前后两个镜头在景别和视角上要有显著的变化，切忌三同镜头（同主体、同景别、同视角）直接组接，否则视频画面无明显变化，会出现令人反感的"跳帧"效果。

（7）控制镜头组接的时间长度。

每个镜头停滞时间的长短，首先要根据表达内容的难易程度、观众的接受能力来决定，其次还要考虑构图等因素。由于每个镜头中的被摄主体不同，包含在镜头中的内容也不同。远景、中景等大景别的镜头包含的内容较多，观众要看清楚这些镜头中的内容，所需要的时间就相对长一些；而对于近景、特写等小景别的镜头，其所包含的内容较少，观众在短时间内就能看清，所以镜头停留的时间可以短一些。

2. 巧妙转场，让画面实现无缝衔接

在短视频中，转场镜头非常重要，它担负着廓清段落、划分层次、连接场景、转换时空和承上启下的任务。利用合理的转场手法和技巧，既能满足观众的视觉心理，保证其视觉的连贯性，又可以产生明确的段落变化和层次分明的效果。

在短视频中，上下镜头之间的巧妙转场分为无技巧转场和技巧转场。

（1）无技巧转场。

无技巧转场又称直接切换，镜头直接相连，在短视频后期编辑中使用较多。在使用无技巧转场时，多利用上下镜头在内容、造型上的内在关联来连接场景，使镜头连接，段落过渡自然、流畅，无附加技巧痕迹。在短视频创作中，无技巧转场主要包括以下几种。

● 切，又称切换，是一种基本镜头转换方式，也是最主要、最常用的镜头组接技巧。

● 运动转场，就是借助人、动物或其他一些交通工具作为场景或时空转换的手段。这种转场方式大多强调前后段落的内在关联性，可以通过摄像机运动来完成地点的转换，也可以通过前后镜头中人物、交通工具动作的相似性来转换场景。

● 相似关联物转场，前后镜头具有相同或相似的被摄主体形象，或者其中的被摄主体形状相近、位置重合，在运动方向、速度、色彩等方面具有一致性，等等，以此来达到视觉连续、转场顺畅的目的。

- 利用特写转场，无论前一个镜头是什么，后一个镜头都可以是特写镜头。特写镜头具有强调画面细节的特点，可以暂时集中观众的注意力，因此利用特写转场可以在一定程度上弱化时空或段落转换过程中观众的视觉跳动。

- 空镜头转场，就是利用景物镜头来过渡，实现间隔转场。景物镜头主要包括两类：一类是以景为主、物为陪衬的镜头，例如田野、天空等镜头，用这类镜头转场既可以展示不同的地理环境、景物风貌，又能表现时间和季节的变化，景物镜头可以弥补叙述性短视频在情绪表达上的不足，为情绪表达提供空间，同时又能使高潮情绪得以缓和、平息，从而转入下一段落；另一类是以物为主、景为陪衬的镜头，例如，在镜头中飞驰而过的火车、街道上的汽车，以及室内陈设、建筑雕塑等各种静物镜头，一般情况下，摄像师会选择这些镜头作为转场的镜头。

- 主观镜头转场，主观镜头指与画面中人物视觉方向相同的镜头。利用主观镜头转场就是按前后镜头间的逻辑关系来处理镜头转换问题。例如，前一镜头中人物抬头凝望，后一镜头可能就是其所看到的场景，也可能是完全不同的人和物。例如，前一镜头是即将退役的网球运动员看到衣柜上的比赛获奖的照片，后一个镜头则切换到网球运动员在网球场上比赛的场景。

- 声音转场，指用音乐、音响、解说词、对白等与画面的配合实现转场。

- 遮挡镜头转场，遮挡镜头是指镜头被某个形象暂时挡住。依据遮挡方式的不同，遮挡镜头转场可以分为两类情形。

一类是被摄主体迎面而来遮挡摄像机镜头，形成暂时的黑色画面。例如，前一镜头在甲地点的被摄主体迎面而来遮挡摄像机镜头，下一镜头被摄主体背朝摄像机镜头而去，已到达乙处。被摄主体遮挡摄像机镜头通常能够在视觉上给观众以较强的视觉冲击，同时制造了视觉悬念，加快了短视频的叙事节奏。

另一类是画面内的前景暂时挡住画面内的其他形象，成为覆盖画面的唯一形象，例如，拍摄街道时，前景闪过的汽车会在某一时刻挡住其他形象。当画面形象被遮挡时，一般都是镜头切换点，通常是为了表示时间、地点的变化。

（2）技巧转场。

技巧转场是一种分割方式的镜头转换，包括渐隐与渐显、叠入与叠出、划出与划入、甩切、虚实互换、定格等转场方式。这类转场主要是通过设计某种效果来实现的，具有明显的过渡痕迹。在短视频创作中，技巧转场主要有以下几种。

● 渐隐与渐显，又称淡出、淡入，渐隐是指画面由正常逐渐暗淡，直到完全消失；渐显是指画面从全黑中逐渐显露，直到十分清晰明亮。

● 叠入与叠出，也称化入与化出，由前一镜头的结束与后一镜头的开始叠在一起，镜头由清楚到重叠模糊再到清楚，两个镜头的连接融合渐变，给观众以连贯的流畅感。

● 划出与划入，就是前一镜头从某一方向退出，下一镜头从另一方向进入。

● 甩切，一种快闪转换镜头，让观众视线跟随快速闪动的画面转移到另一个画面。在甩切时，画面中呈现出模糊不清的流线，并立即切换到另一个画面，这种转场方式会给观众一种不稳定感。

● 虚实互换，利用对焦点的选择，使画面中的人物发生清晰与模糊的前后交替变化，形成人物前实后虚或前虚后实的互衬效果，使观众的注意力集中到焦点清晰而突出的形象上，从而实现镜头的转换。也可以是整个画面由实变虚，或者由虚变实，前者一般用于段落结束，后者一般用于段落开始。

● 定格，又称静帧，就是对前一段的结尾画面做静态处理，使观众产生瞬间的视觉停顿。定格具有强调作用，是影片中常用的一种特殊的转场方法。为多个画面，可以使双重或多重的短视频同时播放，大大地压缩了短视频的时长。例如，在打电话场景中，将屏幕一分为二，电话两边的人都显示在屏幕上，打完电话后，打电话人的镜头没有了，只留下接电话人的镜头。

（四）剪辑软件

1. 剪映

剪映是抖音官方推出的一款移动端视频编辑剪辑应用，它具有强大的视频剪辑功能，支持视频变速与倒放，用户使用它可以在视频中添加音频、识别字幕、添加贴纸、应用滤镜、使用美颜等，而且它提供了非常丰富的曲库和贴纸资源等。即使是视频制作的初学用户，也能利用这款工具制作出自己心仪的短视频。

2. 巧影

巧影作为一款功能全面的短视频处理 App，适用于 Android（安卓）系统（谷歌开发的移动操作系统）、谷歌 Chrome OS 系统（谷歌开发的基于 PC 的操作系统）和 iOS 系统（苹果公司开发的移动操作系统），能为用户提供丰富的视频层、图片层和文字层等，同时拥有精准编辑、一键抠图、多层视频、多层混音、潮流素材、关键帧动画、多倍变速、多种屏幕尺寸、超高分辨率输出等功能。

3. 快剪辑

快剪辑是 360 旗下的一款功能齐全、操作简单、可以边看边编辑的视频剪辑工具，既有 PC 端快剪辑，也有移动端快剪辑。快剪辑是抖音、快手、哔哩哔哩、朋友圈等平台用户强烈推荐的一款视频剪辑软件，无论是刚入门的新手，还是视频剪辑的专家，快剪辑都能帮助用户快速制作出理想的短视频作品。

4. 小影

小影是一款全能、简易的移动端视频剪辑 App，易于上手，用户使用它可以轻松地对视频进行修剪、变速和配乐等操作，还可以一键生成主题视频。同时，小影还可以为视频添加胶片滤镜、增添字幕、动画贴纸、视频特效、转场及调色，制作画中画、GIF 动图等。

5. InShot

InShot 是功能强大、操作简单的视频制作 App，它可以进行视频剪辑，拥有视频调速、增加音乐/音效和录音、增加动画贴纸、增加滤镜和特效、超级转场、照片编辑和拼图、模糊背景和视频套框等功能。

6. VUE Vlog

VUE Vlog 是 iOS 和 Android 应用分发平台上的一款手机视频拍摄与美化工具，它能让用户通过简便的操作实现 Vlog 的拍摄、剪辑、细调和发布。VUE Vlog 拥有大片质感的滤镜，自然的美颜效果，丰富且有趣的贴纸、音乐和字体素材等，能够帮助用户制作出高质量的 Vlog。

7. Premiere

Premiere 提供了采集、剪辑、调色、美化音频、字幕添加、输出、DVD 刻录的一整套流程，还能对视频素材进行各种特技处理，包括切换、过滤、叠加、运动及变形等处理。其兼容性强，能和 Adobe（奥多比）公司推出的其他软件相互协作，如 After Effects、Photoshop 等。但是，Premiere 也有局限性，因为专业度高，操作难度比较大，创作者需要多学习运用。

二、音乐的选择

在视频剪辑过程中，添加背景音乐，有利于渲染视频氛围。音乐的强烈表达属性让它能够迅速和短视频结合起来。下面以音乐短视频代表抖音为例，来讲解在发布短视频时该如何选择比较受欢迎的音乐。

1. 音乐榜榜单

打开抖音 App，点击搜索框，就能看到音乐榜，这是抖音短视频推出的、抖音站内人气最高的歌曲。

2. 视频上传时的推荐音乐

在抖音平台拍完短视频后，选择上传音乐，会出现可以选择音乐的入口，分别是发现、收藏、本地和歌单分类。歌单分类里包含热歌榜、飙升榜等,点击即可看到各类当下比较受欢迎的音乐。

3. 上传自己的原创音乐

(1)进入抖音网页版。

(2)找到首页的"抖音音乐人"入口,点击进入,找到"上传音乐"。

(3)填写资料:填写歌手名、真实个人身份证信息,上传本人手持身份证照片。

(4)填写音乐信息,点击"上传音乐",等待抖音平台审核通过。

三、字幕的添加

我们在刷短视频的时候,常常可以看到很多短视频中都添加了字幕效果,为发布的短视频添加字幕可以帮助观众在短短几秒内就能看懂视频内容,同时这些文字还有助于观众记住发布者要表达的信息,吸引他们点赞和关注,更好地完善视觉体验。除此之外,有字幕的短视频上热门的概率也会大大增加。

四、为视频配音

恰到好处的配音能为短视频的效果锦上添花。录制好配音,将音频文件导入视频编辑软件中,与视频素材、字幕一同编辑,导出即可得到完整的视频。

常见的配音方式有以下三种。

(一)自己配音

自己根据视频的需要配音,需要注意以下问题。

1. 尽量用支架固定话筒

手持话筒的时候,很难避免手的颤动和手握话筒带来的噪声。特别是在说话时,由于人情绪的变化和表达的需要,手持话筒的较大幅度动作会影响配音效果。

2. 注意发音稳定

当说某个词过重或者强调某个词时，会容易录入爆破音和"噗噗"声，建议在话筒上加防风罩来避免这一问题。

3. 注意防风

户外拍摄的时候，尽量选择风力较小的天气，并且给话筒配备防风罩等防风配件。

（二）请专业团队配音

对很多人来说，配音很有挑战性，如普通话不标准，声音不好听，讲话紧张、忘词、卡顿等，都会造成配音素材达不到标准。如果短期内无法克服这些困难，可以请专业配音团队进行配音。

（三）配音软件的使用

1. 讯飞快读

讯飞快读是一款方便高效、成本较低的配音小程序。搜索"讯飞快读"，在首页可以看到四种文字输入方式，选择一种方式后输入文字，选取喜欢的朗读员即可。朗读完成，点击底部的"保存为 MP3"，保存好的文件可以导入视频处理软件进行后期视频合成。

2. 配音阁

配音阁是一款专业配音软件，提供广告配音、宣传片配音，支持多种语言，有很多真人样音可以选择。

五、特效的使用

在视频画面中添加酷炫的特效，可以使短视频更具有吸引力。下面介绍使用剪映 App 为短视频添加特效的操作方法。

（1）在剪映App中导入3段视频素材，点击底部的"特效"按钮。

（2）进入特效编辑界面，在"基础"特效列表框中选择"开幕"可以查看视频的"开幕"特效。

（3）进入"画面特效"界面，并添加"开幕"特效。

（4）选择"开幕"特效轨道，拖曳其时间轴右侧的白色拉杆，调整特效的持续时间。

（5）拖曳时间轴至"开幕"特效的结束位置处；点击"画面特效"按钮。

（6）在"氛围"特效列表框中选择"蝴蝶"特效。

（7）执行操作后，即可添加"蝴蝶"特效。

（8）拖曳时间轴至"蝴蝶"特效的结束位置处；点击"画面特效"按钮。

思考与练习

1. 短视频文学脚本的写作需要注意哪些事项？
2. 短视频的构图方式有哪些？
3. 什么叫作主观镜头转场？请举例说明。
4. 尝试使用手机剪映软件为你的视频添加特效。

第六章　生活服务类短视频的策划与制作

生活服务类短视频属于短视频的红海领域，红海领域意味着竞争者众多，优质账号也众多。生活服务类短视频的"生活"二字就是我们平常的衣、食、住、行等基础生活需求，"服务"是对衣食住行的指导、提升、分享和共情。我们通过生活服务类短视频可以看到一个时代人们的审美、经济、人际关系等。它之所以成为数量最多的短视频类型，也是因为大众对这一类型视频的需求最旺盛。本章主要介绍新媒体环境下生活服务类短视频的定义与类型，然后分析生活服务类短视频的优秀 UP 主，最后了解他们受用户欢迎的原因，并找到可以借鉴的共性。

因此，本章你将学到以下内容：
1. 生活服务类短视频的特点；
2. 生活服务类短视频的要素；
3. 各类生活服务类短视频的生产策略。

第一节　生活服务类短视频的特点

生活服务类短视频囊括的范围很宽广，和衣食住行相关的短视频内容基本都属于这个类别。在传统的电视节目中，这个类型的视频被称为"社会生活节目",它的内容包括从单纯的科学常识普及到将科学实验与真人秀融合去揭示生活中比较常见的科学现象,到教人做各种家常美食和提供养生保健知识与旅游攻略等。这是传统媒体对"社会生活节目"的定义。

生活服务类的短视频和传统的"社会生活节目"有相似的地方,但是分类更细致。在本书中,我们将生活服务类短视频分为美妆搭配、美体健身、美食文化和旅游分享四类。但是因为短视频领域的特殊性,"生活服务类"的定义也发生了变化。

很多短视频行业内的工作者将这个类别称为生活方式短视频或者生活科普类短视频。本书将"生活"和"科普"分开来是因为在之后的第七章,我们将"科普"划分到了教育知识类。

快手大数据研究院在《致披荆斩棘的你——2020快手内容生态半年报》[1]中,将生活服务的内容取名为"日常与远方",内容包括运动、美食和旅游等,但是快手的这次半年报将"生活"和美妆、运动、美食等变成了并列的类别,分类的科学性有待商榷。"生活"作为单向类别,在这次半年报中占据了29.8%的比例,但如果按照本书的定义,把美妆、运动、美食和旅游加进来,占比就达到了45.9%,(报告中美妆占比8.7%、美食占比4.1、运动类占比2.5、旅游类占比0.8%),是绝对的红海领域。

生活服务类短视频的目的有两个方面:一方面是教人如何生活得更有品质,另一方面是为人们提供生活讯息,并且这些内容会根据不同地区、不同季节或者不同年龄、不同性别来划分。

一、指导受众学习

很多受众在看完生活服务类短视频以后,能学习到和衣食住行相关的

---

[1] 快手大数据研究院. 致披荆斩棘的你——2020快手内容生态半年报[R/OL]. (2020-07-22) [2021-08-20]. https://wenku.baidu.com/view/8b5e5bb32f3f5727a5e9856a561252d381eb2036.html.

知识。这里的重点在于受众的"学习"或者"学到"。但对衣食住行的学习与对学科的学习是存在差异的，因为生活服务类短视频所提供的知识都与生活息息相关，它没有太多固定的公式和概念，因此，它的指导性是需要具备把琐碎常识归纳收拢的能力。

比如很多不常做饭的用户在某天需要展示厨艺时，不再是翻开书本细查做饭步骤，也不再是打开某些搜索引擎来查询如何烹饪，而是直接用短视频 App 输入想要做的菜的关键词，就会有真人亲自通过影像来指导，和之前只有文字和图片的形式相比，视频的方式显然更清晰立体，更容易使受众接受。因此，会做饭的人要有良好的表达叙述能力。每一个步骤，每一种配料都要用最简洁和吸引人的语言阐述。比如美食教程类账号"安秋金"，很多视频的开头都会先把这道菜有争议的地方提出来，如"小炒肉到底是用里脊肉还是五花肉"或者"红烧排骨到底是应该炒糖色还是加老抽"等，吸引大家往下看，接着再开始做菜。再复杂的菜，视频也不会超过 2 分钟。他的解说词都是走的极简主义路线。该账号的主持人安秋金在大学的时候就以良好的语言表达和逻辑思维能力吸引了他现在所签 MCN 机构的老板，也是他的学长。之后在语言上也是经历了以较快的说唱节奏到现在说书节奏的转型，才走到了如今全网 2600 多万粉丝（截止到 2021 年 7 月）的体量。适中的语言节奏和简单的解说词帮助他把美食教程类短视频的指导性发挥得淋漓尽致。

不仅仅是做饭，很多传递生活态度的短视频账号都在指导人们如何更好地热爱和经营生活：香道、插花、茶道，甚至美妆搭配，旅游健身等，旨在引导人们的生活态度更积极阳光。

这里要提到的一个账号叫"September"，制作的东西从翻糖蛋糕、高粱饴、糖画到防晒霜、洗手凝胶和耳环……仿佛只要她能想到的物品，就没有不能制作的。再加上主持人自身形象好，文案幽默有特色，每一次作品完成后，她设计的展示环节所呈现的音乐、灯光、镜头和剪辑都是视频的高潮，这也让她的所有视频在一年半的时间得到了将近 7000 万个赞。

"September"制作的小物件或食物难度都不太大，很多观看者都会根据她的视频来模仿。还有人在她所制作饮品的短视频中留言，咨询制作材料或者分享自己做不成功的原因。也就是说，她的视频在兼具让人享受美感和满足猎奇心的同时，还起到了指导作用。

除了这种能制作各种物品、食品的短视频账号，还有健身美体类的短视频账号。这类视频创作者多是专业的健身教练，会为有瘦身美体需求的受众提供正确的健身姿势示范和健康饮食建议。

二、拥有服务意识

生活服务类短视频的服务性在于"实时互动"。第一，因为短视频App的留言和私信功能，让生产者很快能接收到用户的信息反馈并及时作出内容应对，例如观众会给美体健身类账号留言：如何练臀或者瘦腿。账号不仅仅是在文字上做留言回复，还会在后面的视频中立刻示范怎样的运动才能练臀、瘦腿，这就是"服务性"的体现。第二，短视频本身就具有"短平快"的服务优势，而受众一般对生活服务类短视频也都有希望学习和了解点什么的期待，"短"时长注定服务浅层，因为时间短只能讲到一件事的表层。内容的固定"平"稳决定了服务对象的精准性，比如美妆短视频粉丝大部分是对化妆护肤有需求的人，这个账号就只平稳提供美妆内容维护和增加有这一部分需求的粉丝。"快"速的内容生产体现了服务的及时性。第三，服务到位。正因为账号会及时回复用户的需求，一旦回复就要本着认真负责的态度。因为粉丝在得到服务后的反馈也会非常及时，如果反馈不好，那账号的这次服务就是失败的，其他粉丝或者用户都会看见。所以，生活服务类短视频的服务性体现在：

（1）快速根据用户反馈回复留言或调整视频内容；

（2）可精准满足目标用户浅层需求；

（3）过程快速、及时，结果诚实、负责。

在快手和抖音上累计拥有 1700 多万粉丝的美妆账号"仙姆 SamChak"，每一次测评完各个美妆和护肤品，下面的留言几乎都是关于美妆和护肤的咨询，粉丝已经把他这里作为自己护肤和化妆的服务号，并且账号本人基本都会回复解答，以做好视频号后续的服务工作，维护和粉丝的互动性。

比如有粉丝想让他推荐好用的卸妆油或者遮瑕膏，我们可以看到粉丝当天问，他当天就会作出回复。而且美妆账号在推荐所用物品的时候，必须本着自己用过且负责任的态度，如果推荐化妆品或者护肤品不好用，等于直接砸自己的招牌，粉丝也会立即反馈到各大平台的留言中，相当于服务失败，这就会对账号的流量造成较大损失。

为什么说短视频只能做浅层服务呢？以美妆类短视频为例，美妆 UP 主可以在自己的账号内，通过文字和视频的方式，为粉丝提供商品选择、化妆和护肤的方法，但如果粉丝想要他亲自为其化妆，除非是举办线下交流会，否则类似的深层服务要求是无法在短视频账号内得到满足的。

三、发挥地域特色

生活服务类短视频中的美食文化类和旅游分享类最具有地域性特征。

地域性，顾名思义就是短视频内容和地区相关，不同的地区有不同的环境文化特点，去到不同的地方，风土人情自然不一样，因此旅游分享类的账号天生就具有地域性。

美食文化类短视频的内容也是与不同地区的环境文化特点息息相关的。各个地区都有自己的代表性美食，且不同地区的人口味不同，比如云南人、贵州人、四川人和江西人嗜辣、东北人喜欢吃炖菜、广东人喜欢喝汤，等等，并且这几个地区的人说话方言特征明显，如果制作美食类短视频，很多账号会直接用方言出镜或配音，就主打吸引本地粉丝。还有专门只探店一个地区美食的账号，比如"肥仔吃深圳"就是探店深圳的所有美食店铺，主页 Slogan 也是"来了就是深圳人，不知道吃什么翻我视频"。

另一个美食探店视频创作者张喜喜特别能吃辣。她的主页看似没有地域性，在全国各个地方到处吃带辣味的菜，可是正因为她全国各地都跑，因此她的粉丝也是来自全国各地。大家看到她来到了自己所在的城市探店，并且吃的都是很多当地人都不了解的有"辣菜"的市井小馆，因此她去到一个城市探店，就会收获一部分当地的粉丝。她探店的每一个城市都至少会出3~6集，账号主页视频名称也是有非常清晰的"地名"标题，是具有强烈地域性特色的美食探店类账号。

四、根据季节生产内容

　　季节就是时令、时间。如果生活服务类短视频账号所推出的内容会根据不同的时令节气，不同的时间段推出相贴合的内容，满足用户在不同的时令在生活上的需求变化，这样的短视频内容就体现了生活服务类短视频的季节性。

　　在生活服务类短视频中季节性最明显的非李子柒的作品莫属了。她在2015年开始拍摄制作美食的短视频，2018年初开始走红。她是墙外开花墙内香的典范，她获得了境外视频网站，也就是本书开头提到的发布第一个19秒短视频的YouTube的白银创作者奖牌，[①] 那时她的境外粉丝数刚突破100万（2021年6月已经达到了1500多万）。

　　她发布的视频的季节性表现在不同的季节、节气都会推出和时间段相匹配的食物。比如春分时，她会挖野菜，并以野菜为食材制作各种食物；清明时，她会拍摄制作桃花青团的短视频；到了夏天，她开始采茶炒茶……关注她的视频，人们仿佛不用看日历就能知道到了什么季节和节气，她在自己的视频里用不同的方式展现大自然的时间轮回。

　　当然，还有很多健身美体类的账号专门在春节过后推出强效减脂操，

---

① 范佳来. 李子柒海外粉丝破千万，成YouTube中文创作第一人［EB/OL］.（2020-04-29）［2021-09-01］. https://baike.baidu.com/reference/22373329/8976s8TS3N6-KQLs8GJLsGh_SCeYuPSdUgNjQpKZU0jjWgD7T_krszEiOvbl_hS8csJzEGqrhq-IGr6qGmlPwmbux8Co-cVxSS48_NXRfA.

也是"季节性"的体现。

还有美妆搭配类的账号，根据不同的季节推出不同的护肤品推荐。比如冬天大家皮肤偏干，就需要保湿功效强的护肤品或者粉底液，夏天皮肤容易出油，就需要控油产品等。衣着搭配推荐也是同样的道理。如果在夏天推荐冬天的衣服，首先观感上就会给人不太舒适的感觉，也无法让观者产生"衣服到了我就能穿上出去逛街"的冲动消费感，并不利于被推荐产品的销售。因此，生活服务类短视频遵循季节性的原则才能抓住粉丝和流量。

五、传递艺术审美

短视频遵循的是高频推送的原则，因此很多视频的诞生并没有太多的精雕细琢。但不去精雕细琢并不意味着艺术性的丧失。尤其是生活服务类短视频，无论是化妆穿衣、做饭吃饭，还是健身美体、旅行游览，都离不开镜头的景别构图、光线的强弱流畅、人物的角度表情和景物的线条色彩等。这里的艺术性并不是指人物一定要美，打光一定要严谨等，而是在视频里基本的构图、光线、角度和色彩上都要安排周到。比如现在的很多旅游分享类的 UP 主，就其制作的色彩色调的艺术性来说基本分为两类：一类是较真实展现当地人文与自然风光的旅行 Vlog 或者旅行短视频节目，如《侣行》；另一类是走文艺唯美路线，色彩精致的账号，如"房淇 kiki"。无论是哪一类，就算是直接用较真实色调制作的旅游节目，镜头、景别、光线无一不是经过精心设计和准备的。比如《侣行》中的夫妻主人公张昕宇和梁红，两个人在旅行中的对话都很真实、自然，但是镜头什么时候给到丈夫张昕宇，什么时候拍摄妻子梁红，一定要事先安排好。

除了旅游分享类的短视频，很多以人物为主的健身美体类短视频，对人物角度的拍摄也是非常讲究的。例如，什么角度可以既让观众看清健身老师所做的动作，又能保持被拍摄人物的美感；后期什么样的音乐可以既有运动的氛围，又符合大众的审美取向等。视频拍摄制作者在考虑这些的时候都是在为生活服务类短视频的"艺术性"服务。

美食美妆类就更需要讲究"艺术性"了。化妆品用在人脸上是否好看、什么光线才能让衣服看起来色彩舒适、食物怎么拍才能让人有食欲等，如果视频生产者不把这些因素考虑进去，那"美妆"、"美食"和"美体"的"美"字就毫无意义了。

第二节 生活服务类短视频的要素

除了以上的特点以外，生活服务类短视频还需要有几个必备的要素，这些要素是构成视频主旨的必要因素。对于生活服务类短视频，我们先用一个简单的金字塔图来表现各个要素之间的关系和排序（图6-1）。

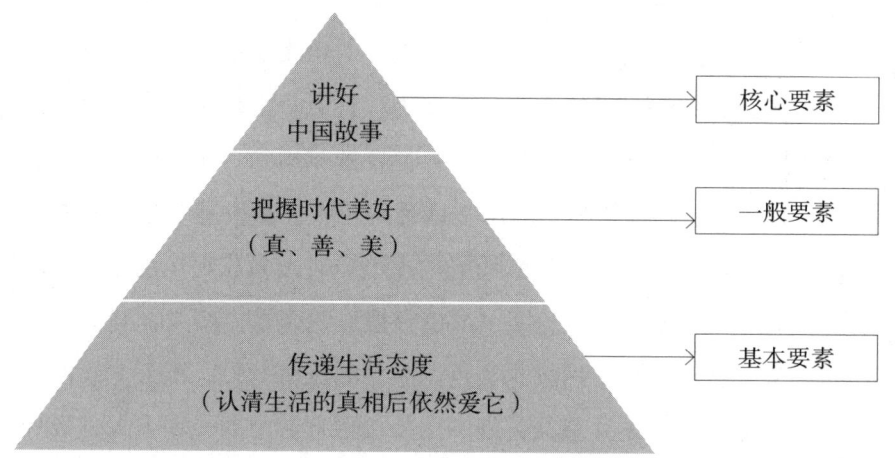

图6-1 生活服务类短视频各要素的关系和排序

一、传递生活态度

生活服务类短视频的"生活"两个字就是指人们的日常生活，但人们依然想在短视频中看到高于生活的内容。什么叫作"高于"生活呢？任何人的生活都有美好和烦恼的一面，我们可以客观展现，但在短视频的情绪上要发扬积极的生活态度，就像罗曼·罗兰在《米开朗琪罗传》中所说的——"认清生活的真相后依然爱它"，我们要从各种内容中感受到美好情绪，热爱和感恩生活。这是生活服务类短视频的基本要素。

这里不是说我们要忽略掉生活的负能量，而是要从生活中（哪怕不美好的一面）找到继续积极生活下去的动力。就如一个叫"柒哥（努力学做美食）"的账号，从名字可以看到作者还在学习烹饪的阶段，所以我们经常可以从他模仿别人做菜的视频中看到"翻车"。大家给他点赞的心理，一部分是觉得好笑，一部分是在鼓励。他毫不避讳自己做糕点的失败，并且很聪明的以此为亮点来获取粉丝。当大家都看惯各种厉害的美食博主制作的精致菜肴时，他的出现让大家看到了做菜屡屡失败或者并不那么精致的自己，粉丝们在他制作的一次次"不美好"的菜品中，有了对下一次"更美好"的期待。点进他的主页，我们确实能看到他在制作菜品上的点滴进步，这让粉丝们有了"养成系"的心理，并从他的成长中看到了一个普通"做饭人"努力努力再努力的生活态度。虽然该账号已经于 2022 年 3 月 18 日停止更新，但是 UP 主留下的一个个或成功或"翻车"的做菜记录，都是在展现生活中有趣的真实。

如今生活节奏较快，很多人都没有时间停下来享受生活的宁静和美好，于是占据大家碎片化时间的短视频就需要具备让人产生积极情绪的要素。视频生产者首先得是积极阳光的人，也只有这样生活态度的人才能在如今快节奏的生活中创造出充满感恩与热爱的短视频作品。

二、把握时代美好

每个人的小生活汇聚成了时代大生活的蓝图。生活服务类视频生产者所肩负的责任，是让人们感受到大时代背景下的"真善美"，把握住这个时代的美好时刻或者记忆，这也是生活服务类短视频的一般要素。

在抖音和快手上累计 2800 多万粉丝的账号"蜀中桃子姐"是传递时代美好的典范。该账号作者桃子姐的"真"让我们在她的短视频里看到了农村普通人家的家长里短。她的美食短视频的特点是能将各种复杂的菜变得简单化。她和丈夫孩子边聊天边在农村常见的柴火灶台上做出一道道"大菜"。丈夫包立春始终负责烧柴火,夫妻间的对话俏皮可爱,甚至还会吵架冷战。她的两个孩子也是性格鲜明,她该管教的时候,哪怕在做饭,训斥起来也一点都不含糊,该亲昵的时候,也会把孩子抱着亲个没完。而且这些"大菜"不管是红烧的、水煮的、麻辣的、酸辣的还是蒜香的,桃子姐始终在用最简单的做法和语句展示给大家看,讲给大家听。

"善"体现在对父母的孝顺与家庭的和谐。桃子姐和她父母的家都住在山里道路坑洼不平的地方,每一次回娘家,她和丈夫都大包小包拿着一大堆东西。回到家以后,如果父母在农忙,桃子姐一定会下地一起做农活儿。只要她回家,基本都会让父母休息,问问父母想吃什么,然后自己来操持一家人的饭菜。这个过程中,和母亲吐槽一下丈夫,听母亲也吐槽一下父亲,聊一聊孩子,说说这顿饭的做法,和父母的相处和谐而有趣。

"美"在于她用最简单的烹饪工具和最朴素的柴火灶台,做出了一道道程序复杂的中餐和西餐,并且摆盘漂亮。

我们在视频里感受到的是一个农村家庭主妇生活的美好,是乡村振兴战略下他们对自己生活高度满足的状态,这是对一个时代的美好记录。

三、讲好中国故事

习近平总书记在主持中共中央政治局第三十次集体学习时强调,"讲好中国故事,传播好中国声音,展示真实、立体、全面的中国,是加强我国国际传播能力建设的重要任务",并指出,"要加快构建中国话语和中国叙事体系,用中国理论阐释中国实践,用中国实践升华中国理论,打造融通中外的新概念、新范畴、新表述,更加充分、更加鲜明地展现中国故事及其背后的思想力量和精神力量"。① 这也应该是生活服务类短视频的核心主题。

而"讲好中国故事"的典范，我们不得不再次提到李子柒。

李子柒的原创视频一直在展现中国劳动人民最朴实的耕种劳作和衣食住行，还有她和奶奶日常却深厚的亲情陪伴。我们在她的视频中会看到中国山村田园的秀丽之美，以及中国人民大气且细腻的生活方式。

一个身材纤瘦的四川姑娘，可以自己砍下高大的竹子，用各种男人拿着都费劲的工具做竹床，还可以一片一片捡拾花瓣并用精致的烹饪器具制作桃花纯露，有劳动力量也有少女情怀，展现了中华民族的传统文化和"中国之美"。我们可以看到大家的评论除了"Amazing"外还有他们自己对中国文化的领悟：阴阳平衡、神秘、和谐等。

在短视频领域，用我们中国人自己的方式，向全世界展示真实、立体、全面的中国，是这一代短视频生产者的责任担当。

第三节　各类型生活服务短视频的内容生产策略

生活服务类短视频是一片竞争激烈的红海领域，很多 UGC 想进入短视频行业的时候都会选择这个类别。从表面上看，这个类别内容门槛低，因为人人都在生活；类别多，男女老少都可以找到自己的类别；拍摄难度低，拿起手机就可以随时随地记录；共情概率大，化妆、吃饭、健身、旅游总有一款有你的参与。

那么，我们了解了生活服务类短视频的特点、要素之后，怎样才能让各类型的生活服务类短视频具备这些特点和要素呢？这就需要我们在短视频生产过程中遵守一些策略。本节笔者分别介绍美妆搭配类、美体健身

---

① 袁军. 提升中国核心术语国际影响 加快构建中国话语体系［N/OL］. 光明日报，2022-04-21［2022-08-08］. https://baijiahao.baidu.com/s?id=1730649106110341250&wfr=spider&for=pc.

类、美食文化类和旅游分享类短视频的生产策略。

一、美妆搭配类

根据"卡思数据"《2019年美妆短视频KOL营销报告》[①]来看，快手和抖音KOL（关键意见领袖）投放的十大行业中，美妆行业在这两个平台都是排名第一，且80%都接过商业广告。但大多数美妆账号都会专攻化妆品和护肤领域，衣着搭配账号都会专攻衣、帽、鞋和包领域，很少有美妆和搭配都涉及的。但下面我们要介绍的粉丝千万级的账号，就是衣着搭配和美妆都涉及的"豆豆_Babe"，在抖音、快手、小红书和B站累计粉丝量有1900多万。我们先从三个方面分析其生产策略。

1. 主持状态活泼真实

该账号作者豆豆曾在传统媒体做过访谈节目的主持人，需要使用高雅庄重和平实正规的话语体式。但是做短视频则不一样，她的整个状态和说话方式是多变的。除了叙述和讲解以外，还会有表演的元素掺杂其中，声音也经常忽大忽小，就像你身边活蹦乱跳的小姐妹在给你推荐化妆产品、衣饰搭配。而在有一期她推荐香水的短视频中，开头就对着镜头打了个喷嚏，她也没有剪辑掉这个片段。所以大家在她真实的视频状态中更多看到的是日常生活中的自己，和用了她推荐的衣服、化妆品后更美的自己。归根结底，我们的目的是要在美妆搭配类短视频中找到更好的自己。

2. 解说词个人风格强烈

豆豆能够在美妆搭配这片红海领域脱颖而出，除了优越的外貌条件以外，也和她文案解说词有强烈的个人风格密不可分。豆豆在向受众推荐自己所用产品时，语言生动、状态活泼，让人感觉她和受众是"无话不谈"的朋友。她的语气和表情、神态都比较夸张，也会把自己在生活中的状态

[①] 卡思数据.2019年美妆短视频KOL营销报告［R/OL］.（2022-01-30）［2022-02-01］.
https://max.book118.com/html/2022/0129/6230013020004114.shtm.

较真实地展现。在主持词的内容上，豆豆总说自己身材很娇小，脸上时不时起痘，就和我们千千万万的普通姑娘一样。这样的"自曝缺点"让她一下子就拉近了和粉丝之间的距离。

还是要说到她很多期比较经典的介绍香水的视频。为什么要以香水为例，因为气味的描述是最难、最抽象的。豆豆在她的方案中用巧妙的方式把气味具象化，让大家仿佛真的闻到了香水的味道一样。比如她介绍一款花香味的香水时，她会说"你可以闻到它里面还有绿色的汁液的味道……××品牌是找到了植物原本的味道来出发……这瓶很适合夏天"。为什么这段词看似简单却很精准？因为香水有花香众所周知，这一点她并没有强调，但是香水有绿色汁液的味道就不常见，而且大多数人都闻过叶子汁水的味道，受众听到就可以立刻联想。然后她又强调这个品牌用的是植物本身的味道，这个就告诉了受众品牌调性，说明这款香水的味道没有经过过多修饰，很本色。而"适合夏天"又给大家推广了香水适合的季节，从侧面说明它的味道一定不是甜腻热辣的，因为夏天需要的是清爽。

她在评测另一款带有一点辣椒味的香水时，还会有场景的描述，"它这个味道特别像是把小米辣泡到了一杯冰水里面，让你喝下的感觉"。小米辣——辣，冰水——冰，小米辣泡在冰水里——又辣又冰，喝下——刺激。短短的一句话，也让人立刻有了对味道的具体感受。

3. 为用户精准定位

当然，推荐负责任的产品和服饰搭配是最关键的。文案写得再精彩，产品不过硬，衣饰搭配不适合普通人也无法获得优质的粉丝流量。豆豆推荐的产品一直分为两个档次，也就是为用户做了定位，并且根据这个定位生产不同的内容。她的定位一类是为学生党准备的平价好物，另一类是为上班族准备的价格较高的化妆品、衣饰。而且她推荐的产品在大家用过以后确实好评颇多。什么牌子、适合什么人群、怎么用、在哪里买，她都会用自己精心准备的文案清楚地告诉受众。而在衣饰方面，她既讲究个性，也不会推荐奇装异服，本着舒服耐看的原则推荐一些既好搭配又不乏设计感的衣饰。

二、美体健身类

健身行业每年都有各种各样的 KOL 榜单，但都不是权威机构的发布，因此，统计方式也不是最科学权威的，本书为了保持严谨性都暂不采纳。虽然没有权威的官方排名，但是在自己的账号名字中直接加入"减肥"二字的短视频 UP 主粉丝量就会比较理想。比如账号"雪总有氧健身运动"和"超凡健身训练营 – 小明老师"，账号名称直戳大家痛点，每期短视频内容也是粗暴直接："无蹲不翘臀""上半身脂肪多这样做"等。

通常美体健身类的账号做到 300 万以上的粉丝量，就已经算美体健身短视频类的头部账号了。这和美食美妆头部 KOL 动辄 1000 万以上的粉丝量不可同日而语。后面我们会说到原因。

在很多人的观念里，健身锻炼不是"看"来的，还是需要线下到健身房、瑜伽馆里和教练一起运动。虽然一些健身美体账号也抓住了大家要"跟着一起做"的需求，每天会在固定时间开放直播，打造"云健身房"，让用户跟着一起锻炼美体，但是粉丝的增长依然不够理想，这和人群定位不明确有一定的关系。

如果说把"健身"和"美体"区分开的话，中国女性比起健康的肌肉，大部分在心理上更希望自己拥有纤细秀美的身段。于是，就诞生了在抖音和快手上的美体头部账号"刘芳形体礼仪"。下面从四个方面分析该账号的生产策略。

1. 吸引目标用户的标题

该账号作者刘芳的短视频作品直击女性刚需——如何变美、保持美。刘芳自身外形条件优秀，面容姣好，身材完美，会让受众感觉如果跟着她锻炼就可以拥有她的身材。并且她会在自己每一段短视频中加入吸引女性的标题：《慢慢好起来的从来不是生活，而是你自己。想让生活好起来，先努力让自己好起来》《改变最快的方式，是去做你想做的事。改变的最快的时机,就是你开始行动的时候》《生活没有注定的结局,之后不够努力的过程。坚持下去,你就是最棒的自己》。

这些标题迎合了很多 30+ 女性在生活和工作的琐碎中,情绪需要出口,但又不能跟人详细倾诉,只能看看"鸡汤文字"励志发泄的需求。

因此,一个符合她们生活与情绪现状的标题就恰到好处地迎合了目标用户的审美。

还有 B 站拥有 800 万粉丝的健身账号"周六野 Zoey",每期短视频标题的人群定位明确,如《小肚子减不掉?体重不变?身上有生长纹?减肥运动,我希望早点知道的 7 件事!》《15 分钟瘦大腿运动,7 天瘦身计划》等,简单明了,大家根据标题就能各取所需。

2. 感染用户主动锻炼

该账号目标很明确:打造健康自信的女性,无论是从精神还是身体上。在每一次形体训练的直播中,刘芳和几位助教老师都会从细节处来详细讲解动作要领,并且也会贴心地告诉大家各个动作适合与不适合的人群。

美体健身类的短视频账号跟其他类别相比是总体粉丝数量最少的,这也和人本能的"惰性"相关。吃喝玩乐是大家工作学习以外的永恒主题,但又随着普通百姓物质生活的富足,对自己外在形象的打造也成了刚需。外在形象,除了脸,就是身材。脸可以化妆,保持身材就比较难了:要节食,要锻炼。无论哪一个都需要极大的自律和自我约束力。那么怎么才能让人主动锻炼呢?让短视频在情绪上带动用户主动锻炼就成了关键。

刘芳视频号在 2021 年 3 月 15 日发布的一条视频单日涨粉 59.8 万,标题为《女人不能停止学习,不能放弃美丽,不能依靠他人》。这种"鸡汤式"的文案配上刘芳带着 100 多人共同做形体训练的场面,镜头先是从她的中景推开,再到她的全身镜头,我们可以看到下面都是身材面容姣好的女性在跟着音乐和刘芳的口令一起互动锻炼,场面壮观,在情绪煽动上的确会吸引很多粉丝。

3. 打造个人知名 IP

刘芳曾经接受过央视主持人朱迅的专访。在专访中，她对自己的美体心得娓娓道来，并且在节目中，全程坐姿优雅挺拔，并且还介绍了自己所开的礼仪学校，这个专访的经历对她个人知名度的提升有很大帮助。

4. 直播内容固定专业

现在的短视频 UP 主在有一定的粉丝量后，大部分会做一些带货直播，刘芳也不例外，但是她的带货直播除了卖东西，还会穿插脸部的运动教学，也算是一种新颖的直播带货方式。

美妆 UP 主在直播时，基本都卖化妆品和护肤品，美体 UP 主在直播时，都是卖一些营养保健品或者母婴用品。刘芳的特别之处在于，直播卖了几种产品以后，会特别自然地衔接到脸部的一些运动操的示范上来，时刻提醒大家她的身份和专长。

在她短视频账号的介绍中，除了她自己的身份头衔外，还有她每周的直播固定时间：每天上午 8：00—10：30，晚上 7：00—9：30。美体健身类 UP 主的直播频率需要比其他类型 UP 主更频繁。如果不能保证每天或者高频直播带动大家一起锻炼，那么这个健身美体账号就很难维持粉丝或者涨粉。

三、美食文化类

"民以食为天"——美食文化类短视频自然属于红海领域，到各个短视频 App 和应用搜索"美食"二字，成千上万的 UP 主都在用自己的方式争取着流量，但除了"李子柒"和"蜀中桃子姐"，展现的是中国传统文化和中国传统乡村之美外，能真正把"美食"和"文化"自然顺畅嫁接在一起的美食 UP 主确实不多。美国人类学家克利福德·格尔滋定义文化是"人类为了传达关于生活的知识和态度，使之得到传承和发展而使用的、以象征符形式来表现的观念的继承体系"。也就是说，文化的两个重要特征是符号性和象征性。

每个国家、每个城市、每个乡村都有自己的饮食文化，UP 主也都来自全国各地甚至世界各地，饮食在很多地区是当地的符号，比如担担面之于成都、锅包肉之于东北，同时，也是当地文化的象征，比如重庆的火锅，也体现了当地火辣直率的人文环境，比如杭州的龙井虾仁，其繁复的制作工艺也体现了江南人细致讲究的生活方式。

我们先来看自己做美食的 KOL 代表。

1. 确立美食文化风格

李子柒的自然精致，桃子姐的乡土朴实，都是乡下山林中人文生活的符号象征。当然，还有城市家庭美食文化的传承者，在抖音和快手上拥有 5000 多万粉丝的 UP 主麻辣德子就是"家庭煮夫"的文化代表。他的每一期视频都是 50 多秒至一分多钟，常见开场白："大家好，今天给我媳妇做一个××。"或者是弟弟问他："哥——哥——哥，你今天晚上吃啥啊？"家庭式的烹饪方法，一家其乐融融地大快朵颐，让人看到、听到的是丈夫对妻子和家庭的快乐奉献。

李子柒传递的是利用大自然的馈赠，用自己的精致方式来传承的文化风格。

桃子姐传递的是在最简易的灶台上，做出一家人吃得和和美美菜肴的文化风格。

麻辣德子传递的是在城市小家庭的厨房中，真诚自然做饭的文化风格。

不同的文化风格收获的是不同定位的粉丝，在传承不同美食文化风格的过程中，展现了同样美好却又各不相同的生活态度。

2. 菜品做法化繁为简

麻辣德子做的菜，从麻辣小龙虾到甜品"米老头"，每一种食物都是一家人一起分享，他的视频时长较短是因为：他将琐碎的烹饪程序化繁为简，大家利用自己的碎片化时间就可以学会一道菜，并且在学做一道道菜品的过程中看到他人的美好生活。

麻辣德子的视频在开头都会有扮演的成分，他的家人或朋友会拿着食材过来找他，请他用相应的食材做一道菜，他都会故意犹豫一下，再答应。接着，他就会在自家的厨房操作。我们每次看他视频的时长只有一分多钟，都会觉得菜品的制作特别简单，实则不然。比如，凉拌红油杏鲍菇，程序不复杂，但是需要加的调料较多。视频中每次菜量都非常大，其实做起来是很有难度的，尤其是一些用法用量来不及交代，大家就根据视频展现的分量来模仿。他的视频都会快速展现做菜步骤，而且每个步骤只有一句话。凉拌杏鲍菇的过程他总共只用了 11 句话，且只有第六句与做菜过程无关，绝对简单清晰、化繁为简。

（1）将杏鲍菇下水给它洗干净。

（2）洗干净之后从中间给它切开。

（3）咱们这个杏鲍菇啊上汽蒸，蒸 15~20 分钟，蒸熟就可以。

（4）咱们蒸好之后给它取出。

（5）咱们将这杏鲍菇给它撕成小朵。

（6）这个拌起来比肉还好吃。

（7）撕好了杏鲍菇里面加点蒜末、来点葱花、来一勺小米辣、来一丢丢芝麻、再来点辣椒粉。

（8）起锅烧点油，油温 100 成热，浇油。

（9）里面来点生抽和蚝油、稍微来点白醋，一点白糖和盐。

（10）咱们加点香菜啊，不吃香菜的可以不加。

（11）完了之后咱们给它抓拌均匀。

麻辣德子交代做菜过程不仅不啰唆，而且很口语化，让人有一种他就站在旁边一对一指导的亲切感。

看完做菜 KOL 视频的生产策略，我们再来看看美食探店类 KOL 的视频生产策略。

3. 树立独特人设

我们以抖音账号"真的浪胃仙"为例。他的网红职业生涯是以"吃播"

起步的，在成为美食主播之前，现实生活中的他胃口奇大，并且还吃不胖，这一"特长"让他直接签约了公司，成为以"吃"为主的 UP 主。他以"实打实地吃，绝不催吐"为卖点。他的点评比较真实，出镜状态活泼有趣。

他在长沙的一期节目中，因为餐馆的风景太美，像是在西湖边上，他在一开头就喊着"许仙！许仙！"且动作夸张。开始吃的时候，有一道菜叫"倾国倾城"，他故意让服务员说了很多遍，最后他对服务员说了一句"谢谢"，于是"倾国倾城"这一小段梗立刻成为大家为这段视频留言的焦点。

他的人设就是"能吃而幽默"，再加上他解说词颇具特点，给网友留下非常深刻的印象，截至 2021 年 7 月，他的全网粉丝量已经达到了 7000 多万（抖音、快手、B 站、微博、小红书）。

虽然"真的浪胃仙"在 2022 年 3 月因为和其所属的 MCN 机构出现了账号归属权问题的纠纷，并且让粉丝对创作者的人品产生了质疑，但其对于美食探店类短视频的人设树立的方法，还是值得研究的。

4. 解说词有趣直白

有一期视频中，主播浪胃仙在吃鸡汤馄饨的时候直接脱口而出："好鲜美，仿佛在坐月子。"直接把这个鲜美的味道赋予了场景，这种形容又好笑又确切。他的解说词都是这种"突如其来的幽默"。有一次，他去杭州吃当地的特色面食"片儿川"，因为他长期生活在重庆，吃的是味道浓烈的重庆小面，觉得"片儿川"味道太清淡，就说自己像在康复中心吃饭一样，这个场景的比喻又会让人觉得有趣直白又非常准确，想不记住都难。

四、旅游分享类

旅游分享类的短视频，就是用旅行者的眼睛带着用户去旅游的体验。因为新冠肺炎疫情的影响，2020 年很多旅行自媒体账号都停更了，或者是做了一些和旅行关系不大的其他内容。2020 年底开始，部分旅行账号开始渐渐恢复高频推送，但基本都是国内的各个旅游目的地内容了。

旅游分享类的账号大致分为：看似较随性实际有精心剪辑的旅游过程Vlog记录，如"itsRae"；视频里带有某个明确目的地的旅游攻略，如"破产兄弟BrokeBros"；介绍世界各地风土人情和分享旅行路上酸甜苦辣的旅行微纪录片，如《侣行》；还有就是接下来要说到的展现祖国大好河山的"房淇kiki"。

旅游分享类的账号除了用视频带大家到没有去过的地方以外，还在经济层面带动了大家的旅游消费意愿，尤其是头部旅游分享类账号还可以在一定程度上促进当地的旅游经济。当然，在情绪层面，我们还可以在足不出户的时候，尤其是新冠肺炎疫情期间，感受到异地的诗意与美好。

下面从三个方面分析旅游分享类短视频的生产策略。

1. 解说词创意共情

"房淇kiki"的旅行短视频除了画面唯美外，还把热门小说、热门影视作品和古代的诗词歌赋恰到好处地放到视频文案里，这是该账号视频的最大特色。主播房淇用了15个月的时间，做到了全网1000万粉丝（截止到2021年6月已经达到了1500多万），再加上之前她在中央电视台做过主持人的经验，出镜状态自然清新，为视频加分不少。

在她的视频中点赞量最高的是福建土楼这一期（截止到2021年6月达到186.4万），她将这一期视频和国产动画电影《大鱼海棠》做了诗意的结合，甚至特别拍摄了相似的景别，引起电影粉丝的共鸣，把大家再次带入了《大鱼海棠》的世界。

还有她自己拿来举例的优秀文案代表——2020年1月发布的"黄山"，一开场便说道"徐霞客说，'登黄山，天下无山'"。她说很多文人墨客都有写黄山的诗句，为什么选择这一句？因为第一，她这个视频就是要强调黄山是一个睥睨天下的豪情少年，是带着狂妄的，所以要用这句狂妄的诗句做开篇；第二，徐霞客是历史上最伟大的旅行家之一，他的话有权威性。之后她描述黄山的文案就会有徐霞客的这句话作为可以"狂妄"的资本和证据。

还有她在成都旅游的文案:"人说少不入川,我说少要入川……天府之国对你说,余生很长,何必慌张。"短短几句话,我们体会到了成都的悠闲、安逸和包容。除了恰到好处的诗词歌赋,包括刚才说到的她写黄山,说明她还很擅长将某个景点和城市拟人化,拟人化的好处在于让自然景物城市景观生动逼真,引起大家情绪上的共鸣。

她解说词的共情基础在于唤醒大家的一些影像回忆,还应和中国古诗词的博大精深,从传统文化层面引起大家的共鸣。

2. 镜头设计讲究

除了她的主持和文案,镜头的大气唯美也是她视频的优势之一。无人机拍摄的气势磅礴的大全景、人物脸部各种角度的特写、对自然景观活泼有创意的运镜等元素都是粉丝为其点赞的理由。

她的视频基本都是以大全景开场,最后大全景结尾,以呈现"总—分—总"的结构。解说词也和镜头配合精准,拿她2021年7月一期的海南棋子湾视频来解读,人物在景色中大部分是"陪衬"作用,动作幅度小,动作节奏缓慢,目的是用来配合中板速度的背景音乐。

而海边的旅游分享,肯定会有日落。视频一开头,太阳在房淇的身后,和她的头部在一个平行线上,这时的她并没有静止不动,而是刻意有一个往左看的动态中景,这时候的画面就是活泼而唯美的。视频中加上海天一色的延时拍摄来诉说时间的流逝,镜头制造的纯美大气感扑面而来。

3. 主持配音情感充沛且自然

纵观房淇的职业背景,之前担任过中央电视台的主持人,自己又是编导专业出身,因此画面风格和主持状态如何结合是她比较擅长的领域。她的短视频一直走的是老少皆宜的"节目化"风格,解说词文案精心打造、镜头景别多样华丽、画面色调明亮鲜艳、音乐简单易理解。总的来说,就是符合大众审美,她视频创造出的"美"是普通人一下子就能领会的。

因此,她的主持风格也和她片子创造出的整体风格一样是明亮清新的。仔细分析她的所有视频，可以发现她的主持词和配音词在片中一直是无缝衔接的，剪辑也非常自然。主持的时候她永远会脸带笑意转向镜头，且她的"笑"也是恰到好处——清新风格的短视频，基本都是露八颗牙齿的标准美人笑。她主持和配音的语态完全一致，所以切换的时候不会让人有违和感，观看者从她的语气中可以感受到她是一直提着颧肌在说话，声调不高不低，比较符合她情感充沛的解说词，但是又不会因为情感太过饱满而让人产生距离感。

因为之前当过主持人的缘故，她的吐字发声也比一般 UP 主字正腔圆，就算没有字幕，受众观看视频也是不累的。

虽然我们只将生活服务类短视频分为四类，但按照衣食住行来说，还有一些房产和汽车的账号我们没有重点分析。原因之一在于这两个类别还没有完全形成大范围的矩阵，只有个别突出代表，比如在抖音和快手 App 上将近 4000 万粉丝的"虎哥说车"与"猴哥说车"，还有全网粉丝量 1200 多万的（抖音、快手、B 站、微博、小红书）"说车的小宇"。房地产领域的话，如果要找粉丝量在 500 万以上的房产大 V，就更少了，因为房地产领域涉及房地产、经济、民生等多方面的知识，能够全面将这几方面知识消化并用大家可以接受的方式输出的人，至少在目前的短视频领域，并不多。原因之二在于这两个领域比较专业，比美妆、美体、美食和旅游的门槛高，能够直接参与的人较少，即便有参与，除了几个头部账号，大部分短视频的质量也并不高。

思考与练习

1. 生活服务类短视频有哪些特点？
2. 生活服务类短视频的要素有哪些？
3. 生活服务类短视频分为几类？他们的生产要素是什么？

第七章 知识教育类短视频的策划与制作

2021 年 8 月，快手发布了《2021 快手内容生态半年报》[①]，在这份半年报中我们可以看到，科普和泛知识类短视频开始崛起，在时长 60 秒的短视频中，法律、科学、财经、读书、军事、历史等知识类的内容排名前十位，并且在 2021 年 6 月，快手推出知识直播 IP "快手新知播"，联动 100 名知识大咖、50 余家专业机构，以及超过 1000 名快手知识主播，在三个月内不间断带来上万场知识直播。可以说，快手已经成为泛知识学习平台。而在 2021 年第九届中国网络视听大会上，B 站董事长兼 CEO 陈睿谈到 B 站泛知识内容视频播放量占比达 45%。本章内容将探讨各个短视频平台知识教育类内容的发展现状以及知识教育类短视频的特点、要素和生产诀窍。

因此，本章你将学到以下内容：
1. 知识教育类短视频的特点；
2. 知识教育类短视频的要素；
3. 知识教育类短视频的生产策略。

---

① 快手大数据研究院. 2021 快手内容生态半年报［R/OL］.（2021-08-11）［2021-09-01］. https://max.book118.com/html/2021/0809/8123053121003131.shtm.

第一节　知识教育类短视频的特点

据艾瑞咨询与百度智能小程序联合发布的《2020 年中国移动互联网内容生态洞察报告》①显示，在 2020 年，受新冠肺炎疫情影响，观众对于科普纪实、新闻事实等严肃向内容的关注增加，平均增幅高达 16.7%，生活服务类的内容同样增长，而娱乐类的内容则出现了小幅下滑。优质严肃向内容已经成为短视频内容创作的新趋势，大量创作者向这个领域的涌入也促进了知识教育类内容多样化和优质化的增强。竞争促使进步，知识教育类短视频的门槛较高，很多产业或者视频类型反而没有在进入白热化竞争阶段出现"鱼龙混杂"的现象，所以这一类型短视频的基本特点更加鲜明突出。

一、严谨的专业背景

"知识"和"教育"都是必须具有严谨性的，"严谨"的意思是严密谨慎和严密细致。无论是什么类型的知识和教育，"专业的人干专业的事"才可以严密、谨慎和细致。比如在抖音 App 上一直进行趣味英语教学和语言趣味展示的"Adam 陈老丝"，虽然经常有看似和英语教学无关的、模仿泰国口音说英语的趣味视频，但目的是引起大家对英语的兴趣和为自己引流，毕竟让人发笑的内容会让人印象深刻。作者陈老师在自己模仿"泰式英语"大火之后，就开始生产较多的讲解英语知识的视频了，虽然中间还会穿插"泰式英语"的梗，但他对英语知识了解的专业性，会让受众觉得自己是在开开心心地学知识。

---

① 艾瑞咨询.2020 年中国移动互联网内容生态洞察报告［R/OL］.（2021-07-28）［2021-09-01］. https://max.book118.com/html/2021/0728/5043331243003320.shtm.

陈老师本科毕业于四川外国语大学，保研同济大学英语口译硕士，现实生活中是大学英语专业的教师，还经常担任大型会议的同声传译工作。这就是他的"专业性"——如果要做英语知识类UP主，你就需要有让人信服的英语教育和从业背景。

还有在全网（抖音、快手、B站、小红书）拥有2500多万（截止到2021年8月）粉丝的"无穷小亮的科普日常"，平时所发的短视频有一个《网络热门生物鉴定》的专栏，专门辟谣大家在网络上鉴别错误或者为了获得流量而欺骗大家的"伪劣生物"：比如晚上从水里露出半截身子的人，因为光线昏暗被一些别有用心的网友说成了"水猴子"，或者有人把葡萄现插在树枝上，说是稀有品种"青蜜王中王树葡萄"和"红玫瑰树葡萄"欺骗消费者，这时候，作者小亮就成了生物界的"打假王"。当然，他可以有理有据的"打假"和在打假的同时普及生物知识，都因为他的专业性。具体体现在两个方面：一是他的职业背景——《中国国家地理》融媒体中心主任、《博物》杂志副主编、中国科普作家协会生态专委会委员等；二是他的教育背景——中国农业大学昆虫学硕士以及他获得了2017中国科协十大科学传播人物。这两大背景就足以说明他账号内容的"专业性"。

因此，知识教育类短视频的专业性应该主要体现在生产者的文化教育水平、职业工作类别和获得的奖项荣誉上。

二、降低知识门槛

在短视频领域生产知识教育内容，目的还是让受众吸收知识。受众通过短视频App吸收的知识，很大一部分都是自己所从事的专业领域之外的。那么对于非自己专业领域的知识，受众要求的不再是精和钻——略知皮毛，或者知晓某个领域知识最具有代表性的部分就已经可以满足大众的需求。但是，怎么样让受众快速理解自己所需求的那一部分呢？这就要求知识教育的传播者把知识的内容通俗化，降低知识门槛。

1. 拉近知识距离

拉近知识与人的距离意味着筛选展示的知识内容不可晦涩难懂。比如一些科学、经济等的知识，视频策划者所要做的，是将这两个领域常识类的内容展现给大众——找到科学和经济与我们生活联系紧密的那部分，拉近知识和普通人的生活距离。

当然，不只科学和经济，心理学、艺术、医学等大部分的知识对领域外的受众来说都是比较难理解的，但无论任何学科，都有可以让普通人能够吸收的部分。

2. 语言白话易懂

降低知识门槛，除了要挑选学科领域外受众可以并且能够接受的部分来制作视频外，文案解说词也需要和受众拉近距离。因此，语言的简单化、简略化也是知识教育类短视频必须具备的语言特点。

在第一章我们学到了短视频的传播特征是具有社交属性的，要想"社交"，就得说社交对象听得懂的话。这里我们要说到音乐知识类短视频账号"周雨思（Yusi音乐审美养成）"，该账号的封面介绍是"不用会乐器，无须考乐理，全网第一档培养音乐审美的通识系列内容……"。

通识教育是由英文"Liberal Arts Education"翻译而来，也有学者把它译为"普通教育"、"一般教育"和"通才教育"等。"通"就是前面提到的要拉近距离去打通和观众之间的"墙"，而"普通"与"一般"这种类似于取平均值的用词，就给短视频账号的语言风格定了位：普通人与一般人都要能听懂。"周雨思（Yusi音乐审美养成）"的作者选取的题材都具有话题性，比如"欧阳娜娜的大提琴水平如何？"，然后作者会像受众的朋友一样，坐在镜头前，用谈话式的话语样态，尽量少的音乐专业术语为你讲解这些话题。如果实在绕不开音乐里的专有名词，她也会立刻在琴键上用实际的音乐旋律来举例，告诉大家什么和弦是万能的、什么叫作节奏的不规则以及边数拍子边弹琴，教大家什么叫作一个小节少了一拍等。她在举例的同时，会有很多非常口语化的用词："为什么这个音乐一出来就有一种很灵异、很诡异、很恐怖的感觉？"这句话有三个"很"字，听起来好像不太严谨，但其实这就是我们平时说话的模式，这样说话的方式一下子就减轻了距离感。还有一期分析周杰伦的音乐和电影《教父》音乐的关系，她说道："就是《教父》这个音乐，为什么大家印象这么深刻，就是当你听到这个音乐主题的时候，你自然而然就联想到《教父》这个主题然后那些画面就会在你的脑海中呈现，就是它给你的这种感觉、就是这种暗黑风、就是这种哥特风……"这句话里面出现了好几个"就是"，乍看很啰唆，可是当她真正讲出来的时候，你也只会感觉这些"就是"是她在和人聊天过程中自然而然蹦出来的口头语。

3. 扩大受众范围

B 站公布的数据显示，2020 年有 1.13 亿人在 B 站学习，这个数字是全国在校大学生人数的 3 倍。[①]

这只是在 B 站上学习知识的人数统计，还不包括其他几大短视频平台如抖音、快手、西瓜视频、微信视频号等。

人数众多意味着职业和年龄的多样化，那么内容生产者就要根据不同的职业、年龄和性别来扩大收看知识教育类短视频的人群。虽然知识教育类短视频的知识来自各个不同的领域，但把内容能真正做成艺术、科学、经济等的"通识"，把看似晦涩难懂的知识变成常识，才是知识教育类账号的社会责任。

在确定做某一个领域的知识教育之前，我们要先考虑好受众的定位，比如母婴知识，定位肯定就是婴幼儿的父母或者准父母，但是，我们可不可以把受众范围再扩大一点：父母的父母是不是也可以观看？他们观看的目的一是给子女传递育儿知识，二是帮助年轻父母育儿。

所以，在确立了初步的受众定位以后，我们可以遵照图 7-1 所示的程序来扩大受众范围，以做到真正的通俗性。

---

① 胡毓靖.陈睿：1.13 亿用户在 B 站学习，是中国在校大学生的三倍［EB/OL］.（2021-06-28）［2021-09-02］. https://k.sina.cn/article_1887344341_707e96d5020013k6x.html?amp;vt=3.

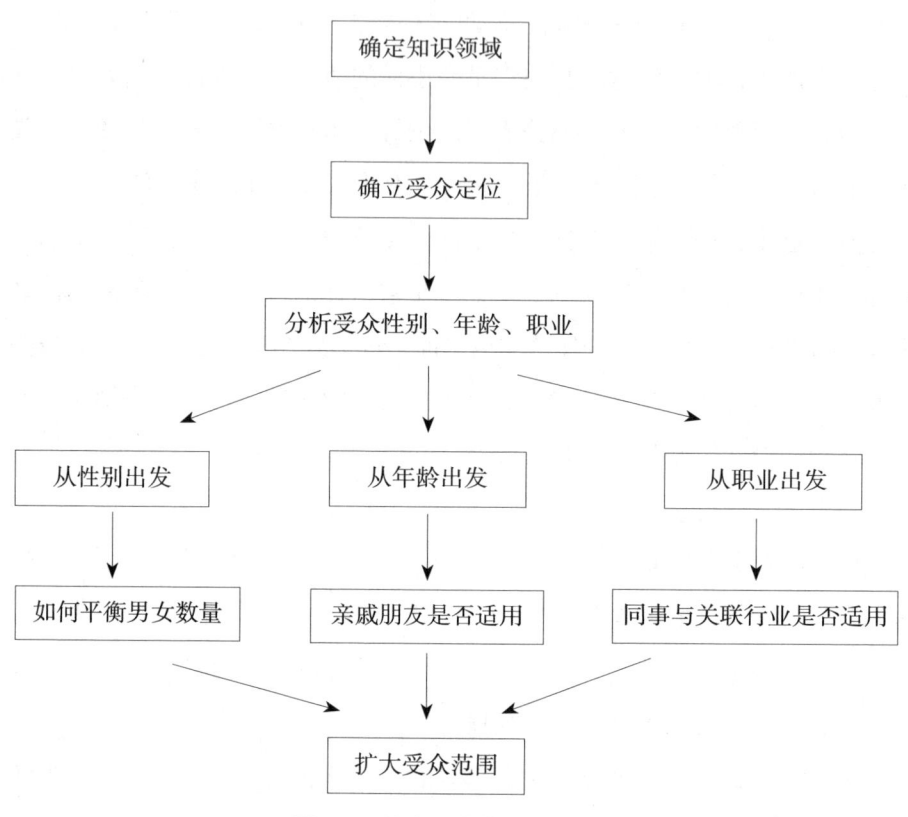

图 7-1 扩大受众范围的程序

在图 7-1 中我们可以看到，从性别、年龄和职业出发的每一个考虑因素都有扩大受众范围的可能。从性别来看，如果该知识领域的受众男女比例严重不平衡，是否可以考虑如何吸引另一方不平衡的性别，以消除内容过于鲜明的性别化；从年龄来看，根据所定位受众的年龄，可以考虑他们的父母或者子女、亲戚等是否也有观看这类视频的可能；从职业来看，我们要判断这类视频是否适用于所定位职场领域的大部分人，以及相关联的职场领域是否也可以采用。

虽然短视频内容要求的是细分垂直，但是在细分领域下，可不可以尽可能获取更多的受众，就是检验内容是否达到"通俗"的标准之一。

三、增加知识趣味

根据抖音 2020 年的用户画像来看，男女比例较均衡，但是从年龄段的分布来看，男性 19~24 岁，女性 19~30 岁的用户偏好度高。分析快手 2020 年的用户画像，24 岁及以下的人群和 25~30 岁的人群占比分别达到了 49.81%、27.48%。这说明短视频的用户还是以"90 后"和"95 后"为主。

目前抖音对于知识类内容的打法是面向青少年创作者。因为他们的求知欲非常旺盛，且在发展素质教育的前提下，抖音泛知识类视频的市场前景也较为宽阔。而 B 站面对的受众除了"90 后"与"95 后"，还有更多的"00 后"。对于年轻人来说，枯燥、单一、重复性的知识传播方式是无法获取他们的任何流量的。不仅仅是年轻群体，很多成年人同样希望看到各种"有趣"的泛知识短视频。

虽然直到现在还有很多人认为短视频平台是过度娱乐化的，但是从之前我们展示的数据来看，在短视频平台学习知识的人数众多，所以各大短视频平台都开始以"有趣"的方式传播知识。

知识的要点是固定化的，但如何在固定化的概念中找到有趣的传播方式，这里就要提到动物科普类账号"磕叔嗑动物"。"磕叔嗑动物"的配音节奏略快，语气活泼，但最让人印象深刻的还是其每一期所选取的动物，必然是从"有趣"的角度入手的。该账号对有趣角度的选取一般从三个方面入手。

1. 标题

点进"磕叔嗑动物"的账号页面，我们可以看到标题大部分会给动物一个"人设"，比如"哨兵"丁满、"好奇"的猫鼬、河马中的"小可爱"等，全部都让动物拟人化了起来，或者直接抛出一些动物身上吸引人的特点，比如"羊毛"有什么用、蝠鲼的"粪"、新疆"大屁屁"等，让受众从标题就能知道这期视频的主题，感受到有趣。

2. 解说词

解说词可以说是"磕叔嗑动物"这个账号亮点中的亮点。从标题吸引人的注意开始，第一句话就能继续紧紧抓住受众的耳朵。比如《蝠鲼的"粪"》这一期的第一句话："蝠鲼是海洋中的'造粪机'"。"造粪机"一词能立刻让人忍俊不禁。又比如《"哨兵"丁满》的第一句话："丁满乃是非洲保安队的队长。"因为动画片《狮子王》中的狐獴的名字叫丁满，磕叔就沿用了下来，这里第一句话又赋予了它更人性化的"身份"，狐獴的形象立刻就在屏幕里鲜活了起来。

不仅仅是第一句话，他的所有解说词都会让人产生一直听下去的欲望，因为全程都很有趣。仍然是一期解说狐獴的短视频，该期内容想说明这个动物性格上好奇心很重，解说词是："……什么好玩的东西都逃不过他的魔爪，要是给他一台 ATM 机（自动柜员机），估计它能试出你的银行密码……"这段解说词形象生动，并且和人类的生活也紧密联系了起来，立刻拉进了人类和这个动物的距离。

3. 画面

有趣的解说词当然要搭配有趣的画面，而且解说词的内容和画面全部都是精准搭配。如说到大象鼻子"QQ 弹弹"像火锅店的拉面，画面立刻就切入了火锅店的拉面表演画面；说到澳大利亚的国宝考拉经常会堵塞当地的交通，画面中立刻出现了之前澳大利亚公路上的资料画面；说到小象如何调皮，画面是小象拿鼻子在人的脸上乱蹭，解说词就立刻有了"一不留神就涂你一脸的鼻涕"这一句，声画同步对位，更增加了趣味性。

"嗑叔嗑动物"从标题、解说词和画面三个方面增加了短视频的趣味性，让无论男女老少在学习关于动物的常识时都能保持开心愉快的心情，因此获得流量就成了自然而然的结果。

四、知识内容形象化

"形象化"听起来比较抽象，实际就是指视频内容和形式的统一。知识的输出形式多种多样,但知识教育类短视频基本都需要有语言的讲解。纯粹的画面或者音乐、音效+画面很难在短时间内起到传播知识的作用。所以我们需要从语言形式的几个方面入手,使知识教育类短视频更形象化。

1. 具象画面

什么样的知识内容用什么样的语言形式来表达,就是知识的传播是否"形象性"的基础。我们经常说"形象化的表达",英文中是"Visual Language",直译过来就是"可视化表达",也就是让人有画面感,易于理解。最擅长语言形象化表达的莫过于诗人王维了,在他的诗中经常会有对颜色和形状的描述来具象化景物:

"两岸青山相对出,孤帆一片日边来。"(《望天门山》)

"大漠孤烟直,长河落日圆。"(《使至塞上》)

"一道残阳铺水中,半江瑟瑟半江红。"(《暮江吟》)

讲解知识、使知识形象化也是同样的道理,将抽象的知识点用可视化的方法将其具象化,比如一些哲学常识就需要形象化的讲解。这里以"思想史万有引力"这个账号来举例,他的短视频内容几乎都是在漫谈西方的哲学思想,而"哲学"是用视频是很难表达的知识领域,这个时候就需要解说词的具象化。他在视频中所用的比喻就像王维的诗一样,让人立刻有了电影的画面感。

还有艺术哲学类的泛知识账号"亲爱的安先生"有一期视频讲《审美到底有什么用呢?》作者为了让大家理解审美能力就是分高低,里面有一句解说词是:"当你知道了克莱因蓝、勃艮第红还有莫奈灰,你的色彩体验就不再是单纯的赤橙黄绿青蓝紫,当你想起诗句'余霞散成绮,澄江静如练',面对夕阳时,你的感知纬度就会被打开。"他用对颜色和诗句的举例具象化地告诉受众,审美能力是怎么分高低的,不同审美层次的人就会有对颜色和美景有不同水平的感受和表达。

2. 简单数字

刚才说到了传播知识的方式。有 UP 主为了让知识传播得形象易懂,就全部用"数字"说话。"地理老师王小明"有一期做"河南冷知识",解说词里的每一个知识点都是用数字带出的:"……80% 中国人的姓氏起源于河南……河南出过 8 个奥运冠军……河南承包了全国 1/3 的方便面、1/2 的火腿肠和 70% 的速冻水饺……"这些数字简单易懂,让受众对事物的了解有了大致的方向,并且这些都是易于理解的常识,大家听完后总会记住一两个,聊天的时候可以张口就来,因此简单的数字化不仅让知识的传播更形象,还兼具提供了社交属性。

3. 图、表、动画

除了数字,很多图、表、动画也在增加知识的形象性,比如"深空探索"这个短视频账号,发布的基本都是天文类的内容,很多星球的展示就需要动画制作了。不是每个星球的每个状态都有真实图片,所以大家看到动画表现的星球也相当于有了一个直观化的感受。

让受众脑子里有具象感和画面感,并形成数字记忆,再通过图、表、动画加深理解,就是知识教育类短视频保持"形象性"的整个生产链条。但是大多数知识教育类短视频只具备其中一个,就可以说已经拥有形象化的生产思维了。

第二节 知识教育类短视频的要素

知识教育类短视频为什么可以在市场上获得流量的青睐,除了上面提到的需要具备的几大特点,在生产前期、中期和后期都需要有全面的考虑,这些考虑要包括探寻受众观看前和观看后的心理状态、知识的内容选取以及如何获取知识这几个方面。首先,要找到引起共情的要素,就必须了解对方的心理情绪状态;其次,相较于传统获取知识的方式,在移动新媒体平台获取知识,受众的心理感受还会产生什么样的变化,这样的变化是否需要我们在知识传播的内容和结构上作出调整。

了解受众心理状态后，知识教育类短视频就需要有一定的营销策略：让受众主动认为自己应该去关注知识与教育。

一、刺激求知渴望

在"双减"令出台之前，一些培训机构给家长灌输的思想是"别让孩子输在起跑线上"，很多家长看到这句话的第一个反应就是：焦虑。

焦虑感刺激了公众的求知渴望。人有了渴望就会去主动寻求知识来学习，制造知识的生产者反而成了"甲方"，而学习知识的人就成了"乙方"市场。当然，这只是个比喻，只是为了告诉大家，要想生产出令人产生主动学习欲望的知识内容，喊出"鸡汤"口号、传播形式简单、知识简单和时间短是短视频生产者要考虑的几个要点。

对于视频来说，怎么才叫传播形式简单呢？有趣的图片、简单却生动的镜头，比如前面提到过的运用动画和图表、主播易于理解的语言都是知识在视频中传播形式简单的方式。而这几点在前面的"特点"中我们全部都详细分析过，当然还有，视频时间不能过长，因为利用碎片化时间看一看知识的人，和坐下来认真收看中视频（一般指时长 10 分钟以上的视频）学知识的人，不是同一类人。

二、降低知识门槛

百度的"好看视频"在 2021 年 6 月发布了"轻知计划"，自该计划上线以来，入驻的新作者接近 2 万名。而且据百度短视频生态平台总经理宋健透露，目前泛知识视频内容分发在好看视频的内容占全平台 42%。这个计划的名字就很值得玩味——"轻知计划"的"轻"就充分说明了知识的门槛不能过高，是轻松的、容易的。

第一，要刺激人们对于未知知识的求知渴望，制造自己无知的焦虑感，知识的内容就要简单易懂。但是各个不同领域的知识难易程度不同，且再浅显的知识都有深入专业的领域，因此，如何取舍难易程度，或者如何将复杂的内容变成简单的，就是知识教育类视频生产者所要做的工作。

第二，要将知识的距离和受众的生活联系起来，拉近和受众的距离。将复杂的知识简单化需要做到以下几点。

（一）语言内容的简单化

语言内容的简单化，就是说大家听得懂的话，少用专有名词，或者将专有名词通过举例、名词解释、运用修辞手法等方式表达出来。比如音乐类、美术类、经济类、生物科普类等知识都会涉及较多的专业名词，如果讲述者只是将专有名词抛出而不加以解释，知识的专业性门槛就并未被降低。

（二）讲述方式的简单化

讲述方式的简单化的方法比较多，跟讲述者的状态、内容的呈现和音乐、音效等多方面因素有关。我们重点介绍以下三个方面。

1. 讲述者状态

讲述者的情感、情绪状态会直接影响受众的收听、收看状态，讲述者在讲述时最好是活泼轻松的，不能让受众产生畏难情绪。比如财经类账号"直男财经"，UP主每一次出镜状态都是激情饱满，迅速吸引人的注意力。比起其他财经类账号UP主的稳重高深，他明显像大家的兄弟一样，用在酒桌上侃大山、讲故事的方式把财经类的小知识输送出来，非常利于普通人接受。

2. 内容呈现

短视频呈现知识的方式除了听觉，还有视觉。如果这个视频有人出镜，主播的形象状态是内容呈现的一个方面，空镜画面的呈现也直接决定着受众是否会划走。除了加入简单易懂的动画、图、表,一些不需要数据知识的内容,也需要搭配和知识内容相符合的空镜。比如说到人口,很多生产者就喜欢用城市的延时摄影镜头;说到补课就会有老师给孩子上课的画面;说到演艺圈一定是一堆美女明星的照片。内容的呈现还需要声画的恰切对位,并且画面得是具象的、直接的。如果我聊到古典音乐,你呈现出的是一幅大家并不熟悉的音乐家的肖像,就很难让人觉得"简单化"。

3. 音乐音效

新媒体短视频的音乐选取是有一些约定俗成的方式方法的。这些方式方法在音乐不占主要角色(除非是音乐知识的讲解)的知识教育类短视频中体现不明显。但是它仍然在"简单化"知识上有着让人不可忽视的作用。对于比较复杂领域的知识内容讲解的短视频,如果音乐或者音效是轻松愉快的,那么观看者在心理上就会放松很多,自然感觉这个领域的知识门槛没有那么高。

还有一些读书荐书类 UP 主,比如"忘却鱼鳞",他在讲解一本书的内容时所用的背景音乐,往往会成为大家留言关注的焦点。这是因为"忘却鱼鳞"所选的音乐都是大家所熟悉的,在大家认知范围内的,并且和所搭配的内容相辅相成的。

(三)把深入思考留给观众

很多影视作品让人觉得幼稚和肤浅的原因是他们像舞台小品一样,或者所有的道理呈现和逻辑模式都像小学生的总—分—总作文结构一样,属于填鸭式的强行灌输。这不是在降低知识门槛,而是在弱化知识的深刻性、剥夺受众的自我思考性。正确的方式应该是把知识用简单易懂的方式输出以后,给观众自行思考的余地和空间,让观众感觉到这份知识"我是可以自己思考的",而不是"喂到我嘴边"。

三、简化获得途径

在传统媒体的黄金时代,大家获取知识的途径主要是报纸、杂志、书本和电视等。在20世纪80到90年代,《动物世界》《走近科学》和《人与自然》等电视节目让大家开始认识到除了书本,还可以通过电视学知识。2001年7月,中央电视台《百家讲坛》开播,激起了大家通过图像视频学习知识的高度热情,让我们知道了大学教授还可以走进电视台通过演讲的方式让大家学习人文、美学、历史和哲学等知识。

2017年后,随着短视频的爆发式发展,受众发现在移动媒体上获取知识更加方便:无论走到哪里,只要有碎片化的时间就可以观看、获取。既节省时间成本与精力成本,又可以获得定制化的知识输出服务。

四、改变获取感受

为什么我们可以在短视频App上获得定制化的知识输出服务?因为短视频App具有关键字搜索功能。无论是账号名称、账号内容的标题、关键字,还是视频中的图片等,都可以通过短视频App搜索到,并且还能通过时间、地点、流量大小来排序,将用户的需求精准定位,带给用户的感受自然是服务周到、快速及时和内容丰富。当然,不仅仅是搜索服务,从进入知识、获取知识到总结知识,用户所经历的每一步给人的感受与传统获取知识时的心理感受相比都发生了变化。

1. 服务性

如果用户是一名新手妈妈,需要了解新生儿的护理常识,那么她只要打开短视频App,输入想了解内容的关键字就可以搜索出很多种方式。比如在快手App里搜索"新生儿"(图7-2),就会有具体的新生儿出现的问题供她选择,而直接搜索"新生儿护理"(图7-3),就直接会有已经被各个 UP 主整理好的新生儿知识常识的"集合"出现在她面前，比如要点、注意事项等，选择相应的"集合"以后，具体视频里包括的内容会更多，用户就可以根据自己的需求，通过搜索的关键字上找到自己需要的内容。

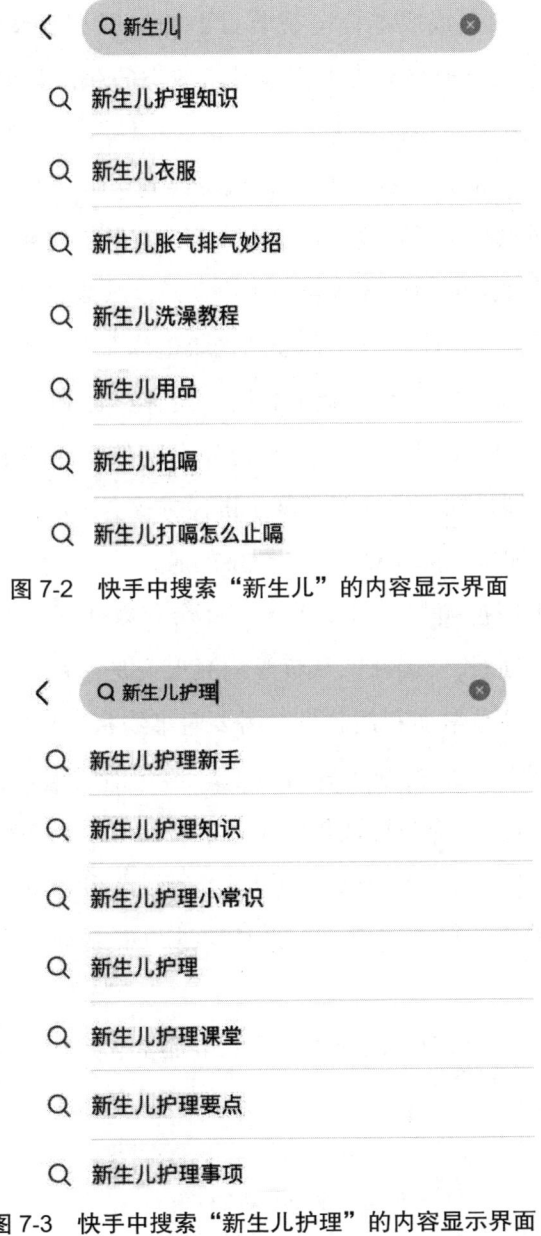

图 7-2　快手中搜索"新生儿"的内容显示界面

图 7-3　快手中搜索"新生儿护理"的内容显示界面

所以用户感受到的是"服务性"。

2. 实效性

以往我们获取知识的途径主要有书本、报纸、上课培训、电视节目等；书本、报纸都需要线上或者线下购买，消耗的时间相对较长；上课培训需要时间成本和金钱成本；电视节目上的知识不能够任由自己选择。因此，知识教育类短视频成为人们最具实效性的获得知识的方式。

3. 丰富性

短视频 App 上的知识种类众多，从母婴到医美，从金融到天体……不同年龄、不同职业、不同教育背景的人都能找到自己感兴趣的知识和常识。人们在眼花缭乱的知识教育类视频中，总能找到自己的归属地。比如一个想了解家庭理财、刚刚有了孙子的老年退休女性，她所关注的知识领域，可能就会涉及医疗保健、金融理财、退休医保和母婴育儿这几个方面。短视频的平台可以满足这位老年退休女性的全部需求，只是不同平台、不同账号对同样知识的呈现角度、讲述方式会有所差别，但每个短视频平台带给人的知识丰富性都是毋庸置疑的。

知识教育类短视频其实对整个人文社会获取知识的方式、途径和感受都有颠覆性的创新，"创新"从哲学内涵上说是一种人的创造性实践行为，这种实践为的是增加利益总量，需要对事物和发现的利用和再创造，特别是对物质世界矛盾的利用和再创造。这句话的重点在于"再创造"和"增加利益总量"。因为短视频的飞速发展，给了很多在自己专业领域的知识类 UP 主和团队展示自己、创造利益和获得利益的机会。自己获得了利益，还让受众获得了知识，至少从这一角度上看，这是一件两全其美的事。

那么不同的知识教育类的账号如何获取流量和实际利益，我们将在下一节分别来讨论。

第三节 各类型知识教育短视频的内容生产策略

一、母婴育儿类

母婴育儿分为"母婴"和"育儿"。母婴主要是指母亲从备孕、怀孕、生产到孩子婴儿时期的健康、生活与早教知识。知识教育类短视频与其他种类的短视频相比变现的转化率相对低一些，大部分都是卖书。就读书荐书类头部账号"樊登读书"（截止到 2021 年 8 月，粉丝数在 1500 万以上）来说，在 2020 年的一场直播中，他们一晚上 3 小时卖出 13 万册书，销售额近 1000 万元。1000 万元听起来感觉不错，但是与一些动辄上亿元销售额的直播间相比，还是相差太远。

相对而言，母婴育儿类的账号不仅可以卖书，还可以销售任何和母亲、婴儿、儿童生活学习相关的物品，因此，这一类型的短视频和其他知识教育类短视频相比，通过引流（植入广告或者直播）变现的机会是最多的。我们在这里并不是要讨论账号如何变现和营销，而是通过变现的数据可以看到短视频账号的流量大小。比如知名千万母婴大 V "年糕妈妈"，她在抖音和快手上粉丝量有 1200 多万（截止到 2021 年 8 月），不仅仅是短视频 App 的公域流量，她的公众号还售卖"亲子课程"，每节课可以收入 100 万~200 万元，由此我们可以推断她公众号和视频号的粉丝也绝对不少。值得一提的是，她的视频号内容与抖音和快手都不一样，根据平台不同的特点，抖音、快手与微信视频号所生产的视频的主题、长度、包装都不一样。"年糕妈妈"能够紧抓不同平台用户特点需求来生产短视频，所以她账号的强大变现能力就无可厚非了。因此，我们在头部母婴育儿类短视频账号身上看到的生产策略是：

1. 根据不同平台特点生产内容

我们先来看几大短视频平台的内容特点（表 7-1）和用户画像（表 7-2）：

表 7-1　短视频平台的内容特点

短视频 App 和应用	内容特点
西瓜视频	开眼界、长知识的深度视频，旨在让人们看到一个更丰富和有深度的世界，满足大家的好奇心
抖音火山版	让每个视频作品都找到"志趣相投"的用户。独有的"圈子"等功能不断地满足着用户多样化的产品使用需求
抖音	帮助用户表达自我，记录美好，前期以音乐类短视频为主，逐渐向内容多元化和精细化方向发展
皮皮虾	年轻人聚集的内容互动社区，依靠丰富的 PUGC 内容、有特色的互动形式以及独特的社区氛围，让用户自由表达和分享生活中的快乐
快手	让人们记录真实生活，UGC 生产者和用户黏性度极高，让普通用户和普通内容生产者之间获得强连接和强互动
微信视频号	情感、生活内容受用户青睐，游戏动漫、汽车领域的热门内容开始逐渐增多

表 7-2　短视频平台的用户画像

短视频 App 和应用	用户画像
西瓜视频	25~35 岁，三线及以下城市人群，男性居多
抖音火山版	19~35 岁，三四线城市及乡镇农村用户，和快手核心用户高度一致，男性居多
抖音	18~35 岁，一二线城市人群，女性居多
皮皮虾	19~35 岁，四五线城市人群，男性居多
快手	24 岁以下，四线及以下城市人群，女性居多
微信视频号	年龄和城市分布目前没有较明显特征，女性居多

根据表 7-1、表 7-2 我们可以看到抖音的用户以女性居多，且更强调"精细化"。因此，"年糕妈妈"在抖音平台上的内容生产策略是：包装颜色比较淡雅，都是饱和度不算高的蓝色和橘色。但是标题非常醒目，视频

的主题多与情绪、精神相关，比如《愿全职妈妈都能找到做自己的勇气》《弟弟抢玩具我让哥哥别"分享"》《哥哥爱弟弟不是天生的》等和女性与早教心理相关的视频内容。

而"快手"的用户以下沉市场女性居多，"年糕妈妈"在快手平台上的内容生产策略是：视频标题的包装采用饱和度较高、醒目的橙红色来快速吸引人的注意力，内容以实用的婴幼儿早教生活常识居多，如《宝宝体检语言评估很重要》《0~2岁宝宝绘本清单》《宝宝营养均衡这4点很重要》等。内容更简单、实用性更强。

"年糕妈妈"微信视频号的短视频包装就更精致了，因为视频号的特点是生活和情感内容较受欢迎，并且女性居多。女性居多的账号都是母婴育儿类账号的"沃土"。根据《2021视频号发展年中报告》[①]，视频号的创作者53.2%都是普通本科以上学历，因此，这个平台上短视频的封面会更精致，由于版面的设计变化，标题也更长更具体。如视频号中有一则短视频的标题是《3天改造年糕房间，这个最满意的角落，全家都抢着坐》。如果这个标题出现在抖音或者快手，标题可能就直接是：《3天改造年糕房间》。视频号中还有一则短视频的标题是《二胎之间隔几岁最好？弄错了时间大人小孩都受苦？过来人解答了！》，放在抖音、快手上，标题就会被简化成：《二胎之间隔几岁最好？》标题的内容层次更丰富，而在视频号里的视频内容主题也更加多样化。

母婴育儿类短视频针对的基本是女性群体，但不同年龄、收入、教育背景的女性所青睐的短视频平台也有所区别，针对不同的平台用户生产或改进不同的短视频内容，相当于在拉拢"全品类"的妈妈或者准妈妈。

"年糕妈妈"主要专注的还是"母婴"，关于"育儿"我们这里要说到一位男性UP主——"庆云—育儿频道"。他是山东淄博广播电视主持人，同时也是一位爸爸。爸爸开育儿短视频账号并不多见，一来这样可以吸引

---

① 新榜研究院.2021视频号发展年中报告［R/OL］.（2021-07-23）［2021-09-03］.https://max.book118.com/html/2021/0722/7106122155003146.shtm.

部分男性粉丝，二来让关注育儿的人群增加新鲜感，听到和看到从男性角度出发的育儿观点。说到观点的角度，母婴育儿是不能随意"剑走偏锋"的，但如何才能既有新颖的观点又能真正对育儿管用，还需要心理研究方面的专业人士。

2. 观点独特但实用

一些母婴育儿类账号为了吸引受众的"惯性标题"都会和"亲子关系""家庭关系"这几个字相关，但在这类账号发展到现在，已不再是流量的保障。

在育儿领域，在观点的独特性和实用性方面最有发言权的是犯罪心理学家李玫瑾。她长期从事犯罪心理和青少年心理问题研究，曾对许多个案进行过详细调查，由此提出"预防犯罪要从未成年人教育"抓起的独特观点。打开她在快手的个人账号，《女儿养成大家闺秀就是灾难的开始》、《培养孩子抗压力比抓学习重要的多》以及《但凡成功的人没有一个不傻的》等让人耳目一新的观点，这些观点是我们从一般育儿大V那里无法看到的。

李玫瑾视频的标题足够特别，我们点进去看内容以后会发现论据还是比较充分的。比如刚才说到的《女儿养成大家闺秀就是灾难的开始》，当然用"灾难"这么严重的词也有"标题党"的嫌疑，但认真看她这一期视频的内容，她说到如果这样的女孩结婚嫁给了一个流氓，会一点自我保护能力都没有，因为她小时候受到的教育都是特别礼貌、克制和自律的，但是对方不自律。所以我们培养孩子，还要教育她遇到不好的人该怎么去对付。归根结底，她整个视频的意思就是，孩子不能过于听话，要有一些自主性。但如果标题变成《孩子不能太听话》的话，和很多育儿UP主的视频标题就没有太大区别了，没有了"大家闺秀"四个字，独特性就被减掉了一大半。

"大家闺秀"一直是笔者印象中的褒义词，而不要培养女孩子成为大家闺秀这样的观点的确会给很多父母一些启发，我们并不能说她的观点绝对正确，但是加上她多年研究青少年心理和行为的背书，对于父母来讲，她这些独特的观点还是具备说服力的。就算有一部分内容有争议，但育儿观点本身就是要在一个孩子身上实践十几年才能得出一个大概结论，且每个家庭的状况不同，所以有争议也是正常现象。而这种争议反而增加了她和短视频内容的曝光量，在大家争议的过程中还可以获得多次流量。

3. 个人身份背景有说服力

短视频的话题类别一旦和"孩子""教育"相关，就不能容许有半点的不严谨。孩子是祖国的未来，而婴幼儿的身体状态和成人又有极大的区别，就更容不得半点的不专业，所以这类账号的主持人、运营人的专业性就非常重要。

无论是头部母婴类账号"年糕妈妈"，还是上文提到的李玫瑾，都是个人身份背景值得信赖的人。"年糕妈妈"李丹阳是浙江大学临床医学的硕士，最早是在公众号上，以自己医学的专业背景，强调科学育儿获得了第一批粉丝的青睐。李丹阳在孕期就加入了新手妈妈群，她发现这些妈妈们喜欢在群里转发各种育儿知识。但凭着自己医学生的本能和知识储备，她看出其中有很多不靠谱的地方。那个时候，她几乎翻看了当时在书店能找到的所有育儿书，看到知识点有疑问时，她会像读书时那样上外网翻论文，自己寻找答案。

因此，"年糕妈妈"的身份背景是她当初的教育背景所造就的，而她的教育背景对于要了解养育婴幼儿常识的人来说，是有说服力的。

而李玫瑾的身份背景则是她的职业背景造就的。李玫瑾是中国人民公安大学的教授、研究生导师，这个头衔看似和"育儿"无关，但刚才也说到了，她长期从事的是青少年心理问题的研究，对青少年的心理健康教育有权威的发言权。她亲历和见到了太多青少年犯罪的心理变化历程，更是典型的网络上反"鸡汤教育"的心理学家。她教会孩子的是如何保护自己，如何在残酷的社会环境中为人处世、做人要有原则和主见等。她的职业背景让她所站的育儿角度，为中国父母打开了另外的眼界，也树立了她在这个领域的权威。

这里还要说到湖南卫视的主持人张丹丹。她的育儿账号叫"张丹丹的育儿经",她在育儿领域的经验是靠自己养育孩子的经验积累起来的,但是因为是知名主持人,还有"全国三八红旗手、全国青联委员、湖南省教育学会家庭教育研究分会副会长"等社会头衔,是公众人物。所以她的职业背景依然是她个人身份背景的加分项,受众相信她的说法、看法和做法与这些身份背景的加持密不可分。

还有很多母婴用品官方的账号会通过短视频分享育儿常识,比如"强生婴儿",大部分是成本并不低的短剧形式,用这样的方式来展现婆媳关系、育儿常识、母女关系等,但是演员和情节都过于粗糙简单。还有纸尿裤品牌"帮宝适"的短视频账号,也会有专门的主持人讲解育儿知识,但纵观整个账号内容的统一性并不专业,甚至还会有很多"搬运"其他账号的内容。所以这种官方账号的粉丝,大多是因为账号直播时可以收到优惠力度的推广营销才去关注,并不是因为短视频内容的质量高。且这些账号的粉丝数量都在几万到几十万不等。

如果这些官方账号在短视频内容上再下一些功夫,有一些专业的短视频生产策略,加上产品直播时的优惠力度,粉丝的增长并不是难事。

二、金融理财类

收看金融理财类知识视频的人群,大多是具备一定的收入基础,年收入在40万元以上的家庭,尤其是理财类的内容。但是,这类家庭的理财需求很少会直接通过看一两个短视频,就决定如何配置自己的资产:买什么基金、买哪只股票、买哪种保险等。虽然理财直播现在做得很火,销售额也不错,但直播销售理财产品很容易促使人冲动消费,短视频根本无法和其竞争,那么理财知识类的短视频该如何找到自己存在的价值?

首先,理财知识类的短视频内容要和金融知识结合起来,不能一味地充当理财教学账号。这些金融知识的传播也不能像大学金融专业的学生所学的那样充满专业名词或者过于深度垂直。如果是建议大家投资理财类的短视频账号，理财知识和宏观的金融知识穿插在账号里，会更容易吸引粉丝。虽然很少有人真的会因为短视频的推荐去购买理财产品，但此类账号内容的丰富性是为自己增加粉丝的筹码，也是增加销售理财产品概率的筹码。这些金融知识可以是宏观的、和百姓生活的大格局息息相关的。比如账号"牛先森保障"就是用实用的金融常识引流卖理财课的典型，他的知识类内容有"上半年人均收入榜公布"、"第三代社保卡到底有什么变化"以及"酸奶为什么越来越贵"等，然后将自己的理财课广告置顶，做法聪明而讨巧，在抖音和快手两大平台的粉丝量加起来已突破千万。

如今短视频平台也有很多纯解读经济宏观政策的账号，比如"所长林超"、"财才说"和"九边"等，也有以一个个具体金融故事或者企业、企业家故事为主的账号，如"直男财经"。这些账号粉丝和点赞量都很可观，并且纵观全网，百万级和千万级的粉丝量的财经自媒体并不在少数，这个粉丝量在知识专业性较强的短视频中比较出人意料，说明国民对国家经济和金融领域越来越关注，这是国民物质生活和精神生活提高的双重表现。因此，想进入这个领域的专业人士也越来越多。

（一）踊跃打通知识领域

想要进入金融理财领域的短视频 UP 主，基本是这个领域的从业或者曾经是这个领域的从业人员。光有金融行业的教育背景是不够的，因为金融市场瞬息万变，没有一线的工作经历或者经验，很难跟上变化的步伐。但是专业人员也容易有"专业问题"——在某一个方面过于精和专，拉远了和受众的距离。

所以我们需要专业人士将他的"专"和"精"发散打开，用聪明的办法拉近和观众的距离。比如之前举过例的财经自媒体"财才说"，虽然主打"财经"，但是我们来看他的视频标题：

- 没了校外培训，普通人的孩子该怎么翻身？
- TVB兴衰史。

这些标题紧跟着不同人群的兴趣点，看似招揽的是不同人群：第一个是教育产业，第二个是文化产业。仔细分析，其实都和"财经"有关。这就是不将知识局限在一个方面，而是和各个领域打通。

校外培训这件事看似是在分析国家的"双减"政策，和教育相关，但其实他说到了校外培训机构资本化导致优秀教师师资流失的问题，告诉大家这就是资本导致的一部分教育不公平，和财经知识是息息相关的。

聊TVB的兴衰史，其实也是在从香港文化娱乐产业的发展来看一个企业的兴衰，里面有绝对的财经干货。

所以，我们这里讲的将知识领域打通，是指比如你做财经，就不要生硬的深度垂直，给大家做从名词解释到概念解析、从国内财经新闻到国外财经新闻的内容，这样会很枯燥乏味，劝退想了解财经知识的门外汉。要想扩大自己短视频账号目标用户，知识的广泛性、延展性、多样性是必不可少的。我们要做的，是在同一个知识领域找到和所有领域的联系，并且用专业的链接方法打通吃透，让受众了解各个领域和财经知识的联系，就像《牛奶可乐经济学》这本书，用生活中各个方面的事情来解释经济学——2L可乐为什么要定价6元、牛奶盒子为什么会是方的这种我们平常没有想过、但和生活息息相关的问题一样。

（二）积极寻找烟火气

"烟火气"就是普通网民的生活气息：柴米油盐、布帛菽粟，甚至家长里短。金融理财类短视频要打通和各个其他领域的联系，获得更多的流量，就要想办法进入到网民的生活中去，积极了解他们在生活中关注什么、缺乏什么、喜欢什么。经济和理财常识是冷冰冰的，而"烟火"是有热腾腾的温度的，冷热均衡，最是符合中国传统文化的中庸之道。

1. 话题的烟火气

在这里要举例之前提到过的账号"直男财经"。这是《消费日报》旗下的一档栏目,我们看他所关注的话题:七夕、三孩政策、奥运会、苏炳添……全都是百姓关心的时事话题,也符合我们在第三章提到的"紧跟网络热点"。

除了网络热点,还有关注财经新闻的人所关注的专业话题,比如"新能源革命"、"企鹅(腾讯)的危险游戏"和"河南神企胖东来",这种典型产业热点话题和抓人眼球的财经故事也是烟火气的最佳实践。"新能源革命"关乎着大家要不要去买新能源的汽车、"企鹅的危险游戏"满足了大家对互联网大厂的好奇心、"河南神企胖东来"让大家看到了良心企业的极致服务理念,也就印证了寻找烟火气,寻找的是百姓在生活里关注、缺乏和喜欢的话题(图7-4)。

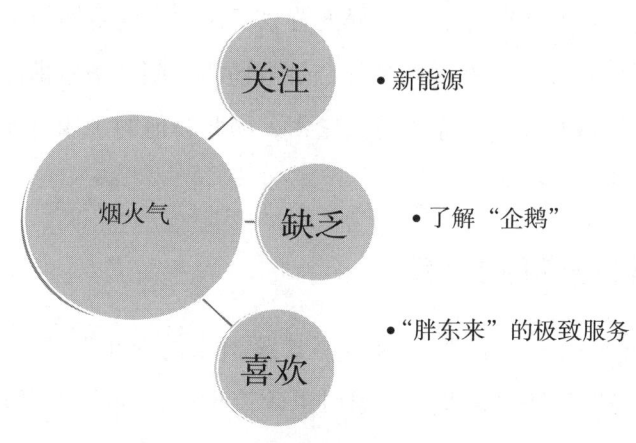

图7-4 短视频话题的"烟火气"

2. 讲述方式的烟火气

除了选题有烟火气,账号"直男财经"的讲述方式也很有烟火气。我们可以看到该账号作者在每一格视频封面图中的表情都不一样——夸张丰富,引人注目。

他的讲述方式,完全颠覆了大家对财经类主播的固有印象,表情夸张、重音多、语句故弄玄虚:"但是""到底是什么情况呢""结果呢""正在引爆一场××"……属于他账号里的高频词汇词组和语式,这是一种把受众当成哥们儿聊天的烟火气。

3. 主播造型的烟火气

不仅是电视主持人,新媒体平台主播、演员的着装也成了和节目息息相关的重要因素,比如主播要注意不要穿印有不良英文单词的服装、不能穿着过于暴露、不能穿有反动文字内容的服装等,而更严谨的主播,连印有英文字母的服装都不会穿。

"直男财经"主播风格虽然表面活泼轻松,但是在造型上一直都有严谨的"烟火气"。他一直都是以简单的 T 恤入镜,T 恤上都是中文词组,很接地气。并且每一次他 T 恤上面所写的中文内容都和他当天所聊的主题相关。比如说到三孩政策,这一政策刚出台时,多数人的第一反应就是不能理解,甚至有一些抵触情绪,在这样的背景下,这一期主播的 T 恤上写的就是"不要慌"三个字。在说到国外金融市场的新闻"华尔街掠夺欧洲豪门"时,因为和我们生活联系不算太紧密,因此,他的 T 恤上就写着"吃瓜专用"四个字。

(三)紧跟国家时事政策

金融理财类的短视频账号内容要紧跟国家的时事政策,如"财才说""直男财经"等账号都紧跟国家时事政策步伐从经济角度解读了"三孩政策"和"'双减'政策"。这里我们还要说到和《人民日报》新媒体平台合作过的财经自媒体账号"所长林超",他所解读的国家十四五规划和 2035 年远景目标纲要,在抖音上的《人民日报》账号上获得了 234.5 万点赞(截止到 2021 年 8 月)。

他的账号内容专业性较高,但他胜在图表说明全面、有高超的资料收集能力,还有最重要的——紧跟国家政策,对中国各个产业的未来都有详细而精准的经济角度的解读:自动驾驶、餐饮、体验消费等。尤其是《中国未来10年要靠什么在世界变局中屹立不倒》的连续三个短视频给人印象尤其深刻。在这三篇同一个主题的短视频中,他提到了十四五规划中的实体经济和数字经济,并且普及了实体经济和数字经济之间的关系、中国国情和经济发展之间的关系等,不仅紧跟国家政策,还详细地告诉大家为什么国家会制定这样的政策,有理有据。

因此,紧跟国家时事政策,用缜密的逻辑解读、说明国家政策,是树立金融理财类短视频账号权威性的最佳方式之一,也是保持账号专业性的生产策略之一。

三、医学养生类

2021年7月,知名数据与咨询公司凯度和腾讯医典联合发布了《2021医疗科普短视频与直播洞察报告》(简称《报告》),[①]《报告》显示截至2020年年底,中国有73%的短视频直播用户曾经在手机端观看过健康科普类内容。调研发现,42%的用户平均每周会观看1~3次健康科普视频,他们的核心目标是获取健康知识,以及为家人寻求相关帮助。76%的用户通过消息推送提醒被动触达,38%的用户会主动搜索健康科普相关内容。

从以上的数据可以看出百姓对养生健康内容的关注度越来越高,又因为新冠肺炎疫情的影响,大家对了解医学知识的需求越发强烈。但是,仍有部分中老年人对"养生"的认知还停留在"空腹不能吃香蕉"或"吃虾不能喝橙汁"的常识误区里。尤其是大家的微信"家庭群"中,长辈现在不仅会转发文字类的"伪医学常识",各种拍摄成短视频形式的"伪养生"知识也出现在了我们的微信群中。这时候,对短视频更加精通的"90后"和"00后"就会通过短视频的形式告诉长辈们正确的医学常识,在引导长

---

① 腾讯医典.医疗科普短视频与直播洞察报告出炉!解锁当代人知识型养生十大真相[EB/OL].(2021-07-06)[2021-09-03]. https://xw.qq.com/cmsid/20210706A01CSP00.

辈的过程中，自己也开始在短视频平台关注很多有趣、有用的医学养生账号。当然，这只是一个假设，很多年轻人关注这类账号，还因为工作与生活压力让自己不得不开始注重健康，而他们碎片化的时间就正好可以利用起来，变成自己的"养生时间"。

所以，医学养生类账号基本是不受年龄、性别限制的，所以内容的普遍实用性、知识的便于普及性和账号自身的风格性就成了这类账号的生产策略。

1. 一切从用户需求出发

"从用户需求出发"对于医生的短视频账号来讲就是科普的疾病或者健康知识，是大多数人关心关注的，如果是疑难杂症，一般人最多看个热闹，也不会引起大家的普遍关注。所以，"对症下药"才是医学类短视频账号的宗旨。对的"症"一般应该是常见病，比如"仙鹤大叔张文鹤"这个账号，作者是北京三甲医院的著名小儿皮肤科专家，虽然是小儿皮肤科，但是成年人的皮肤问题也是他的视频重点，比如皮肤怎么变白、毛孔粗大的原因、怎么治疗色斑等。这三个问题是大部分女性都关注的皮肤问题，这些内容吸引了年轻女性粉丝。当然还有小儿的痱子问题、湿疹问题等，又吸引了妈妈们的关注。他还会说到神经性皮炎、汗斑、脚气等不分男女老少的常见皮肤病，所以男女老少的粉丝就都有了。

"仙鹤大叔张文鹤"每一期视频都很简短，长的几十秒，短的也就十几秒，但因为账号页面标题鲜明突出，所说的病症都很常见，能够满足各类人群对皮肤病常识的了解需求，当然加上他自身有特点的人设风格，拥有1.1亿的总点赞量也就不足为奇了。

2. 表现手段便于用户记忆

视频的表现手段本身就具有丰富的优势，和图片相比，声画结合能很快抓住受众的注意力，但声画的表现手段怎么样方便用户记忆，也是医学养生类账号可以重点思索的策略。

短剧、动画和有视觉冲击力的图片都是帮助普通人建立理解通道的有效方式，对于这些常识，只有理解了，才能记忆。

3. 持续强化账号"人设"

所有短视频出镜的主播都是需要建立人设的，如果没有真人出镜，短视频账号本身也是需要建立账号特色的。医学养生类如果建立的人设太严肃，会让受众有去医院看病的紧张感，但是医生的人设又不能太不严肃，这样又会消减这份职业的严肃性。

因此，医学科普类的主播人设，演绎成分还是要尽量少一些，毕竟和人的身体健康息息相关，用相对真实的人格面对受众才会更有可信度。所以医学养生类账号主播的人设还是要依靠医生本身的人格特点来持续强化。比如"医路向前巍子"，作者是北京大学第一医院密云医院的急诊外科医师，在他早期的视频中每次开头都会说一句"我是巍子，急诊科医生"，最后也会说一句"关注我，了解更多健康知识"。每一期都说同样的标志性话语，就是在强化自己的语言特点，让人记住他。

他的内容特点也很鲜明，每一期短视频开头第一句话几乎都是："被蚊子咬了之后涂什么好？""大便颜色发白见于什么病？""喝完酒吐好还是不吐好？"等，采用问句开头的方式，将这一期要讲的内容干净利落地呈现给受众，这也是他人设的一部分：简单直接。他的封面介绍也很简单："全国科普先进工作者……做有情怀的医生，写有温度的科普。"

四、语言教学类

这里说的语言教学还是以英语为主，其次是韩语、日语和俄语教学类。但是除了英语，其他语言教学类短视频账号的粉丝量超过百万的并不多，粉丝量的多少也正好是大家需求多少的直接体现。

短视频平台的英语教学大多数还是针对成年人的趣味教学，其次是针对儿童和亲子类。比如"英语雪梨老师"就主要针对儿童与青少年，粉丝定位明确清晰。

（一）明确教学受众定位

学习语言是一件需要终生去做的事，不同年龄和教育背景的人对英语学习的程度需求也不一样。"英语雪梨老师"抓住了受众的精准定位，每一期视频都有明确主题，如小朋友超爱的英语手指操，每天可以和孩子说的英文，刷牙可以和孩子说的英文等。用这些内容引流之后，每天早上八点都会准时直播教学。值得一提的是，虽然她教授的是儿童英语，但她的学历背景是香港中文大学的翻译硕士，并有8年的英语教学从业经验。

除了定位儿童家长，还有定位有一定英语基础的成人英语教学账号"哈佛雪梨（英语直播）"。两个账号的作者同名，但短视频风格差异较大。进入账号"哈佛雪梨（英语直播）"的短视频页面，《伦敦腔到底是什么》《为什么英国歌手唱歌会变成美音》等短视频讨论的问题基本在成年英语爱好者的关注点上，没有专门的体系标准。她有时根据粉丝留言决定下一期的内容科普，直播教学也是边看英剧、美剧边给大家做英语教学。她更强调的是口语能力，因此，吸引的粉丝也是不想要太大压力但又想提高英语口语能力的成年人。她哈佛大学语言教育硕士的背景和英、美式发音切换的自如度，让她收获了大量粉丝。

（二）趣味性要不落俗套

在短视频刚起步的2017年，其内容往往会落于俗套。随着受众审美能力的提高和知识教育类短视频所吸引粉丝的教育背景的提升，无意义和低俗的内容根本无法获得有质量的粉丝，甚至会引起大众的反感。因此，如果要获得更多的流量，就要思考一些不落俗套的方式。

1. 短剧

短剧是很多类型的UP主都会使用的方式，但是短剧的内容、台词和表演水平参差不齐。语言类教学非常适合短剧的形式，是因为语言本身就是有对话有场景的，就像我们以前英语教科书上的情景对话一样，用短视频的方式完全可以演绎出来。本书介绍过的"Adam 陈老丝"比较喜欢和擅长用短剧的方式来呈现内容。作者的职业也是一名同声传译，所以他的侧重点也是在口语方面。他会一人扮演多个角色来说明"中国人对各国口音的误解"，并且还会给自己加入各种让人忍俊不禁的造型，比如假发、头巾、把各种 T 恤套在头上假装不同发色等，比较经典的还是他模仿泰国口音的英语对话。他有时候还会拉上一大帮同样在短视频 App 上做英语教学的朋友（大多具备一定的流量能力），一起用英语来演短剧，看他短视频的第一感觉即是剧情丰富、人多热闹、互动性强。

2. 热点

语言类教学怎么紧跟热点？合拍、把热门中文歌翻译成英文演唱、在中考之前推出"中考作文万能句型"……紧跟某一个方面的热点一直是账号"MrYang 杨家成"在做的。他所涉及比较多的内容是热门歌曲的英文改编，比较难得的是，他改编的歌词不仅遵从中文原义，而且也符合英文发音的"押韵"规律，和作曲贴合，毫无违和感。他所选择的英文新闻播音合拍，是在抖音挑战榜上热度达到了"1650.9 万人在看"的热门合拍；在 2021 年，他又推出了如何用英文解读 Wuhan 这个名称的专题独白。紧跟热点，在热点中穿插英语的趣味学习，在英语中加入热点主题，是教学类短视频账号讨巧又聪明的做法。

3. 文化

语言教学也是在传递语言文化，而了解当地的语言文化也是在了解当地的一部分人文。很多时候我们对一门语言感兴趣，都是从喜欢当地的某种文化开始的，比如韩剧、英文歌、日本动漫等。中日混血 UP 主老金在其账号"老金说日语"中，经常会用日本动漫主角的经典台词作为教学。他的视频基本都是以问答形式出现，例如，一个入镜的女声会问他："能讲一句《进击的巨人》里的台词吗？"他就会教给大家，并且分析语法结构，教授大家这部动漫里面的台词。又比如有学生问他："金老师，榻榻米是什么？"老金会从日本的房屋说到榻榻米的材质以及延伸出来的新的词汇，相当于在输出日本的生活文化，让人在学习语言的时候，了解这一国家各方面的文化，增加教学的多元化和趣味性。

（三）抓住碎片化教学

抓住碎片化教学其实就是针对成年人而言，针对儿童和青少年的语言教学是必须有规范和阶段性规划的。成年人学习语言本来就是利用的自己碎片化时间，在生活和工作压力比较大的情况下，除非是专业考证，大家基本上都是依据兴趣来增加语言常识。"抓住"生活的碎片化，比如有粉丝问到"哈佛雪梨（英语直播）"为什么毕业于哈佛，但却说着一口流利的英式英语，"哈佛雪梨（英语直播）"就会专门出一期视频来解释原因，在解释的过程中顺便教学英、美式口语的区别。还有在东京奥运会期间，老金出了一期视频教大家用日语说"给中国队加油"，这些都叫"碎片化教学"。其实就是找到这个阶段、这段时间自己想生产和适合生产的内容，用碎片化的教学内容来填补大家碎片化的休闲时间，这样双方都较轻松，学习起来没有压力，有助于账号的被持续关注。

五、科学科普类

科学科普类账号包括的内容很广泛，生物、动物、天文、历史、科技、法律科普等都属于这个领域。在这个领域里，除了一些自媒体以外，还有很多官媒进驻，比如"中科院之声""中科院物理所"等，中科院和它旗下几大官媒的进驻，为科学科普类短视频加强了权威背书。

1.独家满足好奇心

大家关注科普知识，并不是为了当科学家，而是为了满足自己在这个领域好奇心。比如看到某些动物或者植物的习性很多人都会觉得很新奇，之前说到的"磕叔嗑动物"和"无穷小亮的科普日常"都是在动物和植物界满足了大家的好奇心，让大家了解到了很多书本上都看不到的有趣知识。这两个短视频账号内容都是在短时间内集中整理出有趣又符合主题的知识点，再搭配上二者独有的特色配音。小亮语速快，北京口音重，每次都一本正经地搞冷幽默台词，而磕叔比较声情并茂，音色辨识度高，最早头像不是他照片的时候，很多粉丝都说他声音好听想看看他长什么样。

书本上的科普知识要么比较枯燥且中规中矩，要么信息量过大让大家没有闲暇时间去认真吸收，电视上的科普知识也因为节目的规范化而使内容的呈现方式比较单一。但是，短视频每期一个主题，每次不到 5 分钟，UP 主用有趣、幽默的方式给大家整理出来，再加上互动性强的配音解说词，就相当于针对每个人的"独家放送"。

2. 制作精良

目前我们看到的科学科普类短视频制作都比较精良，尤其是"宇宙探索"这个账号，它获得了 2019 年快手十大科普账号、2020 年度快手科普传播大使。点进账号，你能感受的不仅仅是画面精美，连配音也非常专业。

"宇宙探索"的画面都是制作严谨清晰的动画，并不是东拼西凑的网络截图或者不知来源的视频片段，他的声画对应也很精密，解说词和画面配合得专业，节奏也拿捏精准。比如有一期讲"比邻星"的视频，第一句解说词是"比邻星"，立刻就跟上了"比邻星"的画面，第二句"南门二三星系中一员"画面立马切到了南门二三星系，第三句"前段时间，疑似'比邻星'方向传来的未知信号再次让这颗红星成为焦点"。配音说到"未知信号"镜头就是卫星接收信号的镜头和信号的波长图。声画对应的精准程度和丰富程度堪比电视台剪辑的新闻片。配音员的配音水平也不错，字正腔圆、重音停连表达准确、音色也浑厚圆润。

3. 打造个人 IP

说到个人 IP，我们又要回到"无穷小亮的科普日常"和"磕叔嗑动物"。这两个科普号就是以个人 IP 的形式赢得粉丝信任的典型。从"人"

认识账号，意味着更低的认识成本。小亮的个人 IP 风格是严谨辟谣、幽默分析，磕叔的 IP 风格是趣味解读动物的神奇之处。大家认识了他们的个人风格，对这个"人"有了认识和信任，那么接下来他们所说的话就有了更多的人愿意听、乐于听，所传播的内容就有了更高的信赖指数。

六、艺术哲学类

和艺术相关的领域也很丰富，音乐、绘画、电影、文学等都属于艺术范畴，我们把艺术和哲学的知识类短视频放在一起，是因为哲学会在一定程度上影响和启发艺术家的创作，很多艺术作品都带有哲理性，而艺术也能在一定程度上启迪哲学。德国 19 世纪唯心论哲学的代表人物之一黑格尔把艺术看成一种哲学真理。当然，这只是他个人的观点，本书在这一部分分别探讨艺术和哲学类的短视频以及二者的生产策略。

1. 互动性强

短视频每一期的艺术常识所涉及的话题，不能离普通人的生活太远，包括哲学知识类的账号。上文提到语言教学类短视频的生产策略需要和热点有所结合，艺术哲学类也同样如此，因为"艺术"和"哲学"这两个学科门类本身距离我们的日常生活较远，要抓住粉丝，和他们保持高频率互动是一个好办法。

尤其是哲学，它本身是对人们日常生活中各种现象和事物之间的矛盾进行归纳、概括和解决的学科，入门哲学并不难，这在我们的高中政治课本中就有学习到。但是，关注这类账号的受众一定是想更加深入地学习一些哲学的常识，并试图理解和解决在生活中听到、看到和经历的较复杂事物。哲学源于生活但是又高于生活，所以要想深入学习，对普通人来说就会非常有难度。因此，哲学类短视频账号所要做的，就是把哲学高于生活的那一部分，在短视频以外的地方，继续做解释。

本书前文提到的账号"思想史万有引力"的每一期内容都能让普通人

听到、看到和自己生活的联系。比如 2021 年 8 月 16 日，香港警方拘捕了一名用盐将蜗牛杀死的香港理工大学的博士，该新闻一出，立刻在社会上引起了极大争议，"思想史万有引力"紧跟热点从法律、人性和哲学的角度对此事进行了较深入的分析，在留言中，大家还会纷纷向他提问，可见大家对此事的关注程度很高。并且他还会纠正对他观点理解错误的留言，和粉丝互动性很高。

还有账号"亲爱的安先生"，表面上看作者是在和粉丝分享情感，但是，在分享的过程中他都会植入对镜头、审美、电影风格的科普。大家对他分享的电影艺术常识和他本人都很感兴趣，不仅会在留言中询问专业问题，还会把自己的一些经历和心情跟他分享，他的留言区俨然成了粉丝的互动交流会。

2. 增加实践性

音乐和绘画是必须付诸实践性的艺术，那么通过视频怎么让人实践呢？前面我们提到音乐知识类账号"周雨思（Yusi 音乐审美养成）"，在讲授音乐时除了加入各种影像资料外，还会亲自弹键盘演示和弦、音阶等，增加知识的形象性。

还有绘画类科普账号"顾爷"，把对绘画实践性体现在了线上线下的结合。在 2021 年暑假快来临时，他特意出镜录制了上海莫奈画展的宣传视频，视频中说了带孩子来看画展的攻略，指导父母怎么给孩子讲解等，语言生动，整个展览的布局也在视频中有重点、有逻辑地呈现，让父母们真的产生带孩子去看展的冲动，增加了"看画"的实践性。

3. 示范教学

经历过专业学习的学生都知道，乐器和声乐的学习一般都是一对一教学，因为学习这些技能必须是一对一地指导才有效果，但在一般情况下，这类短视频 UP 主会先用一些作品的成品短视频来引流，然后在直播的时候亲自示范。比如在短视频中直接展示成品画作、钢琴的流畅演奏或者演唱的精彩歌曲片段，而不会在短视频中抠细节来教学。但是，我们研究看到，在短视频中就直接教学示范、引流的 UP 主，和粉丝互动性较强、粉丝增长量都比较快。

例如在抖音和快手上拥有 400 多万粉丝的 UP 主声乐老师何卷卷，她的每一期短视频都是在示范演唱热门歌曲的片段，并且边唱边指导，还在身后的白板上，用非专业人士能记住的方式把歌词标记好。还有抖音账号"笔芯简笔画"，每一期视频都会快进演示如何进行儿童或者亲子简笔画，虽然速度是快进，但是因为所画内容都比较简单，大家在几十秒的时间内就能看清楚并记住，在绘画类短视频账号中属于头部 KOL，在快手上拥有近 500 万粉丝（截止到 2021 年 8 月）。

在短视频中直接示范教学的优势是：不用让受众等待直播教学，直接进入账号就能学到实用内容，对受众来说直接、方便、快捷。

七、读书荐书类

为受众推荐好书的文章和节目历来就有，从报纸、杂志到电视节目，虽然现在电子书抢占了很大一部分纸质书的市场，但无论是何种形式的书籍，读书、看书始终是人们精神生活无法脱离的需求。2020 年 10 月 20 日，快手联合中国出版协会共同推出的"2020 快手读书·创作者学院"启动仪式在京隆重举行，快手现场宣布投入百亿曝光资源，全力扶持读书领域创作者成长，包括扶持 1000+ 出版机构、书店账号，1000+ 读书类 KOL，500+ 作家以及 500+ 百万粉丝读书账号。在启动仪式现场，读书推荐的头部账号"樊登读书"的创作者分享了他的账号运营经验。樊登认为，创作者首先要有自己的风格，其次是要做到持续不断的坚持。

1. 树立账号风格

樊登口中的"有自己的风格"到底是什么？百度百科对"风格"的解释是"艺术作品在整体上呈现的有代表性的面貌"，重点词语是"整体"和"代表"。整体说明的是坚持始终如一，代表说明的是独有或者特有。

"樊登读书"一直坚持打造樊登的个人IP，从2013年开始一直坚持做到现在。樊登之前是中央电视台的节目主持人，北京师范大学电影学的博士，他在短视频中的人设是冷静睿智的知识男性，他推荐的书籍会涉及从育儿到养生等各个方面内容。他在抖音和快手上的短视频时间都很短，团队剪辑的都是他说过的较长的论述中截取的"代表性"语言，截取的这些话语都是在找受众的生活与职业上的情绪点。比如他在推荐《解惑：心智模式决定你的一生》这本书时，短视频的第一句话就是："像你们各位每天都来上班，你真的特别愿意来上班吗？"很多上班族听到这句话就会被立刻吸引住。所以樊登的风格就是推荐"我懂你"和"你需要"的书籍，他在镜头前更像是知识渊博的大哥。

还有一位主打女性读书的账号"都靓读书"。她的粉丝量不如"樊登读书"，但是她的点赞量是高于"樊登读书"的。因为她专注于做读书推荐的短视频，樊登的团队还是主打吸引会员和自己公司的App，短视频平台只是他引流的一个通道。"都靓读书"不太一样，每一期视频都是直接引流她推荐书籍的链接，所以每期短视频都是完整的。她的风格很温柔缓慢，让人看了以后会觉得心情平静，慢慢跟随她走进书中的世界，她在镜头前的风格是陪伴你读书的朋友。

无论是知识渊博的大哥还是陪伴你读书的朋友，都会找到有需求的受众，前提就是这个"风格"要持续坚持，人设和账号在每一期内容中都要坚定统一。

2. 找到共情点

给大家推荐可以去读的书籍，必然是这本书能和大家产生情感共鸣才能让人有阅读的欲望。很多人读书是为了解决问题。既然大家的需求就是解决问题，那么在视频的开头，我就要直击痛点，告诉你我给你推荐的书是为了解决什么问题。比如知识教育类短视频账号"忘却鱼鳞"，这个账号女性粉丝群体较多，因为作者聊的话题很多是比较敏感的，我们来看几期他的开场白。

（1）很多人跟我说觉得自己很丧，工作、感情、人生、事业，等等，都找不到出路，干什么都没劲，也不知道自己到底要什么，该做什么选择，这通常也是我们后台的私信和评论区留言收到最多的问题……

（2）为什么会有很多大龄单身女青年最后都成了剩女呢？因为她们没有勇气做选择，很多人烦恼的根源，是自己什么都想要。

（3）如果说我要推荐一本言情小说，那一定是这本，顶级言情小说……

他的视频都是直击用户情感需求的痛点，在开头的前五秒就试图寻找和受众的情感共鸣。在内容里描述情感、情绪的词汇也较多：丧、烦恼、勇气，等等。情绪和情感始终是女性的关注重点。

3. 满足私人需求

既然找到了和用户的共情点，下一步就是通过共情来帮大家满足需求。我们在收看短视频时，本来就是一对一的私人时间，那么，在大家的私人时间里，满足大家无法在公开场合言说，或者内心深处的一些小需求，"都靓读书"就抓住了这个供给关系。比如有受众会觉得自己情商不高，或者表达能力有些问题，作者就会在短视频的题目中直接写明，如《〈当时忍住就好了〉哈佛大学"情商自修课"》《〈即兴表达〉如何成为一个会聊天的人》等。书名和书的主题都在标题里一目了然，目的性强，不浪费彼此的时间。也会有受众在自己的人性人格上有难以启齿的小秘密，作者会用《〈谢谢，但今天不行〉讨好型人格有多委屈》这样的标题来吸引这类人群。

推荐书籍，就把书籍名字和主题先告诉你，你先看看能不能满足自己的需求，是不是在你的兴趣点上，你再来决定是否点开。这样的方式省时省力，利于涨粉。

现在抖音、快手和B站都在知识教育类短视频领域发力，基于各种流量优惠政策与知识类UP主的助力扶持。再加上知乎、今日头条在这个领域的短视频进驻，竞争可以说才刚刚开始。知识教育是需要细水长流发展的领域，我们也希望在大家通过短视频娱乐休闲消磨碎片化时间的同时，了解到更多有用的知识。

思考与练习

1. 知识教育类短视频的特点是什么？
2. 优质知识教育类短视频的要素是什么？
3. 知识教育类短视频有哪些类型？
4. 不同类型知识教育短视频的生产要素是什么？

第八章　搞笑类短视频的策划与制作

　　近几年来,作为娱乐先锋的搞笑类短视频成为短视频内容创作者竞相争夺的领域之一,在艾媒 2020 年发布的《2019 年中国短视频行业创新趋势专题研究报告》中的数据显示,根据艾媒数据中心 2019 年通过草莓派数据调查与计算系统抓取的 1595 则样本进行分析后,将短视频分为十一大类,搞笑类属其中之一,并且据统计,从 2017 年到 2019 年上半年,搞笑类短视频一直是在用户中观看比例最高的内容类型,遥遥领先于其他类型。随着互联网的发展和新媒体的赋权,使得搞笑类短视频日益成为大众在日常生活中消遣、娱乐的重要方式,也有效地反映了人民大众的精神生活。搞笑类短视频以其平民化的风格和戏谑化的剧情赢得了受众的青睐,如 papi 酱、陈翔、喵大仙等人物,借助自媒体短视频,迅速从"草根"发展为"网红"。搞笑类短视频的兴起与视频拍摄制作设备的小型化、个人化、门槛化等技术进步分不开,又得益于互联网的普及和病毒式扩散传播,同时也与我国当前人们所面对的社会、工作和生活等多方面的压力有关,人们需要宣泄压力、摆脱烦恼、轻松一笑。而搞笑类短视频因其夸张独特的人物造型和话语表达、设置极具冲突与戏剧性的故事情节来吸引大众注意力,使得用户在观看时,弥漫着浓浓的搞笑氛围。搞笑类短视频虽然为引人发笑而做,但要注意的是,创作态度要端正,要避免流于庸俗、低俗。

因此，本章你将学到以下内容：
1. 搞笑类短视频的特点；
2. 搞笑类短视频的要素；
3. 各类型搞笑短视频的内容生产策略。

第一节　搞笑类短视频的特点

搞笑类短视频是指以普通大众为主导，依托一个或多个大众传播平台进行传播，配合有语音、快拍、美编等手段，带有明显大众文化和网络文化特性，能够满足受众即时娱乐的风格幽默、诙谐并能激发受众愉快、喜悦等情感因素的一种视频表达形式。[①] 搞笑类短视频从受众心理出发，利用影像来取笑，采用记录拍摄、剧情创作、动画制作等手法进行创作。搞笑类短视频的基本特点主要有以下几点。

一、内容通俗简单

观看搞笑类短视频的大众用户需要在相对较短的时间内获取搞笑的气氛，实现娱乐和放松。而搞笑类短视频的制作者和参演人员多出身普通大众，受众也多为普通用户，因此创作者在内容创作上一般都设置较为简单浅显的剧情，人物关系不复杂，结构相对单一，往往围绕笑点进行安排，且笑点设置明确清晰，通俗易懂，观众一般可以在休闲或者空余的时间内，不费脑力地看完剧情，从而获得精神上的愉悦和放松。例如抖音账号"陈翔六点半"定位生活题材系列短视频喜剧，抖音账号"祝晓晗"主要表现家里的一些生活琐事，抖音账号"叨叨"也是以日常生活琐事为主给

[①] 赵雅轩.抖音搞笑短视频的语言文本表达研究［D］.武汉：武汉体育学院，2019：12.

大家带来了不少笑点。

二、"草根"创作成本低

搞笑类的短视频，有的是网友恶搞拼贴而成的，有的是由制造商组织人力创作的，有的是"草根"创作者自行创作的。与其他视频作品相比，搞笑类短视频的创作者有两个突出的特点：一是很多来自"草根"阶层，如抖音账号"张若宇"，整个团队由张若宇一家人组成（张若宇、妈妈燕女士、姥姥陶女士、妹妹）。他们分工也不是特别明确，策划、剪辑、拍摄表演均是一家人共同完成。二是即使有组织地进行创作，创作团队也比较小，这极大地节省了人力、物力成本，使搞笑类的短片具有多快好省的创作模式，成为颇受欢迎的快餐文化。搞笑类短片一般没有经过加工改造，内容往往聚焦在普通人的生活和情感上，表现形式上通俗易懂，具有浓厚的民间市井气息。正是由于这种"草根性"，使得搞笑类短视频不仅与群众生活息息相关，而且直通观众心灵，往往能够直击观众的笑点，引得观众捧腹大笑。

三、围绕笑点巧设计

卓别林曾经说过，要使观众发笑，并不需要知道什么特殊的秘密。我的全部秘密就是在于我过去和现在都一直在研究人，因为没有人，我什么目的也达不到。的确，搞笑类短视频的最终目的是博取观众的笑声，因此，每一个搞笑短片都以人作为创作的出发点，研究笑点、营造情境，并充分运用设置技巧进行强化。这是夸张式喜剧艺术的必备手段。在搞笑短片中，无论表演的动作、表情，还是画面、色彩、配音、情节设置等，每个环节都有夸张，并且夸张幅度通常都比较大，甚至到荒诞不经的地步，但夸张的前提是不失真。也就是说，搞笑短片仍以现实生活的反应，不会也不能完全脱离现实生活。

四、网络传播商业化

如今，手机或电脑上网是中青年群体娱乐消费的基本方式，而无论是电脑上网还是手机上网，都要有一定的经济保障和消费能力。而从用户群来看，网络视频的消费人群也恰恰是社会消费主体，因此网络视频短片必然成为商家的必争之地。在搞笑类短视频的制作中，除了资本的直接注入外，表现最突出的是广告植入，各种植入手段令人叹为观止。有的通过情节设置见缝插针，有的通过恶搞、吐槽最大可能的重复产品、功能或名字对观众进行轰炸，还有的借科普视频的外衣，通过动画的形式将事物的发展用戏谑的方式制成视频，最后总结该事物发展到现在阶段，用某某技术最便捷，达到广告的效果。比如，抖音账号"广东夫妇郑建鹏 & 言真"，主要以夫妻二人为主，偶尔带女儿进行拍摄，内容以搞笑视频带货和直播带货为主。2020 年 5 月 14 日的视频内容为《老婆脸上有蚊子，到底该不该打？》，由"互相打蚊子"升级为"互殴"，最后丈夫拿出超威电热蚊香液带入广告，用超威电热蚊香液就没有蚊子了，从而达到广告和带货的效果。

五、在爆笑中体味某种生活的真谛或哲理

搞笑不仅是一种艺术、一种人生态度，更是一种富于智慧的处世方式。搞笑类短视频的内容大多取材于日常生活，这里面蕴含了很多生活哲理，搞笑也可以让人在笑过之余感受到某种生活的真谛或哲理。妙趣横生、妙语连珠的幽默，使人思想乐观、心情愉悦，能启迪智慧，培养高尚的情趣。搞笑类短视频在一定程度上虽然解构了宏大叙事方式和主流精英文化，但其搞笑批判的背后实际上包含着人们积极向上的价值观，在这一

角度上搞笑类短视频重构起后现代主义的微小叙事方式和"草根"阶层的文化，传递出人民大众对创作美好生活和传递积极价值观念的期待和向往。例如，抖音账号"维维啊"，在 2022 年 1 月 19 日的视频中，母亲要去三亚旅游，告诉儿子想多看儿子两眼，所剩时间不多了，儿子以为母亲出什么事情了，吓一跳，然后母亲说去三亚旅游提前了，看儿子送外卖辛苦，嘱咐儿子骑车慢点，通过送外卖的故事演绎，在搞笑中告诉受众：别把好脾气全都留给别人，而把坏脾气留给家人的家的相处智慧。

第二节 搞笑类短视频的要素

搞笑类短视频从创意到最后完成，需要经过剧本创作、拍摄和后期制作等环节，每一个环节都应该是紧扣让观众发笑的目的，围绕笑点展开的，笑点的视听表现设计、笑点在拍摄制作过程中的如何强化等都应该立足于观众的生活经验、视听知觉和娱乐消遣的心理特征，使作品的设计和表现手法都能够在观众那里取得效果，成为人们喜闻乐见的作品。

一、基于用户发笑机制的三种喜剧模式

搞笑类短视频看似易做，但想要做好却比较困难。段子手不但要夜以继日地快节奏生产笑点、争夺曝光的抢先性，还要提防模式化后，被迅速跟上的同质化内容反超。

喜剧效果不是偶然的灵感决定，事实上，只要了解人们的发笑机制，就可让搞笑节目进入工业化量产的 2.0 阶段。

心理宣泄、满足优越感、错位反差是三个主要的喜剧模式。①

---

① 大婷婷. 搞笑节目不难做！4 个套路让观众笑到停不下来［EB/OL］.（2018-03-15）. https://mp.weixin.qq.com/s/V3ZekD3PC_fZfUq859-IYQ.

（一）心理宣泄

一针见血地指出对方的问题且回击，用戏谑的方式高度还原，让观众释放被压抑的负面情绪。"papi酱"曾经使"怼亲戚"这一命题大热，如今每逢春节这样的内容依旧层出不穷。被称为"男版papi酱"的软软经常在视频中还原时下热议的"双标狗""直男癌"等群体的特征行为。"扎心了，说的是我本人，笑cry.jpg"这样的留言不在少数，好笑至少要引起共鸣，但共鸣在这里只是一部分，仅仅是感同身受还不足以逗乐观众。这里的重点是"扎"，准确表达甚至夸张演绎才是真正引人发笑的关键所在，突破禁忌，给观众一种心理宣泄的途径。位于卡思数据搞笑分类榜单Top10的"罗休休"，被设定为"经常被母亲苛责的女儿"，她的标志性动作是：捂脸哭+不断递进的哭妆，高频桥段为"一言不合被掌掴"。夸张的表演和活跃的气氛让观众用轻松的心态看待此角色及情景，缓解紧绷克制的状态。

（二）满足优越感

从最初的哑剧到现在的喜剧电影，笨拙的主人公都是不可或缺的人物，看着对方出糗可让观众产生智力上的优越感。短视频中，常出现的是调侃事件（生活乱象：低素质、不公正等）和调侃人物。这样的笑料又被称作"歧视性"笑话，建立在对一个事件及群体的刻板印象上。这个出发点需要好好把握，否则可能产生一些负面影响。比如"女司机"的梗，男性更容易发笑，部分女性觉得受到了冒犯。而"男友求生欲"这个梗，女性可能会心一笑，但容易让男性产生"女孩难相处"的观感。

（三）错位反差

当原有认知与当下所见发生错位时，相比冲突更易产生喜剧效果。高人气综艺《吐槽大会》策划人李诞认为：恐惧解除和新知鼓励是喜剧的两个逻辑。

1. 恐惧解除

大脑高速运转后瞬间放松,"神转折"下人们下意识地发笑以鼓励自己,就像段子的前身——脑筋急转弯那样,这个心理机制在脱口秀、相声等形式中运用广泛。短视频领域还没有到恐惧的层面,解除的常常是紧张感、期待感,比如最常见的小题大做。"野食小哥"作为轻剧情的账号,经常用到这种手法,比如该账号的一则短视频中,空荡的街角,机动车轰油门的声音逐渐响亮,搭配主题"速度激情面",常识里观众会期待赛车入镜出现漂移过弯,但随后镜头中出现的是一辆儿童摇摆车。又如另一期"喝豆浆吗?原味的"中,上个镜头是静置的干净豆子,当观众以为接下来要开始磨豆子时,剧情的发展却是"3天后"——已生长为豆芽,豆芽被炒着吃了,小哥喝的豆浆则是用豆浆机做的。

这样的模式通常有两个组成部分:铺垫+抖包袱,前半段要有噱头,勾起观众的注意力及紧张的情绪,后半段来揭晓笑料。拖得太长笑点凉了,揭晓太快就没有转折,节奏是主要的挑战。

2. 新知鼓励

另一个来自意料之外的惊喜,即得到新鲜事物的喜悦:得到观众"这也可以!""会玩会玩,赞.jpg"的反馈。我们熟知的谐音梗("黄焖Jimmy饭""目瞪狗呆"等)可以产生这样的效果,但仅限首次听见时。

所以,以方言为主要优势的节目起初会有较好的反馈,但后续需推出更多优势来稳固观众。这个方面,脑洞派 KOL 比较有优势,给观众意外的惊喜,目前一些趣味开箱节目(如《白眼初体验》)可满足这样的需求。

二、刻意制造的意外

在搞笑类短视频中,"笑"是永恒的主题,如何引人发笑,则是制作者首先要解决的问题,也是情节创意的核心问题。引人发笑的原因很多,其中根本原因是"意料之外"。在搞笑类短视频的情节创意过程中，要不断地考虑如何制造这种"意料之外"。比如，情节在逻辑上突然断裂转弯或者与观众头脑中已有的"现实"完全错位，短片中人物的操作失误等都可以造成"意料之外"从而引爆观众笑点。视听语言作用与观众的一大特点就是在既看见又听见的"现实之下"，带来观众主观能动性的极大参与，观众很容易接受剧情的逻辑，并且根据其中的暗示和自己的生活的经验，明白或者接受其中的逻辑，在潜意识里进行演绎。剧情逻辑错位便是很好地利用了这一点。当观众看到或者听到并接受某个剧情的时候，突然发现"接下来完全不是这样"，"意料之外"的笑点也就产生了。比如抖音账号"老板罗成"，作者罗成是一个富二代老板，但他很社恐，因此在社交的时候往往表现得很不自在，从而说出一些更加尴尬的话和做出一些更加尴尬的事情。在2022年2月10日的视频里，老板罗成参加一场自媒体行业的路演，当他碰到一个投资人的时候，他请投资人为他投资5000万元，投资人说他哪来这么多钱，此时罗成表示自己可以转给投资人。这些出其不意的路数，经常让受众产生笑点。

与观众的生活经验或原有经典故事的"现实"错位，同样能产生"意外"的效果。在《十万个冷笑话之哪吒篇》中，各种与现实的错位层出不穷。例如，哪吒生下来是个圆肉球，由于经典的哪吒故事，这已经是人尽皆知的，不能成为笑点，但是，李夫人却突然坦言那个所谓的肉球是她的一大坨鼻屎；在《万万没想到》里，门童竟然就是诸葛亮。这些都与观众记忆中原来的经典故事完全不同，造成了情节与观众心目中的"现实"错位，实现了"意外效果"带来了欢乐。

在情节设计中各种误会、失误与言行背反，也是造成意外情况而产生笑点的常见手法。比如抖音账号"驴驴baby"，在2022年3月18日的视频中，主播驴驴开一辆很贵的车去相亲，但由于女性不懂车，口出金句，比如"你就开面包车来相亲啊"她口中的"面包车"，实则是价值一百多万元的"丰田埃尔法商务保姆车"。

三、引发情感共鸣的文本设置

抖音搞笑类短视频的话语文本设置可大致分为生活化、吐槽式、无厘头三种情况（一些用户的文本设置同时包含2~3种特征），它们的共同特点就是能最大限度地唤起公众的内在情感共鸣。①

其一是最常出现的生活化文本，运用此类文本表达方式的用户占比约68%。如抖音用户"尊宝爸爸"的作品《祝大家睡睡平安》中的台词文本："锄禾日当午，睡觉好辛苦，睡了一上午，还有一下午，晚上接着睡，实在太痛苦，为国睡，为家睡，为了平安还是睡，祝大家睡睡平安。"在这一台词文本中，将经典古诗词根据现实生活背景改编为通俗易懂、简单顺口的"口水诗"，用日常的生活化语言描述出大众居家不外出，无奈又无聊的心情，体现了语言的生动性和亲民性，极易唤起大众的情感共鸣。

其二是吐槽式文本，通过对50名抖音搞笑类短视频用户所塑造人物的表达特点进行分析发现，台词文本具有显著吐槽风格的有19位，占比为38%。吐槽是指针对奇人奇事发出自己的调侃和疑问，往往通过对语言文本的巧妙运用，能产生令人捧腹的搞笑效果。如抖音用户"刘铁雕"吐槽如何形容点的餐很难吃，其台词这样设置："你就这么说吧，我家的狗闻了你家的饭之后，自己到厨房做饭去了，还做了个热狗……更夸张的是这个，饭是下午吃的，人是晚上走的。"吐槽式文本善于运用夸张、比喻、拟人等修辞手法，提高了文本的趣味性，同时也加强了作者与观众之间的互动，并进一步引发观众的情感共鸣。

其三是无厘头式文本，这一类文本大多荒诞、戏谑，缺少前因后果的铺垫，但是却往往能够迎合受众追求奇特、猎奇与恶搞的心理，因此无厘头式文本相比起前两者更易产生广受大众追捧的流行语。如抖音用户"韩

---

① 孙玉婷.媒体奇观视域下的抖音搞笑短视频研究[D].湘潭：湘潭大学，2021：20-21.

美娟",其所具有的独树一帜的风格,夸张的造型妆容配以无厘头的台词设置使他在短时间内爆红网络。"韩美娟"的经典语录语句大多简短押韵,便于受众进行模仿和传播,但是深究台词文本的含义,却难以找寻到其中的逻辑关联,如"百因必有果,你的报应就是我",这句话不仅没有任何因果联系,反而体现出十足的荒诞与恶搞,看似可以适用于任何情境,但是却无法体现出任何具体的含义。而这种无厘头式的台词之所以能够在一时之间成为热潮,正是由于恶搞式话语能够吸引观众注意力,引发情感共鸣,最终在各路网友追捧之下形成一种"奇观"。

四、夸张手法的运用

夸张是搞笑类短视频中必不可少的搞笑元素,视觉笑点首先就是在典型的外表特征下进行造型夸张。

在真人表演中,让角色的形象和行为充满滑稽搞笑色彩,最早源于古代的哑剧和小丑表演,而实拍的视频作品则早在默片时代就进行了这一方面的大胆尝试,卓别林的流浪汉形象甚至成为经典。声音进入电影后,喜剧对角色视觉形象的依赖有所减弱,夸张程度也相应减弱,然而人物表演行为上的夸张则没有减少,反而更加无厘头化了。

对于搞笑类短视频而言,用夸张的方式描绘人物的外貌增强搞笑效果也是常见手法,例如,《绝世高手》里卢小鱼的样子普普通通,但是那两撇眉毛却画得直插双鬓,显得"大义凛然",跟形象很不相称,从而制造出滑稽效果;而《万万没想到》中为了表现公主不是美女,甚至直接让一个光头的男演员男扮女装上阵。

五、精心设计的人物表演和行为动作

搞笑类短视频更多的是通过精心设计人物的表演和行为动作来取得

效果。

一是给角色设计标志性的搞笑表情或行为。例如，电视系列喜剧《憨豆先生》里成功的角色行为设计把点到即止的英式幽默表现得淋漓尽致，从而大获好评。如抖音账号"疯狂小杨哥"，他通常以"疯癫"为主，直播过程中经典动作"好吃到起飞"，在品尝到商家所推的视频后，会往后弹起飞跃。还有在直播过程中反向带货，边吃榴梿饼边吐，这些表情是导演精心设计的，让人一看就想笑。制作者通过精心设计这些标志性的动作和表情，除了能给观众在视觉上增强搞笑效果外，更是为短片设计了独特的标志，让人爆笑之余印象深刻。

二是对角色行为的无厘头演绎。说到无厘头，立刻让人联想到"喜剧之王"周星驰，他通过无厘头的演绎，将《武状元苏乞儿》中的苏乞儿、《功夫》中的阿星等小市民、小人物的日常生活变成了大精彩，从而使影片大获成功。事实上，夸张的无厘头行为方式是非常值得搞笑短片创作者借鉴的。

除了人物的行为方式无厘头外，利用表演者五官的夸张变形进行表演，以充分表现其当时的情绪也是常用的手法。表情也是夸张得直击观众的"笑点"。如抖音账号"憨豆妹"，视频主要通过BGM（背景音乐）的播放进行卡点，将面部表情（眼睛）与之匹配，在2022年1月14日的视频里，她用戏曲的BGM搭配上灵活的"眼珠子"给人一种惊奇搞笑的感受。

六、用音效营造搞笑氛围

在影视作品中，音效运用得当往往能起到抒发情感营造氛围和揭示主题等作用。从默片时代开始，就有声音元素的加入，一方面声音能使人感觉画面更真实，另一方面声音让情节发展更加自然流畅，比如卓别林的影片中，音效就有着无可替代的地位。与其他影片一样，生活环境中的一切声音在搞笑短片中都可作为音响效果来加以处理，可以说搞笑氛围的营造离不开声音的环境气氛。如抖音账号"鬼哥"在 2019 年 10 月 9 号的视频里，通过音效色彩来烘托鬼哥在与母亲的斗智斗勇过程中的紧张、刺激、激烈和荒诞，这些音效配合搞笑画面一起出现往往使影片更加生动，让观众获得愉快和放松。

七、利用字幕强调笑点

字幕是视频作品中不可缺少的一部分，它一方面能满足受众"看懂"的心理需求，另一方面不同的字体、大小和颜色会对观众的视觉产生不同的影响，从而引起受众的情感变化。搞笑类短视频作品本身的"娱乐功能"和观众的"消遣心理"使其在字幕制作的基调上需要起到"快速吸引眼球"的作用。比如较大的字号、鲜艳的颜色、某种字形、动态字幕等都能快速吸引观众眼球，把观众的注意力集中到某个点上。在《十万个冷笑话》中就多次用了这样的字幕来强化视觉效果。

文字作为一种图像符号，在画面中运用得当的话，往往能起到丰富画面、优化构图的作用，在画面质量较差时合理的字幕运用又能起到转移观众关注点的作用，在一定程度上，字幕已经成为影视作品的一种包装方法。在搞笑短片中，为了达到搞笑的效果，制作者往往将笑点接二连三地抛出来，但是由于搞笑短片的节奏一般比较快，观众有时候会来不及接受这些搞笑的信息，这时通过用字幕来放大和强调这些笑点，制作者往往能更把握影片的节奏，更好地控制短片的搞笑效果。比如《万万没想到》中王大锤在和女学生讨论早恋时，制作者就用字幕刻意放大了"老师，你谈过恋爱吗？"和"老师，你懂吗？"这两个信息，让王大锤一下子由强势的角色变为弱势的角色，放大了王大锤的不知所措，从而引观众发笑。

第三节　各类型搞笑短视频的内容生产策略

根据艾媒咨询 2019 年 9 月发布的《2019 中国短视频创新趋势专题研究报告》统计，2019 年上半年中国短视频平台用户观看类型主要分为搞笑幽默、生活技能、新闻现场、娱乐明星、时尚美妆、美食、数码科技、网红 IP、运动健身、宠物与其他等 11 种。其中，搞笑类短视频一直是中国短视频平台用户观看类型中最受用户欢迎的，遥遥领先于其他类型，在受众调查中，大部分用户表示观看短视频是为了放松、缓解压力。搞笑类短视频成为主角不仅是用户的选择，更是社会现实的反映。

比起相对枯燥、阅读门槛较高的垂类节目，轻松幽默的内容对观众来说具有天然的吸引力，更容易获得流量的快速积累。较低的资金及专业知识门槛也让更多人将搞笑作为优先选择的品类。因此，掌握不同类型的搞笑类短视频的内容生产策略，可以帮助创作者们更好地制作出让受众喜闻乐见的作品。

按制作方式分，可以将搞笑类短视频大致分为滑稽记录类、原创生活类和搞笑动画类。

一、滑稽记录类

滑稽记录类短视频是最早的搞笑短视频，它采用纪录片的纯记录理念，以抓拍生活中的趣事、失误为主，也有大量从监控中截取下来的片段。其中抓拍家庭趣事和小意外更容易获得关注：由于儿童和动物对摄像机没有警惕性，往往在镜头前能表现最本真的行为，某些行为通过记录剪辑，常常令成年人感到好笑。宠物也是人们的搞笑目标，斗牛、赛马等动物比赛更是搞笑视频制作的原材料，有时将赛场上富有特征的动物与人的表现交叉剪辑，会给观众带来捧腹大笑的效果。

例如在抖音账号"我的孩儿们"中，父母记录了四个孩子的日常生活。孩子们一口纯正的东北话，常常语出惊人，一开口便引得观众乐开花，有着超强的记忆力和模仿能力，演什么像什么。

滑稽记录最后脱离了纪录片的纯记录理念，开始自编自导式的制作，整蛊是其中一项重要的创作内容，不论是抖音还是B站，不少创作者依靠形形色色的整蛊内容打造爆款、涨粉百万、千万。这类内容能够在短时间内迅速激起并满足用户的参与感和沉浸感。而参与感和沉浸感是决定用户能否看完一条视频的重要因素。

以抖音为例，仅在各路整蛊话题之下，就有超过300亿的视频播放量，通过整蛊做出反常理的事引起周边不知情者的反应——各种千奇百怪的表情，让人忍俊不禁。如今网络上传播的滑稽记录短片，一般是网友采用自编、自导、自拍的方式，通过夸张的表演和搞怪的模仿以及一系列刻意的整蛊来吸引观众的关注，博取笑声。整蛊类题材本身就自带吸引眼球的戏剧色彩，通过各种充满了奇思妙想的脑洞、创意，再加上整蛊对象出其不意的反应，以及一些状况外的情景加持，一旦成功，节目效果直接拉满，能在给用户带来极强参与感的同时，满足一种简单、纯粹、放松的"原始"快乐。

如今，除了网红新面孔，许多我们从小看到大的专业喜剧"老熟人"也玩起了滑稽记录类的短视频。潘长江在2019年仅用3个月时间，就收获了1400万粉丝。潘老师的内容以个人日常记录为主，大多为配合特效做的搞笑内容，也有记录剧组日常、与其他明星伙伴的合拍等。视频普遍较短小，但都有很强的个人风格。2020年12月，话题#还以为在看冯巩的小品#冲上了微博热搜，点进去一看，原来是冯巩和徒弟大头哥（曹随风）在亲手包饺子，过程中两人一来一往说着俏皮话，徒弟多次将军不成反被师父回怼，逗乐得很。网友在评论中更是直言"有那味儿了"。

短视频的泛娱乐氛围与专业喜剧人长期浸淫的相声、小品类传统喜剧节目非常契合，短视频平台上爆红的几位老一辈喜剧艺术家，都在喜剧行业摸爬滚打了多年，讲段子、拍短剧对他们来说就是小巫见大巫，只不过与观众对话的平台换了，屏幕变小了，观众年龄层降低了。也因此，相对于红人，他们具备强大的群众基础，而相对于偶像明星，他们又有扎实的喜剧内容做支撑，使整体发展都优于红人及普通明星。

下面是滑稽记录类短视频的内容生产策略。

（一）记录生活中的趣闻、乐事

采用纪录片的纯记录理念，以抓拍、跟拍、抢拍、等拍的方法记录生活中的趣闻、乐事。一些反差萌，出其不意的话语和意料之外的结局，往往容易引人大笑。像典型的"耙耳朵"的男人，与男人固有的坚强、勇敢、有魄力、威猛的形象产生了巨大的反差，表现出的"胆小""惧怕"，特别容易产生搞笑的效果。如微博热搜上曾出现一则标题为《妻子辅导作业发火，丈夫秒拿桌布干活》的短视频，视频内容为苏女士在房间辅导女儿写作业被气到大发脾气，原本在客厅跷着二郎腿的丈夫听到情况不对，瞬间起身，装作乖巧地擦拭茶几，待苏女士进房间后立刻抹布一扔，又继续在沙发上躺平。苏女士后来在监控中看到丈夫的行为才了解实情，觉得十分搞笑。

再如可爱呆萌又机智的萌娃也是滑稽记录类短视频的重点表现对象，这类账号通常通过记录萌娃们在生活中的趣味日常和萌趣瞬间，输出众多轻松愉快的搞笑视频，如账号"朱两只吖""小橙子先生""博哥威武"等。"人类幼崽"总是以令人意想不到的方式走红。例如账号"博哥威武"，视频中大博和二博经常以一副人小鬼大的机灵样子用东北话对话，爆笑全网。在2021年7月20日的视频中，妈妈生病在家，很晚了爸爸还没回家，妈妈暗示家里缺点啥，大博主动拿过手机说，"我得跟你老公好好唠唠，你媳妇生病了，咋这么晚还没回来"，这副"鬼马"模样加上东北方言引来不少大人的爆笑，让这条视频轻松获得 280 万点赞。但要注意的是，萌娃不是大人牟利的工具，2021 年，文旅部办公厅发布《关于加强网络文化市场未成年人保护工作的意见》，严禁借网红儿童牟利。

萌宠也成为滑稽记录类搞笑短视频的重要赛道，成为快手重要内容垂直领域之一，而在抖音，"萌宠出道计划"的话题已有 1792 亿次的播放量，B 站也推出"萌宠星探官""云吸动物大会"活动，招募动物圈 UP 主，满足用户的"吸宠"需求。照顾孩子的二哈、放飞自我的羊驼……这些或可爱或呆萌或机灵的宠物高萌瞬间，经常能激发用户的怜惜和笑点。例如抖音账号"雪球日记 qwq"抓住小奶猫腿短的特征，记录小奶猫迈着小短腿好奇地跑来跑去的日常，成功挑战"底盘最低"小猫咪，配合后期音乐和搞笑字幕，为日常记录增添了趣味性。

（二）运用整蛊的各大招式

整蛊类视频往往会营造出一种出人意料的喜剧效果。用户跟随着整蛊者一起布局，最终得以见证到被整蛊对象的各种反应。而这些自然流露出的反应被直观暴露于镜头之下时，搞笑逗趣的效果也会随之放大。有的时候，用户还会从整蛊视频中感受到一种乐观、积极、幽默的生活态度，这种感受也会转化为他们对视频本身更大的兴趣。

1. 通过极端手法让朋友体验"社会性死亡"

B 站账号"姜峰真的苟"的 UP 主作为一名配音演员，可以在男女声之间切换自如，而性别反串就是他整蛊的核心招数。他曾在 B 站发布了一条名为《愿友谊不再变质》的视频，视频中 UP 主姜峰男扮女装和兄弟相约海底捞，前期，他嗲声嗲气向兄弟发起撒娇攻势，一句"奖励你一个小猫爪子，因为你点了猪脑花花"让对面的兄弟瞬间从耳朵红到脖子根。紧接着，趁着兄弟上厕所的工夫，姜峰以"女朋友"的身份和海底捞服务人员提出了要给"男朋友"生日惊喜的要求。在服务人员热情的操持之下，好兄弟已然羞得捂住了嘴。此时姜峰乘胜追击，一句"你这个渣男，每次出来都让我用女声，你知道我这半年是怎么过的吗？"让一旁的服务生瞬间瞳孔地震，短暂调整状态后，专业素养过硬的服务生迅速道歉："不好意思，刚才误会了哈，祝两位友谊长存。"在这句话的补刀之下，好兄弟彻底放弃抵抗，一场圆满的整蛊活动就此完成。

2. 借助"科学"手段占人便宜

比如抖音达人"雪姨和佳阳"曾发布的一条点赞 151.4 万的视频，其中主人公假借教韩语之名，让办公室的一众同事跟着自己学说一句话，众人乖乖照做后，她将视频倒放，一声声"你是我爸爸"响彻屏幕，让主人公狂喜不已。

3. 利用自身特点让熟人凌乱

比如 B 站账号"爆走短路"，完美运用了自己有一个双胞胎哥哥的外在帮扶，以此围绕着生活日常打造出了一系列整蛊内容。比如弟弟假扮哥哥去上学，并且堂而皇之地以哥哥的身份进入宿舍，整个过程哥哥的室友都浑然不觉，没有生起一丝怀疑之心。直到真正的哥哥露面，室友才恍然大悟，露出凌乱眼神。

4. 通过各种恶作剧近距离观察亲近之人反应

如抖音账号"河马君"通过一道道奇思妙想的黑暗料理，一次次挑战着狂暴"妈沫"[①]的底线，总是被"河马君"用黑暗料理刺激的"妈沫"，往往会给出白眼、暴跳如雷、呕到变形的反应，被放大后的表情呈现在镜头前，有一种亲切的滑稽感，即使在长期的套路累积下。观众对"妈沫"的反应已经有了一定预期，仍然看得乐此不疲。

（三）利用土味文化提供情绪价值

土味视频是伴随着短视频风潮流行起来的一种内容类型，土味来自民间，乡土气息浓厚的作品反映的是普罗大众的真实生活。这种固有的内容风格在过去几年内容中心化、精英化的趋势下，被移动互联网时代的网民

---

① 意思是"妈妈"。

们渐渐遗忘。而在近两年，随着短视频浪潮的兴起，素人话语权的回归，土味内容重新回到大众视野，被更多人注意到。说到土味视频，大家马上会联想到顶着锅盖头，穿着紧身裤、豆豆鞋，跳社会摇的社会青年，或者是出人头地后对前任喊你不配的俗套尬演短剧。土味视频表达了土味文化，即风格很"社会"，台词语言不强调逻辑，追求朗朗上口，突出人物社会经历丰富的特点。在音乐选择方面，主要以旋律简单洗脑、歌词朗朗上口、唱腔情感丰沛的流行歌曲为主，这些歌曲无论是在节奏还是情感的感染力方面，都有利于内容的快速传播。在剧情上，土味视频通常围绕年轻人在生活中的各种关系网展开，主要以情感剧、家庭剧为主，剧情狗血老套，角色人设单薄，表演者演技浮夸。强调透过视频传达一种观点，观点通常在视频结尾以一句话总结的形式出现。这种简单粗暴的内容能达到迅速吸引人，并引起共鸣的目的，达到搞笑的效果。

土味视频粗制滥造、剧情俗套没营养、演技浮夸尴尬却能引起爆笑，其中的原因涉及两部分人群与这类内容的关系，一部分是短视频平台中这类内容的受众群体，另一部分则是来自微博、B站等其他社交内容平台的观众。卡思数据针对这两部分群体，将其中的原因总结为以下两点。

第一，对于短视频平台的受众来说，由于整个群体更大众化，受教育程度、收入水平和审美水平参差不齐，观众的需求也相应地更多样化、大众化。在这些用户中，存在大量土味视频的受众，短、平、快的内容能够引起他们的情感共鸣，他们的喜爱源于内容本身的吸引力。

第二，对于来自微博、B站等其他社交内容平台的观众来说，最初的观看动机其实源于猎奇心理。这部分观众不是土味视频的内容的受众，他们不一定接受视频中的观点，也不一定认可视频质量，他们对土味视频的最初兴趣来源于站在高点俯瞰时获得的自我满足感。不过在近几年市场下沉的大环境影响下，精致化审美开始逐渐给真实粗糙的土味审美让位，这部分观众对土味视频的态度也由最初的猎奇目的转变为审美上的接纳和喜爱。

二、原创生活类

原创生活类短视频也是搞笑短视频的基本类型，同样有的来自网友的自编、自导、自演，有的来自传媒公司或者影视机构的制作。来自网友自编、自导、自演的原创实拍搞笑类短视频一般范围比较局限，主要是来源于生活中的某一情境，运用幽默诙谐的语言、贴近生活的故事内容及镜头技巧，来讲述日常生活或者身边的人、事、物等。由传媒公司或者影视机构所制作的原创实拍搞笑短视频一般拥有固定的演员阵容、相对简单的固定场景，一般分几部或者几季，每一部或者每一季会有几集，每一集讲述一个主题，主要通过引人入胜的故事、喜剧风格的表演，并加上幽默诙谐的语言、搞笑的情节、出人意料的故事结局、滑稽的表情和动作来引发观众的笑声。

近几年兴起的网络搞笑迷你剧也属于此范畴，时长短、内容跳跃松散、搞笑情节无厘头，有《嘻哈四重奏》《万万没想到》《总而言之》等代表作。例如，由优酷出品、万合天宜影视文化有限公司联手打造的迷你剧《万万没想到》，每集只有5分钟，故事主角王大锤无论是求职、相亲还是演戏，总能遇到"万万没想到"的意外结局，编剧紧密联系当前社会热点，采用幽默诙谐的台词、滑稽的动作和搞笑的表演，使观众能够得到精神娱乐的满足。例如该片曾将当今社会上的大热选秀节目《快乐男声》《超级女声》《中国好声音》等融入原创剧情之中，还不失时机地对名人名言、时尚语录等进行巧妙调侃，创作出大家耳熟能详的台词，进行搞笑创作，受到年轻观众的追捧。

下面是原创生活类短视频的内容生产策略。

（一）"一人撑起一台大戏"的演绎模式

"一人分饰多角"的搞笑演绎模式由来已久，从早期走红于微博的"大连老湿王博文""戏精牡丹",到在抖音上爆火的"多余和毛毛姐",再到后期陆续在抖音上走红的"青岛大姨张大霞""小李朝 ye""毛光光""钟奇钟奇"等。这种融合了反串、一人分饰多角、戏剧化的演绎模式不仅能够带来更大的戏剧张力,加强喜剧效果,同时也有助于避免单一人物 IP 容易引起审美疲劳的可能,使得账号的内容维度更加丰富,获得了可观的粉丝量。"一人分饰多角"模式在内容类型上主要有以下三种。

1. 校园大戏类

校园大戏类短视频即一个人饰演出好学生、调皮学生、爱看热闹的学生等班上的典型学生代表,并通过精准拿捏每类学生的性格特质,上演一幅幅真实、好玩的校园生活图景。比如靠"校园"系列被更多人熟悉的"钟奇钟奇",目前在抖音上的粉丝量为 1200 多万。该账号从 2018 年就开始发布作品,从最开始逗趣的搞怪风格视频到目前的一人分饰多角的表演模式。"喜欢把生活中偶然的搞笑段子放大"一直都是钟奇创作的一个思路。2020 年 7 月 22 日,钟奇开始更新"真实的校园"系列视频,在"钟奇的真实校园合集"第一条视频中他演绎了两个在晚自习唠嗑的学生,因老师出现后表情突变、用眼神交流的全过程。这条视频收获了 214.3 万点赞,连评论量都达到了 15.4 万。自此,钟奇便开启了"校园"系列大戏,并陆续塑造出了多个角色,通过不同角色之间的碰撞演绎出了发生在学校的各种趣事,比如《当你被罚站时和最好的朋友对视,你经历过吗?》《当班主任开始温柔,我就知道咋回事了》等。生动形象的演绎加上身临其境的带入感使得这个系列迅速火爆。

2. 生活大戏类

生活大戏类短视频更聚焦于通过日常角色的扮演,还原日常生活中的鸡毛蒜皮、家长里短,生活气息更为浓厚。抖音账号"晓凡凡"是其中特色性较强的一个。他最大的特色是操着一口贵州方言,凭借一己之力演了一村子的人,为用户呈现出了"地地道道的农村琐事"。目前,该账号在抖音上的粉丝量为 700 多万。在 UP 主晓凡凡发布的视频中,故事发生地均是真实的农村场景，而晓凡凡一个人包揽了村子的各式角色，如大婶、大伯、年轻小伙、年轻媳妇、老大爷等，每个人物的个性都被他模仿得活灵活现，且不同人物之间的镜头切换也十分自然，毫无违和感。在内容范围上，账号"晓凡凡"也几乎涉猎了农村生活的方方面面，并且通过精湛的演技作出了深度还原。比如边干农活边唠家常、几个农妇边择菜边讨论过路的年轻人等各种农村囧事，以及围绕着婆媳关系、妯娌关系、夫妻关系展开的家庭琐事，从他的视频中，几乎可以一窥整个农村生活的图景，不少粉丝在评论中感叹他的演技，称赞他对农村生活的深度还原。

3. 职场大戏类

职场大戏类短视频以某一领域的职场作为阵地，并围绕这一阵地塑造相关人物，讲述形形色色的故事。比如 UP 主毛光光成功塑造出了柜姐吴桂芳、经理周雅琴、阔太太、兼职小妹等 20 多个人物角色，通过人物间的碰撞每天上演令人忍俊不禁的专柜小剧场，凭借柜姐系列视频，他曾创下了单月 424 万的涨粉纪录。

（二）剧本创作多取材于社会热点

作品创作离不开对现实生活的观照，原创生活类短视频更是需要及时表现社会生活中的热点，紧追时事，为视频注入更多的现实价值，从逗乐中获取一些生活经验和生活智慧。比如，春节是中国人最重视、最热闹的传统节日，所以每到春节，短视频创作者都会抢占春节热点打造爆款，比如花式拜年、走亲访友等热门话题。在抖音账号"百乔有毛病"创作的春节视频中，第一次到老丈人家的男主人公被对象叫出房间，因为他背对客厅，不知道后面有人，妖娆地出现在一众亲戚面前，转头后被吓得跌倒在地，当场"拜年"。这样刻意营造的大型社死现场，引得粉丝捧腹大笑，也为这支视频赢得了 300 多万的点赞。

除了取材于社会热点，还要善于对已有的热点进行延展和再创作，这样既节省了创作成本，又不会有照搬别人内容的嫌疑。

(三)利用反差和反转制造亮点

反差和反转之所以吸引人,就是因为它将戏剧冲突感最大化,通过触底再强势反弹带给观众极致"爽感",刺激用户持续关注。巨大反差,既能保证喜剧冲突的合理性,又能最大程度地吸纳兴趣用户。例如抖音爆款账号"广东夫妇郑建鹏&言真"的"开门关门"系列和"走路"系列,均在利用反差和反转进行搞笑。"开门关门"系列讲不同情境下,当事人"在和不在"可能对周遭人行为的影响。如老婆在时身体虚弱,老婆不在时和兄弟把酒蹦迪;人前是白手起家的励志偶像,人后是纸醉金迷的富三代啃老族,强烈的前后反差令人啼笑皆非。"走路"系列通过极具反差感的穿搭直观展示人物关系,再利用对话实现反差和反转,制造笑点。

(四)利用地方性元素打造人设

地方性元素有很多,其中在方言的表现上尤为突出,相对普通话,方言可能在断句、押韵方面别有韵味,反而给内容增色,带来喜剧的效果,方言在短视频时代落地生根。上海话、广东话、东北话、四川话、贵州话等方言在短视频中均有所展现,出现了很多方言梗。如东北话中的"嘚瑟",四川话中的"瓜娃子"等。也有不少爆火的账号利用方言打造人设,如"多余和毛毛姐",就是说着一口贵州话的多角色反串;"美少女小惠"是长沙塑料普通话的代言人;"广东夫妇郑建鹏&言真"是擅长广东话 rap(说唱)的包租夫妻。利用地方方言元素打造的人设既可以让特定区域的用户感到亲切,又可以让区域外的用户觉得很新鲜好玩,但要注意,不能选用太难理解的地方方言,不然会大大降低内容观感,缩小用户群。

三、搞笑动画类

动画是采用逐帧拍摄对象并连续播放而形成运动的影像技术,在内容上分为搞笑、情感、热血、青春、少女、亲子、励志、动作等类别。搞笑动画类短视频，就是用动画短片来搞笑，动画创作是手段，搞笑是目的。

动画依赖制作的特点，具有极好的逼真性和视觉的流畅性，容易通过塑造个性化的角色与形象、设置幽默的语言与语调以及夸张的动作与配音、幻想的内容与情节，甚至搞怪的剪辑来达到搞笑、滑稽的目的，给观众带来身心的放松与愉悦。随着新时代步伐的加快，人们在社会生活中面临着来自各方面的压力，动画片也不再局限于儿童市场，而逐渐进入成人世界，其中搞笑动画就很受欢迎。这些搞笑动画短片有的是原创剧情精心制作，有的则是恶搞拼贴。有的时长将近半小时，而有的则只有几分钟，甚至几十秒。随着网络的普及和移动网络技术的发展，人们越来越热衷于用手机随时随地观看和分享短小精悍的动画搞笑片。因此，时长在2分钟之内的搞笑动画短片也获得了广泛流传。

下面是搞笑动画类短视频的内容生产策略。

1. 注重语言和动作的搞笑

我国原创搞笑动画类短视频一般更注重语言的搞笑，通过对众多时尚娱乐语言、当红剧对白、网络语言、成语和名人名言的巧妙调侃，达到搞笑的效果。同时为了惹人发笑，吸引更多的观众，搞笑动画类短视频不惜对主人公的动作和行为进行过分夸张和渲染，因此，经典故事的翻拍动画往往出现对人物原型的有意或无意的颠覆和破坏，无形中达到恶搞的效果。例如抖音账号"微笑和苦瓜"，利用动画的形式对段子进行改编，引发观众的笑点。

2. 动画形象的外观要具有喜剧画风

搞笑动画在设计动画形象时，要尽可能将动画形象的外观设计为或夸张搞笑、或可爱软萌的喜剧画风，让用户从视觉上直接获得喜感。例如搞笑动画账号"开心锤锤"，除了有反转的逗趣情节和一系列轻松幽默、令人捧腹的日常小故事，其人物本身的外观形象和变身后的外观形象都十分搞笑。开心锤锤原本是一个凤梨头、长方脸外加斗鸡眼的动画形象，这个形象本身就以不和谐的五官发型搭配表现出了夸张搞笑的人物画风。再如走萌系风格的账号"奶龙",凭借大大的眼睛、俏皮可爱的表情圈粉无数,演绎了各种搞笑段子。

思考与练习

1. 搞笑类短视频有哪些?
2. 搞笑类短视频的要素有哪些?
3. 如何看待搞笑类短视频中的土味文化?
4. 如何提升搞笑类短视频的哲理性?

第九章 人际交往类短视频的策划与制作

人际交往类的短视频主要是以表现亲属关系、朋友关系、同学关系、师生关系、战友关系、同事关系及领导与被领导关系等为内容的视频类型，重在情感和关系的表达。近年来，随着我国短视频行业的蓬勃发展，人际交往类短视频作为短视频内容生产的重要类别，逐渐掌握了自身的发展逻辑和创作规律，成为短视频流量红利中的独特景观。在卡思数据发布的《2020短视频内容营销趋势白皮书》中，情感类短视频同时置身于抖音和快手的KOL内容类别前十，还被归纳为增幅最快的内容类别之一。可见，以情感关系表现为主的人际交往类短视频深受市场的偏爱和流量的追捧。

因此，本章你将学到以下内容：

1. 人际交往类短视频的特点；
2. 人际交往类短视频的要素；
3. 各类型人际交往短视频的内容生产策略。

第一节 人际交往类短视频的特点

人际关系对每个人的情绪、生活、工作等都有很大的影响，反映了个人寻求满足其社会需求的心理状态，所以人际交往类短视频既需要像一本教科书一样展示实用的交往相处技巧,又需要像一面镜子一样反射现实生活中人们在人际交往中的行为方式,促进反思和提升。因此,人际交往类短视频基本具备以下三个特点。

一、正能量剧情是吸粉密码

人际交往是一个复杂的过程,涉及个人思维、行动方式、语言表现、情感诉求等众多方面的展示,要想将这一系列的交往过程从内到外地展示出来,无疑剧情的形式有更大的优势去表现出完整的故事结构和人类心理过程,也更容易指导用户应对和处理人际交往过程中的各种问题。人际交往类的短剧有一套相似的模式,即大都以正能量作为视频核心,然后围绕着职场、婚姻生活、朋友交往、婆媳相处等日常性场景展开叙事,通过反转、误会等戏剧性手法,最终达到弘扬真善美的目的。但与此同时,很多同类型账号还有着一些显而易见的共性,比如视频制作上精美程度欠缺,画面呈现些许粗糙,人物角色过于脸谱化,正面人物和反面人物的形象反差极大,尤其是反派角色的演绎方式过于夸张,情节过于模式化,不少视频沿用的都是相似的情节框架。尽管模式老套,但这种围绕着人情世故、人际交往而展开叙事的"快餐式"正能量剧情,却一直不缺受众。

例如有聚焦于两性关系的情感短剧,如"七舅脑爷"的作品中主攻情侣相处的真实点滴日常,为用户呈现了一个堪称教科书级别的恋爱模板;"放扬的心心"中俊男靓女搭配的限定组合下,演绎出了多个风格迥异的爱情故事。也有聚焦于家庭关系的家庭短剧,如用户所熟知的"祝晓晗""疯狂小杨哥",通过各种有趣的家庭日常片段,描绘出了一幅幅欢乐温馨、其乐融融、令人艳羡的家庭画卷;还有后期的"博斐""鬼哥"等,都是围绕家庭关系展开,勾勒出了另一种家庭状态。还有聚焦于职场关系的职场短剧,如2019年走红的"第一秘书""职场小白"等账号,均是基于职场这个大背景,围绕着同事关系、老板与下级之间的关系等展开了各式各样的故事。

二、人与人的矛盾与冲突是叙事核心

人类对亲情、爱情、友情、财富、权力的追逐从来没有停止过，想要改变现状的人不计其数，在这个过程中，人与人之间的交往是必不可少的，而人际交往的核心是矛盾的化解和冲突的处理，婆媳间的、父母子女间的、夫妻情侣间的、上司与下属间的、朋友间的等，因此，人际交往类的短视频在内容的搜集和选择上具有天然的冲突优势，再加上创作本身的设置悬念、埋梗抛梗、放大情绪、烘托矛盾等，给受众带来惊喜、反转、意外和圆满，既具备吸引力又具备趣味性。例如快手账号"婆婆也是妈"每发一条视频，都会带上"家庭""婆媳"的话题，视频内容会表现婆媳矛盾、妯娌矛盾、夫妻矛盾等。抖音账号"老四的快乐生活"则通过模仿的方式把女婿和丈母娘之间的"爱恨情仇"演绎得淋漓尽致。

三、关系走向圆满是不变的主题

情侣档、父女档、闺蜜档、母子档……短视频的日益繁荣不断催生着各种各样的内容形式，从情感角度出发、以情感为母题来戳中用户内心似乎永远不会过时，而人类在各种关系的交往中对于情感的追求大体都是希望获得帮助、包容、理解、尊重，寻求一种精神上的认同，获得情感治愈，以积极健康的方式进行自我或者人与人之间的相处，虽然人际交往类的短视频中经常有大量戏剧性的冲突和矛盾，但最终还是因"以情动人""以理服人"的方式达成关系的圆满，这种走向圆满的主题更容易引起用户的共鸣，产生用户黏性。比如，"疯狂小杨哥"的视频里尽管充满了家人间的相互整蛊、打骂，但最终呈现出来的还是欢乐温馨、其乐融融、令人艳羡的家庭画卷。又如账号"婆婆也是妈"，视频中虽然表现出了婆媳间的矛盾和不理解，但只要将心比心，以心换心，最后婆媳也可以胜似亲母女。再如抖音账号"赵小亮【一腔孤胆】"在 2022 年 2 月 22 日的一则名为《以和为贵》的视频中，两桌人吃饭时，因为拥挤的问题产生言语的矛盾，最后以赵小亮换桌避免一场矛盾，促成圆满的大结局。

第二节　人际交往类短视频的要素

一、以小人物的故事引发情感共鸣

短视频想要打动用户，其关键点就是能够触发用户的共鸣点，这种共鸣点可以是满足了用户的实用性需求，但最容易体现出来且引起最大反响的是情感共鸣。情感共鸣主要是将日常生活中的感受和内心的情感结合到一起整合成一个核心内容，然后通过视频表达出来，在用户观看短视频时通常会被这一核心内容激发出同样的感受和内心情感。[①]

在人际交往类的短视频中，小人物的故事更容易引发共鸣，账号"三金七七""一杯美式"中打造的每个故事其实都是来源于普通人情感生活中的那些小片段，网红玉凤鸣的视频也不过是一对来自广西的普通母女讲述在乡村的日常。再如抖音账号"食堂夜话"，除了固定角色"老黑"之外，"食堂夜话"每期都聚焦形形色色的普通人。他们是来大城市追求梦想的舞者，是游乐园里的兼职小丑，是因为琐事吵架分手的情侣……这些人就是我们身边最平凡的人，他们的故事构成了社会生活的缩影，在某种

---

① 奥灵柯.【素人短视频】：素人日常类短视频吸粉内核靠的是什么？［EB/OL］.（2019-12-17）. https://www.aolingke.com/articles/srdsps.html.

程度上具有一定的代表性。即使他们的故事并非每个观众都经历过，但故事本身传达的情感、态度是共通的，每个观众都能在这些小人物身上找到自己的影子，感受到相似的喜怒哀乐，与故事中的人物产生共鸣。绝大多数人都是芸芸众生中普通的一员，有着自己的快乐甜蜜、苦闷忧愁、茫然无助，每个个体都无法割裂存在，需要不断地从各种途径中汲取养分，来获得自我认同和自我提升。换言之，个体之间的生活状态或许不是共通的，但人类从生活中感知情感的能力则是互通的，而这些发生在别人身上的真实日常，则无疑是最好的感知入口。

二、用心灵鸡汤式的文案获得心灵认同

"心灵鸡汤"往往被认为是在当前快节奏的生活和无处不在的压力下的一种偶尔激励性的"语言艺术治疗"。人际交往中最本质的就是情感的表达和情绪的满足，当简短、通俗、煽情、抓心的文案，配上普通人的生活故事的时候，对于那些存在相处困惑，或者交际关系失败的用户来说，特别容易激发他们在观看时的情绪和人性，以获得心灵上的安慰与疗愈，进而帮助用户积极地走出自我的障碍重新参与到人际交往中。因此大多数人际交往类的短视频都在文案上下功夫，戳中用户柔软的内心，抓住人际交往中的情感内核。例如，账号"邱奇遇"的每一条视频搭配了相应主题的文案，并且利用自己播音专业的优势将这些具有文学色彩的文案有感情地朗读出来，由此构筑了账号最大的特色和亮点，并且是牢牢抓住了情感内核，在记录真实生活的基础上，融入了引人深思的感悟和体验，通过文案＋声音＋画面的完美搭配，给用户带来走心情感体验的同时，也赢得了他们的心灵认同。

此外，视频号"一禅小和尚"的视频是以动漫形式，从呆萌、温暖的一禅小和尚的视角出发，探索、解答着人世间困扰普罗大众的诸多疑问，其治愈性的鸡汤文案和情感基调很容易引发用户的心灵感触。

三、展现矛盾以促进反思与进步

人与人之间产生矛盾是人类社会的痼疾,由于观点不同、兴趣爱好不同、个性不同,会产生误会和纠纷,更有欲望和利益之争,但人际交往的最终目的是关系的和谐,生活、情感、事业的顺利进行,展示矛盾是为了促进人们在交往过程中的思考和反思,最终让矛盾得以解开,让人生顺达。抖音账号"黑蛋哥"的视频主要还原生活和家庭中各种人际关系中的矛盾,通过故事中矛盾的展现,让用户从中得以反思。在其抖音账号2022年2月18日发布的一则视频中,文案写到"有多少爱因为父母的阻拦而成为遗憾,有时候一转身就是一辈子",这则视频击中了现实生活中众多恋人的痛点,引起了共鸣,获得100多万点赞,无论是对父母也好,还是对相处中的恋人也罢,都有不小的启示作用。账号"朱一旦的枯燥生活",粉丝量高达714.3万(截止到2022年4月),该账号定位为职场类短视频,故事的主角朱一旦身穿Polo衫、手戴劳力士,大部分短视频的结尾都配上了一句感慨:"有钱人的生活往往就是这么朴实无华,且枯燥。"故事用夸大和反讽的方式达到喜剧效果,描绘了当代人的职场图景,也蕴含大量对财富生活的讽刺,潜移默化地传递正确的价值观。

第三节 各类型人际交往短视频的内容生产策略

一、家庭关系类

家庭是社会最小的单位,人人都有家,人人都有各种各样的家庭关系(婆媳、亲子、夫妻、妯娌、兄弟、姐妹、儿孙等),家庭关系类内容展现的都是最日常的情景，很容易让观众"触景生情"，在情感上认同内容所传达出的三观，从而变成死忠粉丝，创作者也扎堆于此。如账号"这是TA的故事""丁公子""我是田姥姥""末那大叔""婆婆也是妈""疯狂小杨哥""大掌柜夫妇"等，这些账号几乎每发一条视频都能引来不少的关注。

下面是家庭关系类短视频的内容生产策略。

（一）以正能量作为视频内容核心，以情动人，以理服人

俗话说家和万事兴，家是讲情而不是讲理的地方，家庭中各个角色的相互付出、支持、理解和爱，是相处中不变的秘籍。因此，在家庭关系类短视频中，正能量情感的表达，是引起用户共鸣的关键。"这是TA的故事"是一个专门描摹当下婚姻家庭情感世界的一个抖音号，夫妻二人在每一集扮演着不同的角色，讲述不同的故事，在每集视频的结尾都会有一段话，让人感受到生活的美好。该账号在2022年3月28日发布的文案为"热爱可抵岁月长，温柔可挡难时光"的视频，故事情节是这样的：在一个周末的晚上，妻子在家刷碗，丈夫边吃饭边看手机，妻子抱怨丈夫很少做家务，丈夫听到妻子的抱怨后放下碗筷开始拖地、洗衣服，刚忙完听到妻子一声"闫亿林，你过来"，本以为又要给自己安排家务，结果却看到了妻子给自己准备的电脑、泡面。妻子说"网费一百，记下个月生活费了啊"，丈夫又开玩笑地说"网管，来根火腿肠呗……"视频让人感受到隐藏在平淡生活里的爱。前半段是生活的琐碎，后半段是相互理解与爱。

（二）父母参与的"剧情、日常记录、搞笑"内容经久不衰

这其中，"妈妈"这个角色本身自带流量成为顶流，也更容易引发用户的共情，能够带来更多的关注度和讨论度。因为妈妈作为家庭中不可或缺的一分子，在一个家庭中起着至关重要的作用，与创作者的生活紧密相

连。一方面在艺术创作上更加自然，能够提高用户的带入感；另一方面，"妈妈"这个身份本身即具备丰富的矛盾冲突，代际关系的处理也是人们的兴趣所在。目前看来，尽管在剧情类账号中，"妈妈"的人设形象较扁平单一，但镜头之下，我们仍然能够看到不同个性、不同教育理念的妈妈，这些"扁平化"妈妈的出演打破了用户对于长辈的刻板印象，也隐藏着我们对美好而平等的亲情的渴望。

妈妈形象的表现形式大致有以下几种。

1. 第一视角直拍：还原"生活中"的妈妈

在"疯狂小杨哥"的家庭中，妈妈始终站在食物链的最顶端，每日严格管束重度网瘾的小杨哥，时常敲打色厉内荏的父亲，同时拥有专属武器——一柄巨大的铁勺。该抖音账号在 2021 年 3 月 13 日的一条视频《当之无愧的家庭地位》中，小杨哥发出灵魂提问："咱们这个家谁的地位最高？"妈妈淡定起身，通过"洗脚"与"吸心大法"事件充分证明了自己不可撼动的家庭地位，"纸老虎"父亲毫无还手之力。

2. 不同方式测试"反应"：花式惹恼妈妈

如"姚姚不是 P30"通过模仿不同人物的语气花式惹恼妈妈，"河马君"则是通过隔三岔五做出一堆黑暗料理，让"妈沫"尝试的方法，来激起"妈沫"的咆哮。

3. "精分式"演绎：塑造更富话题讨论度的"妈妈"

"精分式"表演向来备受用户喜爱，其主要形式为"一人分饰多角"，借助不同人物之间的张力营造戏剧效果，核心看点在于演员对所饰演人物性格与行为特征的精准把握，十分考验饰演者的表现力。在 2019 年 5 月 10 日 "papi 酱"发布的视频"我妈爱 say no！"中，papi 酱既扮演母亲，又扮演女儿，通过"剧情＋说唱"的形式，吐槽妈妈总是在说"NO"，弹幕纷纷表示："过于真实。"这种演绎形式撕掉了"强行煽情"的标签，贴近真实的生活，更能引发共鸣。同样，"青岛大姨张大霞"也采取了"精分式"的表演，分别饰演学渣儿子与暴躁母亲，通过浮夸表演和快节奏剪辑，营造出极强的喜剧效果。这些源于生活，却又放大了"生活细节"的母子剧情，更容易引发用户共鸣，让用户由衷发出"同一个世界，同一个妈/儿"的感慨。账号"芋头快跑"也是一人分饰两角，机警聪明的母亲借鉴了经典电影《功夫》中包租婆的形象，有几分"小聪明"的女儿则屡次与母亲"交手"，但大都以失败告终。在情节设置上，该账号同样环环相扣，不断制造出人意料、节节反转的剧情，可看性十足，在爆笑中表现出相处哲学。

4. 与儿子上演"对手戏"：屡"战"屡胜的妈妈

这类视频具备完整的"起承转合"，以其独有的戏剧冲突吸引用户，例如在账号"鬼哥"发布的系列视频《姜还是老的辣》中，鬼哥偷吃了一块鸭屁股，为了不让容妈妈发现，进行了诸如"拉断电闸让妈妈用蜡烛做饭拖延时间""用面粉捏出以假乱真的形状并刷上辣椒油放进微波炉烘烤成型"等系列操作，妄想蒙混过关。然而棋错一着，容妈妈通过蛛丝马迹嗅出"阴谋"的味道，当即对面团成分进行化学实验，经过层层检验得出结论，最后在鬼哥的求饶声中化身容妈妈进行"爱的教训"。这场母子间的对决紧张刺激、环环相扣，配合令人提心吊胆的BGM，节目效果拉满，让用户仿佛观看了一部精彩的悬疑大片。

虽然妈妈是顶流，但爸爸的出场也不可或缺，如账号"祝晓晗"中，"蠢萌""贪吃贪财""单身求带走"的女儿祝晓晗和"爱欺负女儿""幼稚"的爸爸大纯之间的生活趣味互动勾住了用户目光，同时还加入了各种能够戳中用户痛点的现实情感议题，例如私房钱、催婚、父女之间的吐槽互怼等内容，获得用户更强烈的共鸣。账号"末那大叔"记录了三代男人的趣事及不同代际的父爱，更展现了男人之间的相处方式。

（三）剪辑动画的形式科普人际交往知识

除了以剧情展示家庭中的故事之外，还可以直接分享家庭人际交往知识。这种方式制作起来相比剧情更简单，对人员数量、设备、资金等需求也都更低。例如主打育儿科普知识分享的账号"悟禅",并没有真人 IP 出镜,而是通过剪辑动画的形式来展示日常生活亲子沟通中存在的问题,并指出正确的沟通方式。

二、情侣关系类

如果说家庭中的人际关系有血缘这层天然的纽带作为情感联结,那么情侣关系的处理就相对困难得多。人人都渴望有一份和谐美好的爱情和一个稳定相爱的恋人,因此,情侣类内容的关注度也相当之高。

下面是情侣关系类短视频的内容生产策略。

(一)直白式的情感语录分享

如账号"沈一只""杜鹏程""皮皮真的狗""林妹妹呀"均发布的是正能量基调的情感语录。他们采取的模式一般都是直接面对镜头,根据自己的生活经验或心得体会,讲解情侣交往的技巧、失恋后的调整等话题,分享的情感道理,引起用户的共鸣,抑或引起他们的思考。例如"皮皮真的狗",视频中主人公面对画外音中提出的种种情感问题给出的漂亮回答,总是让粉丝有醍醐灌顶之感,譬如问"怎么让男朋友觉得你独一无二"?皮皮答"逆性别",即"对他做印象之中只有男生会对女生做的事情,这样他一定永远对你印象深刻",类似于此的精妙问答不胜枚举,皮皮自嘲的"狗言狗语"让不少人在评论中惊呼"学到了"。

(二)Vlog 式的记录手法

Vlog 式记录手法就是以第一视角记录,这种拍摄手法最大的优势在于能增强带入感和真实感,在这种看似自然、真实、充满日常记录感的镜头之下,观众的带入感和共情感被充分调动,随之产生了想要一探究竟的好奇心和持续"蹲后续"的热忱,进而陷入了沉浸式追剧模式之中。

抖音账号"遇见她*"，在拍摄形式上一直沿用的都是Vlog式的第一视角记录手法。其账号发布的第一条视频就是以男主方羽的第一视角展现了他偶遇第一任女主佳佳的整个过程。随后，他又以"遇见ta的第N天"为题，陆续发布了自己鼓起勇气、表白，直至和佳佳确认恋爱关系等一系列过程。在其后续发布的视频中，不论剧情、人物如何更迭变化，均延续了这种记录式的拍摄手法，并由此演绎出了一场场爱恨交织的情感连续剧。在Vlog式的拍摄手法加上足够真实的生活情境中，用户仿佛在近距离"窥探"真人CP恋爱，好奇心得到极大满足。

（三）打造情侣类KOL

情感需求是人的本能，而爱情是其中无法或缺的一种。尽管此前民政部发布的数据显示2018年中国单身成年人口已经超过2亿，独居成年人口超过7700万，尽管近些年出现了不少高喊着"关爱自己"的独立青年……我们仍然不得不承认，作为一种基本的本能需求，人们总是容易被与美好爱情相关的东西所击中，并情不自禁地追随。而在当前快节奏、高压力的社会环境下，看别人谈甜甜的恋爱也成为一种新型的满足情感需求的方式。所以我们得以看到，各式甜剧在市场上大行其道，各类恋爱综艺节目相继涌现，但人们对此的情感需求还在不断进阶：虚拟的、被编排好的情感虽然甜腻，却遥远而不真实，相比之下，由真实情侣呈现的真实情感更能满足他们的这种需求，情侣类KOL就在这样的情境之下受到了越来越多的关注。看着情侣们在镜头前的真实呈现，观众仿佛被切身地带入了一段感情，体验着其中的美好，并成为这段感情的一个见证人。这种时刻伴随着"带入感"和"见证感"的真实情感体验完美地满足了他们的情感需求，也让情侣KOL的发展有了更多可能。

情侣KOL吸引用户的初衷来自用户对美好感情的渴求和窥探，那么对于情侣KOL而言，呈现怎样的内容形式，能够更好地增强与用户之间的黏性呢？这里总结了三种形式。

1. 真实有趣又有看点的甜蜜日常

"嗑 CP",很大程度上就是嗑 CP 之间的甜,而"嗑"真实情侣 KOL,则嗑的是一种更加具备真实观感的"甜",这种甜来源于他们的生活日常、来源于他们之间的趣味互动。这种真实与甜感、趣味的兼具满足了用户消费私密分享的基本需求,也决定了情侣类 KOL 的生命周期。

抖音红人张琳的视频中,与东北男友刘梓豪的恋爱 Vlog 有着溢出屏幕的"酸臭味",而如果要用几个词语来概括她的视频风格、概括他们之间的恋爱风格,就是真实、有趣、甜蜜。我们可以看到在平淡无常的日常生活中,他们会特意地去制造一些"不平常",来增加视频的可看性。如在推出的系列 Vlog"情侣互换身份""情侣挑战""情侣游戏"等视频中,二人会在各种有趣的设定和情境下进行互动。两个感情充沛、充满活力的年轻人在镜头前放得极开,从这些极具感染力的趣味互动中释放出的专属于这对情侣之间的甜蜜、搞笑、逗趣也仿佛能穿透屏幕,让屏幕前的 CP 粉们情不自禁露出了傻笑。

当然,每对情侣间都有不同的相处模式,生活方式也呈现出千姿百态的差异。但是围绕着二人之间真实感情流露的内核,从而展现出的与"爱"相关的多种生活状态,总是能够触碰到 CP 党们的柔软内心。

2. 有"指导"意义的恋爱课堂

常有人说恋爱是一门学问,需要认真研读,更需要苦心经营。好的恋爱可遇不可求,这更让感情稳定的情侣博主们显得弥足珍贵。而大家之所以愿意去关注别人的恋爱生活,除了能够在别人的甜蜜中窥见更多生活的希望之外,也希望能从别人的经历中获取一些经验。恋爱没有固定的模板,但在某些问题上,解决方案却具有共通性,这也为情侣类 KOL 提供了一种内容思路。

如账号"张子凡 Scofield-"中,丁钰琼和张子凡推出了"恋爱招待所"系列节目,每周都会讨论一个粉丝们关心的恋爱问题,像"异地恋除了聊天还能做什么""关于前任的那些事""情侣约会的经济问题"等,都是普通人在恋爱过程中或多或少会触碰到的问题。

针对这些粉丝感兴趣的问题，丁钰琼和张子凡会结合他们两个人的恋爱经验，提出一些他们认为比较合理的处理方式，给粉丝一定的恋爱指导。而粉丝们也会在评论中交流自己在恋爱中遇到的问题或者分享自己在某个恋爱问题上的经验。原先情侣博主输出"撒狗粮日常"，粉丝一味沉浸于"吃狗粮"的单向模式被打破，在双向的交流和沟通中，粉丝和情侣博主之间的距离被进一步拉近，粉丝黏性也变得更为牢固。

3. 情感之外的内容升华

两个人能够长久地在一起相处，更多的是源于三观的契合、精神上的互相欣赏，在被甜蜜爱情吸引后，能够让 CP 党们持续追随下去的除了围绕着爱情展开的各种甜蜜日常以外，超脱于个人感情之上的灵魂碰撞反而能让情侣博主们延伸出别样的魅力。毕竟，再甜的糖，一直吃也会有腻的一天。

例如账号"KatAndSid"，作者是一对相恋多年的异国情侣。男孩 Sid 来自中国，而女孩 Kat 则来自美国，不同的成长环境和文化背景让两个人在精神契合之余，也碰撞出了更加多元化的火花。同样喜欢"用有限的生命去体验无限的世界"的特质让他们在内容形式上也延伸出了诸多新意和大胆的尝试。除了轻松的 Vlog 日常外，他们还在周三开设了一档属性较为严肃的节目 TGIW（*thank god it's Wednesday*），即在每周三更新，讨论上周发生的热点话题、时政事件，在向粉丝传达新闻讯息的同时，Kat 和 Sid 还会表达一些自己对于某些事件的见解和看法。

三、朋友关系类

朋友是指人际关系已经发展到没有血缘关系，但又十分友好的人，是人际关系中甚为重要的交际对象。在短视频平台上，已经出现过不少专门的朋友类账号。如抖音账号"内双无双""萌萌西与迪迪魏""叮叮喵 dxy"等。这类账号多以两姐妹为主角，将内容聚焦在她们的情感、工作、生活中，通过展现多种情境表达姐妹情谊。

下面是朋友关系类短视频的内容生产策略。

（一）闺蜜类账号

1. 精准聚焦女性用户

情侣总是容易分分合合，相较之下，女性之间的友谊似乎更坚不可摧，这也使得展现姐妹情义的账号从定位上来说就具有了一定的天然优势，本身自带的特性决定了以闺蜜情、姐妹情为主打招牌的账号吸引的用户绝大多数都是女性，而对这些账号进行用户画像分析后也证实了这一点。据调查，相较于其他类别中各账号之间在用户男女比例上呈现出的差异性，闺蜜类的不同账号在这个比例上则呈现出了惊人的一致：几乎多数账号的女性粉丝用户都达到了 90% 以上，其中账号"内双无双"的女性用户比例更是高达 95.19%。[①] 上厕所都喜欢手拉手的姐妹们之间似乎总有聊不完的话题。从美妆、时尚、美食到感情、电视剧、工作、旅行……只要凑在一起，就有各种各样的火花碰撞。姐妹们相处的这种特性也为短视频的内容创作提供了极为广阔的创意空间，而内容的延展性也进一步为商业变现铺垫了更多可能。

2. 拓展内容表现形式

展现更自然、更真实的内容风格。与情侣 KOL 不同，当前的闺蜜档内容主要是以剧情的形式来呈现，通过设置各种生活场景，来演绎、还原闺蜜们在生活中可能发生的故事或出现的情境，以此引起用户共鸣，获得情感认同。但值得探讨的是，承载了某种情感的账号，选择何种情感输出方式更容易"打"到用户呢？

综艺节目《我们是真正的朋友》之所以能够被很多人喜爱，除了几个明星自带的话题与热度外，四姐妹展现出的真实的相处模式无疑是这个节

[①] 岳遥. 闺蜜档账号崛起，如何靠"秀友情"吸睛变现？[EB/OL].（2019-06-25）. https://mp.weixin.qq.com/s/0W1iETMzWw4x_h2XnH3U4g.

目的看点。而正如情侣 KOL 们凭借各种生活化互动下传达出的真情实感来打动用户一样，主打闺蜜档或打算以闺蜜档为主打的账号也可以将"真实呈现"作为一种重要的参考方式，从真实生活中提取素材，记录并呈现出姐妹之间在日常生活中各种有趣味或有意义的片段，以真实、自然的情感流露来触碰用户内心。

3. 以闺蜜身份为依托，与多个垂类创新结合

闺蜜档的人设本身对于用户来说就是一种吸引力，而除了围绕这种人设专门展开以"友情"为母题的故事外，也可以将这种差异化人设作为依托，在更多的垂类如美妆、美食、健身、旅游等中去探寻创作方式的更多可能性。双主角（也可以是多主角）的多样化互动能够为垂类内容注入更多的情感力量，增强可看性，在某一垂类中构建其差异化优势。在此过程，如果主角都能够形成个性化、鲜明化的强有力人设特征，还可以在后续根据各自的个性特征进行单账号的运营，从而实现进一步的流量转化。

4. 提升内容深度，多维度贴近女性

友情之所以能够给人温暖内心的力量，除了流于表面的美好事物分享外，更重要的是其深层次的内心碰撞，所以想要以友情这张牌戳中更多女性柔软的内心，还可以以女性友情为桥梁，嫁接更多能给用户带来实质性帮助的内容，如职场困惑、朋友相处的界限、男女感情的探讨等，从内容层面多维度贴近女性，引发用户更深层次的共鸣。

（二）兄弟账号

相比闺蜜类的友情账号，兄弟类的账号还有很多创作的空间。目前的兄弟账号有"熬一耶.""山水有相逢""赵小亮【一腔孤胆】"等。

（1）从人设来看，要打破过于单一、脸谱化的人设塑造。升级人设、丰富人设是"精致派"剧情号必须要做的事情，也可以从多个层面入手，譬如选择不同的职业赛道，如律师、医生、保安、外卖员等，构建丰富的人物关系。

（2）加强日常纪实类内容。单纯追求爽感的套路化内容越来越多，让用户逐渐产生了视觉和审美上的双重疲劳，以至于兴趣日益递减；而另一层面，随着可消费内容越来越多，用户也不再满足于一时的感官、心理刺激，而是越发追求更为沉浸式、可引起深层共鸣的内容体验。

（3）兄弟情、战友情等短剧则更容易打动中老年男性群体，讲义气、重感情，成为这些短剧创作的母题。

四、职场关系类

除了家庭、学校外，职场在人们的生活中也占据了举足轻重的位置。职场人际关系十分微妙、复杂，稍有不慎，就会陷于被动，可以说每个在职场上摸爬滚打过的人都会对此深有感触。而及时学习职场人际交往的技巧，检讨反省自己的行为，进行积极有效的心理调整，让自己适应多变的人际关系，不失为一个增强生存能力的好办法。因此，对于主要从生活中寻求、获取创作母题的短视频行业而言，职场自然也是用户和创作者们颇为关心的一个领域。用户对于职场类内容有着强烈的兴趣，不少创作者也将职场作为切入口，进行内容表现。

下面是职场关系类短视频的内容生产策略。

1. 打造职场短剧

职场短剧是抖音上最为常见的一种内容形态，同时也是热度最高的一种类型。就像家庭短剧通过塑造充满个性的家庭角色，从而展开一段段与家庭相关的趣味小故事一样，职场短剧也是通过塑造职场中某一角色后，演绎出发生在职场中的各种故事。如账号"办公室不无聊""职场小白"等，就是将镜头对准了办公室，上演着与面试、同事相处、工作日常等相关的各式精彩戏码。不过也有一些创作者在展现职场故事之前，会先塑造出一个个性化的代表人物，来增强账号的吸粉能力，比如有些账号将主人公打造为助理、秘书，从他们的视角出发来展现职场故事。像账号"第一秘书""职场老思""职场小熙"等，主人公身份都是老板的秘书，他们或美丽干练，或睿智有趣，在仔细揣摩老板心思的同时，为老板解决了一桩又一桩的麻烦事。

2. 记录职场真实日常

职场短剧虽然剧情的趣味性强，但毕竟是故事，跟真实的职场生活比起来，缺乏沉浸感，因此，用 Vlog 形式记录职场真实日常，更容易激发用户的好奇心，也更容易让用户感同身受。从职场综艺节目《初入职场的我们》走出来的职场红人孟羽童，就是职场生活类节目中的黑马博主，她在抖音发布的《董事长秘书 Vlog》和《我就是那个被董明珠选中的 22 岁女生》均获得较高的点赞量。

3. 分享职场知识

除去上述情景性和场景性更强的职场短视频之外，短视频平台上还有一类常见的职场内容形态，即相比之下较为严肃的职场人际交往之道的分享型内容。这些内容大体是以直截了当的方式向用户传达职场中的各种注意事项，如账号"卢战卡""婷姐聊职场"等，均是由穿着职业装的红人直接面向镜头，硬核输出各类职场知识，这种内容的成本较职场短剧来说，大大降低。但是由于形式较为严肃，娱乐性缺失，所以视频的数据表现也总是有着明显的起伏。

思考与练习

1. 人际交往类短视频的要素是什么？
2. 如何写作家庭关系类短视频的文案？
3. 如何打破兄弟账号的单一人设？

第十章　技艺展示类短视频的策划与制作

技艺展示类短视频是以展示自己的才能、艺术和技能为主要表现内容的短视频。"自我展示与表达是网民的一种基本愿望，十余年前，网络视听发展初期，首先蓬勃发展的便是 UGC 类内容，为网民提供了自我展示的平台，相比十余年前，短视频在操作层面再一次大大降低了网民自我表达的门槛，这一门槛的降低不仅来自移动终端操作的便捷性，也来自短视频平台提供的配乐、道具、滤镜等辅助功能。同时，关注、点赞、评论、转发等传播功能，也为网民的自我展示提供了更多驱动力。"[①]加上很多有才艺、技能的人都扎堆在这一块，简直就是神仙打架，仅仅音乐一个细分领域，就演变出了多种不同的风格。技艺展示类短视频在 30 余种短视频赛道里，虽然无法和剧情搞笑、影视娱乐、美食这些强优势赛道相提并论，但相比母婴、美妆、动漫、汽车等赛道反而有着明显的优势。优质的技艺展示类短视频能激发人们的欣赏之意、敬佩之情，还能让用户学会一些小技艺，不少人凭借自身专长收获了大量粉丝，技艺展示类短视频赛道整体来看蕴藏着巨大的潜力。

因此，本章你将学到以下内容：

1. 技艺展示类短视频的特点；

---

① 鲍楠.短视频内容的主要类别与特征简析［J］.中国广播电视学刊，2019（11）：25-26，32.

2. 技艺展示类短视频的要素；

3. 技艺展示类短视频的内容生产策略。

第一节　技艺展示类短视频的特点

技艺展示类短视频基本都是直观而清晰地对各种技艺进行表演和展示，由于制作门槛低，操作便捷，技艺展示类短视频赛道是普通人进入短视频领域最快的领域之一。整体看来，技艺展示类短视频具有以下特点。

一、制作简单，成本低

一个或几个表演者、一个拍摄者，基本就能将技艺展示的过程表现出来。对于普通人来说，有一部手机就能操作，拍摄过程不复杂，后期制作也相对简单，基本不需要大手笔、大制作。例如抖音账号"高火火"，截止到 2022 年 4 月，粉丝量高达 3888.1 万，其拍摄地点基本在室内且为固定机位，采用一镜到底拍摄手法，后期也无复杂的特效，仅仅添加简单的字幕，制作简单便捷。再例如账号"小熊熊手工"，使用手机进行拍摄，基本采用固定机位，虽然后期制作时镜头有一些剪辑，但也不复杂，无同期声和后期配音，仅配以一些轻松趣味的音乐，就将手工制作的过程展现出来了。

二、表演性强

今天抖音、快手、微视等社交短视频平台已然成为个体自我呈现的新"舞台"，既然是舞台，就需要具备舞台表演的元素，比如角色设定、服装、灯光、场景、道具等，虽然展示过程从线下搬到了线上，但由于舞台元素的增加，依然给用户带来具有沉浸感的观看体验。比如账号"戴羽彤_"，每期视频都画了精致的妆容，注重服饰的搭配，打了灯光，让乐队入镜，营造出舞台的表演场景。而账号"高小健"以工地作为展示大舞台，几个多才多艺的农民工借助工地上的各种道具，比如用油漆桶当架子鼓、用水管和推车当萨克斯、用方便面盒子当帽子等为用户还原搞笑段子、演绎经典影视片段、劲歌热舞……呈现了一出出精彩的工地大戏。

三、注重过程性

技艺展示类短视频，主要就是拍过程，从不同角度切入过程来展现才艺技能者的优势和特点。歌曲、舞蹈、器乐等技艺展示的内容相对片段化，比如抖音账号"Strictlyviolin 荀博"，作品都以小提琴演奏为主，视频时长十几至几十秒，几乎不演奏完整版的曲子，仅演奏大家最熟悉的部分或者高潮部分以唤起共鸣。而手工创作、魔术、绘画、美妆、美发等类型的技艺展示，因其结果的重要性，展示过程就需要完整、全面。比如账号"程十安 an"，作为一个美妆博主，不仅有精湛的化妆技能，还在每期视频中，现身说法手把手式教学，将操作过程展示得非常详尽。

第二节　技艺展示类短视频的要素

一、拥有硬核才艺或技能

快手、火山、抖音等短视频平台主要输出的是 UGC 视频，最重要的特点是人的核心、主导的地位。当一个人成为短视频内容的主导时，用户关心的主要有两点：第一，颜值；第二，才艺。所以，你会发现这类人在

UGC平台会很受欢迎。

制作技艺展示类短视频首先要考虑的是你的"技艺"到底体现在哪里？你的技艺是否真的具有较为精湛的技术性和专业性？如果仅仅只是三脚猫功夫，很难激发用户的敬佩之情，也很难获得长久的关注。技艺展示类短视频的创作者大致可分为两类：一类是科班出身，受过专业的训练，比如账号"碰碰彭碰彭"，作者名叫彭静旋，从7岁开始学习古筝，初二就考过了古筝十级，2017年毕业于武汉音乐学院古筝专业，因在法国街头演奏古筝，推广中国传统民乐而走红网络，除了弹奏中国乐曲外，还做到了"中西合璧"，以古筝演奏《克罗地亚狂想曲》等曲目。又如"仙姆SamChak"，作者曾经在巴黎彩妆学院进修，本身就是一位明星化妆师，化妆技能非常突出，所以视频的对比冲突感很强。因为他专业，粉丝的精准度也很高。另一类是非科班出身的技艺展示者，平民之技更能吸引用户，尤其是怪才的吸粉率最高。比如，民间的搞笑表演、广场舞、武术搏击、美容美发、民间魔术等。如账号"霹雳舞凯凯（工地小哥）"，他是一个农民工，出生于四川农村，高中毕业后就四处打工，一次偶然的机会接触到了霹雳舞，就深深地迷上了，之后便开始用攒下的零钱自学舞蹈，身穿沾满灰尘的工服，头戴黄色安全帽，工作间歇，就来上一段即兴舞蹈。观众是工友，工地是舞台，就地取舞，随心而跳，收获大批粉丝。

说到底，技艺展示类短视频就是你的才艺、技能够不够优秀，以及你能不能把你的优秀通过视频展现出来。

二、领域细分

领域不断细分是短视频垂类的趋势之一，正在极速发展的分类目前还在与热门分类玩跨界，而体量较大、发展较快的分类已经开始从更小的切入点入手，这是工业化进程的不同阶段。

才艺类短视频展示了才艺达人们五花八门的技能，歌唱、舞蹈、乐器演奏、戏曲、绘画、魔术、书法、手工、摄影、视频拍摄和制作、软件操作、体育运动、生活技能、语言表演等。比如乐器又包括管弦乐器、弹弦乐器、键盘乐器等，舞蹈又包括民族舞、芭蕾舞、现代舞、拉丁舞、体育舞等，绘画又包括国画、油画、水彩画、素描、水粉画、版画、装饰画、手绘画等，手工又包括编织、剪纸、扎染、刺绣等。再比如软件操作又包括基础办公软件、制图修图软件、视频剪辑软件等。

尤其是一些手作类的账号，并不是那些动辄百万粉丝的头肩部大号，而是一些更垂直、更细分、更"质朴"、更"平民化"，并直接面向C端消费者的个人小号。在短视频平台上，有许多重度垂直的手作类账号，细分在各个领域，如香薰蜡烛、手工皂、古风饰品、手机壳、黏土手办等，这些账号大多体量不大，但却拥有着非常高黏性的用户。

三、设立人设

提到短视频平台上的能工巧匠或是才艺人，最先跃入大家脑海的一定是"山村鲁班大师"山村小杰、"舞蹈+变装"的小橙子，以及"绘画界的宝藏女孩"赵小黎。这些账号内容大多以技艺展示为主，用充满奇思妙想的创意和化腐朽为神奇的精湛技艺给用户"本以为是青铜，没想到是个王者"的观看体验。我们可以看到这类账号一般都是有人物出镜的，因为他们需要通过立人设、讲故事来丰满账号，并利用内容对用户感知的满足感来建设账号影响力，从而向上冲击他们商业化的主要目标——品牌方。

例如集颜值、才艺、个性于一体的"00后"男孩刘宇，以清新脱俗的古风扮相+温润如玉的少年气息+娴熟的舞蹈技艺设立了鲜明的人设，目前在抖音平台的粉丝有1500万以上，并且拥有着极高的粉丝黏性。短视频兴起后，不乏很多颜值出众的小哥哥、小姐姐相继爆红，但长此以往，用户的审美开始呈现疲态，对于那些千篇一律、没有个性的红人，用户的接受度会越来越低，而只有那些真正有内涵、有特色的红人才能够沉淀下忠实的粉丝。长相清秀、自幼练习舞蹈、学习京剧的刘宇借助着这种优势形成了自己专属的古典特色。在其作品中，古风舞蹈是极为常见的一种内容形式：要么是刘宇身着汉服直接展示着娴熟的民族舞蹈，要么是他在进行一套舞蹈动作的过程中，完成从现代装到汉服的华丽换装。无论是哪种形式，都收获了大量的点赞和评论，大批的用户被其在古典舞或古装扮相中散发出的古典气质吸引，并发展成忠实粉丝，古风舞蹈确立了刘宇的个人特色。

第三节　技艺展示类短视频的内容生产策略

技艺展示类短视频的才艺、技能并不局限于唱歌、跳舞，我们看到，越来越多生活化的冷门匠人技能，也能获取用户的大量点赞和观看。还有一大拨的影视特效从业人员，找到了新的突破口，通过做各类视频特效和合成内容获取了不少关注。

一、技艺展示类短视频的分类

按领域划分，目前技艺展示类短视频主要的赛道有以下几个。

1. 歌唱、舞蹈类

这是技艺展示类短视频创作者们最早进入的领域，也是短视频中的红海，竞争十分激烈。

歌唱类的网红大咖账号有"高火火""小阿七""戴羽彤_""朱容君-兔子牙"等。歌唱类账号开始注重场景化的构建，不再局限于室内的独唱，比如账号"小阿七"在广州街头唱歌，引来一票围观群众，每次连续唱歌几个小时，累了就会坐下唱，席地而坐唱歌的姿势也顺势成了小阿七的一个特点，体现出浓浓的街头文化。再比如戴羽彤、朱容君穿着时尚、打了灯光,让乐队入镜,场景布置、服装、灯光几乎复刻了舞台效果,营造出舞台的表演场景。抖音名"蓝光乐队"是一支成员均来自大学的校园乐队,有自己清新独特的音乐风格,用街头路演的模式打破了视频的距离感,跟现场观众的互动增加了趣味性和亲近感,被千万粉丝喜爱。

除了唱歌,舞蹈是才艺流的另一大战场,而舞蹈领域的才艺红人有"小橙子""INTO1-刘宇"等,近些年舞蹈类短视频掀起了一股国风热和复古潮。在国风少年刘宇早期的视频里,他凭借扎实的舞蹈基础,用旋转、跳跃等舞蹈才艺进行国风变装,获得了极高关注。国风变装的视频里,人物通常都是穿着随意的现代服装,变装后衣着华美,妆容精致,再用动人的音乐和道具渲染古色古香的氛围,场景也从现代瞬间转换到古代,这种在短短十几秒产生的时空和人物的变换,能够给用户带来极大的冲击感,提升了美感。还有账号"会跳舞的小军军",小军军从2015年开始自学舞蹈,通过对造型、舞姿、环境等的神还原,带着小伙伴们一起穿越回20世纪80年代,激情尬舞,丰富了舞蹈的表现力和感染力。

2. 器乐表演类

器乐表演也成为普通人进入技艺展示类短视频的创作领域的通道,小提琴、钢琴等都是主流的内容表现领域。账号"Strictlyviolin荀博",抖音音乐人,擅长器乐为小提琴,每个作品都以小提琴演奏为主,他演奏小提琴的水平已经到了出神入化的地步,各种知名的音乐,不管本身是用什么乐器演奏的,他都可以用手中的小提琴演奏出来。账号"蔡川",把场景设置在了窗前,奶奶在旁边伴奏,窗外的树一年四季都在变化,唯一不变的是奶奶一直在身旁。两人在一起的画面十分美好,呼应了蔡川的简介:"如果可以,请一直陪着我吧。"除了这些生活中本来就很大众的乐器,长笛、古筝、唢呐、中国鼓等传统乐器的出场率提高,且尝试与其他文化元素相融合,音乐"混搭"出别样风格。

3. 手工、绘画类

这类型短视频,观察其内容形式,基本都是直观而清晰地展示一个手工的制作过程，方便用户学习、操作。主打手工DIY、创意手工、亲子手工的账号"小熊熊手工"，截止到2022年4月，粉丝总量高达865.2万。其中一条点赞75.3万的视频，就是创作者用两个橘子做出了一个可爱乖萌的老虎小橘灯，吸引了很多人点赞、收藏。我们除了能看到"小熊熊手工""手帐er林厅堂冲鸭"这些主打创意手工的技能型"选手"外，还能看到诸如"老耿爱画画""米雷-RayDog""壁画师·佳佳"等手握绘画技能的账号，以及"小熙瓜儿童编发"这种精通儿童编发技能的账号。

4. 特殊技艺类

除了上述大众技艺外，越小众特殊、越让人啧啧称奇的技艺，吸睛力就越强。"天元邓刚"是一个曾创下了单月增粉量直逼1000万的账号，截止到2022年4月，抖音粉丝总量2888.1万。"天元邓刚"并不是来自人们传统认知中的优势品类，而是属于特殊技艺中钓鱼这一相对小众的分支，作为中国钓鱼运动协会技术推广总教练，邓刚在专业度上有着极强的背书，在一众钓鱼爱好者当中已经具备了一定的知名度，其视频内容形式统一，即去不同的水库、野河等地钓鱼，并记录、剪辑下垂钓过程。在这个过程中，他会面对镜头和用户交流，介绍自己此行的目的，边钓鱼边向钓友们分享一些细致详细钓鱼技巧，而在视频末尾，他总是不负众望，展示出了自己强劲的实力。在这种统一、具有辨识度，且更有参与感的内容中，邓刚的形象也越来越饱满，除了不容置疑的专业性，他的细致、和蔼、风趣、毫无保留的分享精神更是赢得了粉丝们的喜爱。

仿妆技能也成为流量制造机，仿妆是美妆垂类内容里一种重要的内容形式，对于那些技法娴熟，如有神助的"美妆大拿"来说，仿妆对象可以囊括古今中外、影视剧中的经典人物角色和各路明星大咖，其中复古仿妆是一种重要的仿妆类型，格外吸睛。抖音账号"霹雳无敌璟er"曾发布了一条"港风+李嘉欣"结合的妆容教程，细致的教学过程加上最后惊人咂舌的妆容呈现和细节把控，瞬间让人眼前一亮。账号"bobo最洋气"在仿妆上的造诣颇深，被誉为全网掌握"易容术"的美妆大神，其模仿对象的跨度十分之大，跨性别仿妆是她最大的特色，如科比、黄渤、李时珍、王一博、刘德华、鲁迅等，她都进行过仿妆，以假乱真、惟妙惟肖的仿妆技术不仅引来众多用户的赞叹，连明星本人都对她大加赞赏，bobo 这种技术流虽然涨粉慢，但是却用实力征服了粉丝。

在特殊技艺类中，还有一类让人啧啧称奇的技艺——非遗技艺。快手和抖音早在 2019 年就开启了助力非遗传播，发掘非物质文化遗产的文化和市场价值，油纸伞、珐琅、竹编、拓画鱼、泥塑、盘纸、鼻烟壶内画、皮影戏、京剧等非遗文化和手艺人，借助有着强大生命力的短视频，焕发了新的生机。一个个小小的镜头之下，原本隐于大众的非遗传承人走到台前，通过直观的视觉呈现、动态的叙述，带领用户进行着一场场身临其境的非遗文化之旅。短视频的直观性、生动性、即时性让非遗创作者得以快速触达用户。近几年来，年轻一代开始寻求更加本土化的文化表达，越来越多根植于传统文化的国风、国潮成为年轻人文化消费的热门关键词，年轻人的内容消费需求逐渐多元化，对于传统文化内容也有了越来越多的探知欲望。

在抖音上搜索"非遗"，能看到多个相关话题，不同话题下各式各样的非遗内容百花齐放，让人目不暇接。据抖音非遗数据，截至 2021 年 6 月 10 日，1557 个国家级非遗项目中，抖音覆盖率达 97.94%；过去一年，抖音上国家级非遗相关视频数量同比增长 188%；濒危非遗项目在抖音获赞超过 1 亿次。[①]

多方平台的大力扶持意味着非遗文化在短视频领域拥有着广阔的发展空间，一些专注于文化传播的 MCN 也很早就将目光聚焦到了这些非遗传承人身上，负责帮助非遗传承人拍摄短视频内容、做社交平台运营、打通商业百年链条。成立于 2018 年 8 月的 MCN 奇人匠心，其 MCN 内容矩阵涵盖传统文化、国学、非遗手艺等大师 IP，非遗项目覆盖泥塑、汉服、竹

---

① 封面新闻. 2021, 兴趣电商在探索与成长［EB/OL］.（2021-01-17）. https://baijiahao.baidu.com/s?id=1722179122855352647&wfr=spider&for=pc.

编、刺绣、蛋雕、油纸伞等多个领域。

目前虽然非遗技艺类短视频无论从粉丝量还是点赞量、评论量来看，与其他垂类相比存在较大的差距，但也开始被越来越多的用户所关注，潜力巨大。抖音、快手两个平台关于非遗文化的接连动作似乎都在释放一个信号：短视频平台对于优质内容的渴求。非遗文化也好，其他的内容生态也好，短视频领域的竞争，势必是优质内容的竞争。

除上述技艺外，还有一系列特殊技能的展示，如身怀动作绝技的"玲爷"、野生模特"雯方 Wen Fang"、人间魔法师"高雨田大魔王"等。

5. 影视特效类

影视特效类短视频可分为前期拍摄派和后期特效派。

前期拍摄派就是以照片或者视频的拍摄创意和技巧为主，账号"斜杠玩家吉叔（郭吉勇）"的视频创作以中国风水下舞蹈为主，截止到 2022 年 4 月，全网粉丝 412 万，郭吉勇从策划、导演到摄影、剪辑都信手拈来，在水下中国风视频这条路上走出了属于自己的天地，郭吉勇自此正式成为一名被人们认可的水下舞蹈视频的导演，他的作品也从河南电视台走到了中央电视台。郭吉勇的拍摄创意不仅打破了传统的地面拍摄，还丰富了舞蹈的线条与艺术美感，加强了国风舞蹈的表现力和感染力。

后期特效派就是以视频的后期处理技术为主，这方面的代表之一是抖音账号"黑脸 V"，截止到 2022 年 4 月，抖音粉丝 2673.5 万。该账号作者黑脸 V 是最早玩抖音技术流的用户之一。黑脸 V 的作品在抖音上非常受欢迎，不仅其短视频创意都是来自黑脸 V 自己，使用后期剪辑达到很多不可思议的视觉效果，更主要的是黑脸 V 保持了定期更新，吸引了大批忠实粉丝。黑脸 V 至今没露过脸，同时让其蒙上了一层神秘色彩，也让他的作品所表现的奇思妙想更生动形象。他几乎每个视频作品都没有台词，完全依靠剪辑加后期特效，制作出各种让人惊艳的效果，刷到他的视频，你总是会不自主地期待接下来会发生什么，而且每次都不会失望。他总是能用剪辑和特效，给粉丝带来惊喜。

影视特效类短视频不仅对专业技术的要求高，还需要有让人眼前一亮的创意，更重要的是成本大，设备、后期每一个环节都是成本，道具、拍摄、灯光、三维、调色、渲染更是叠加出了寻常创作者所不能企及的"护城河"，并不是所有人都能驾驭。

二、技艺展示类短视频的内容策划

由于技艺展示类短视频的内容涉及广泛，领域细分众多，用户垂直，表现内容也基本为展示过程，因此本部分不再单独讲具体类型的内容产生策略，而是从整体上提供一些技艺展示类短视频的内容生产策略。

在短视频用户爱看的内容中，由衷佩服是其中一类，而技艺展示类短视频刚好让用户看到了别人做得到而自己做不到，甚至没见过的事情。所以在点赞时的心态更多是出于佩服和鼓励心理，用点赞送出自己的认可，因此技艺展示类短视频的内容生产策略可以用一个公式解释，即：

技能稀缺度 + 技能专业度 + 综合表现力 = 由衷佩服

（一）技能稀缺度

短视频市场在经历了几轮大爆发后，野蛮粗放式生长逐渐被取代，行业开始迎来更多的理性和思考。在此背景下，专注解决实际问题、更利于把握精准用户的垂直细分类内容的热度开始走高。相比其他大众化的娱乐内容，技艺展示是专注服务于某部分人群的垂类内容，随着这类短视频市场竞争的加剧，找到差异化、稀缺化优势是提升竞争力的关键。找到差异化、稀缺化一般来说有两种方式：第一种方式是在原分类的基础上将内容继续细分，向下延展，找到新的蓝海；第二种方式是提升内容的稀缺度、专业度，构建更高的竞争壁垒。

找到差异化、稀缺化的技能需要了解用户需求，找到用户痛点，那应该如何了解用户需求呢？最简单高效的方式就是用户画像，通过用户画像获取粉丝的社会属性、兴趣偏好等，为内容创作提供方向指导，找到稀缺小众的技能。目前看来，欣赏型、展示型技能的赛道越发拥挤，用户对日常生活技能、办公软件的使用技能以及日常急救技能需求较大，实用型技能的市场潜力巨大。

（二）技能专业度

技艺展示类短视频要想受到用户的青睐，主要还是在了解用户画像之后，需要通过内容与用户交流，进一步建立信任感。而信任感则主要建立在两方面：一是内容的专业度，二是内容的感染力。[①] 虽然内容类型走向多元，但从红人自身人设定位看，却更为"聚焦"。拥有多才艺、多技能的"混搭"达人的比例在下降，九成以上的达人都专注在一个领域之内。虽说"多能""全能"达人拥有更广泛"链接"用户的机会，但却会加重算法理解红人内容类型的难度，从而导致推荐的用户池混乱，反而不利于红人粉丝增长和精粉沉淀，对于账号长效发展十分不利。因此，在红人之上，附加"精""专"人设，比"多"更奏效。同时，对于垂类内容来说，用户对信息密度的要求较高，内容是否专业严谨会直接影响到观众对内容的信任。同时技艺的专业程度能更深刻地激发和满足用户由衷佩服的情感体验。佩服心理是人类自我意识的产物，是社会历史发展和人的思维力、想象力等发展的必然，佩服心理作为人们的精神支柱，是要弥补现实中的不足，而由衷的佩服中表达了人渴望、羡慕、欣赏、赞美等情感，体现了希望成功、追求完美的心态。

技艺展示类短视频的创作者大都是专业出身，有的从专业院校毕业，比如戴羽彤毕业于南京艺术学院，"仙姆 SamChak"的作者从巴黎彩妆学院毕业，"壁画师·佳佳"的作者从五邑大学艺术设计学院毕业。有的从小练习，如"凌云"的作者是峨眉武术非遗传承人，4岁开始学习武术，10岁

[①] 卡思数据. 垂类内容分析合辑 | 2018年细分领域内容打造方法论总结［EB/OL］.（2019-01-29）. https://mp.weixin.qq.com/s/H9y95rVuAQedQhlGmWw3ng.

加入峨眉派。有的是资深玩家或达人，如"斜杠玩家吉叔（郭吉勇）"的作者本就是潜水达人，再加上是街舞的资深玩家，又掌握了专业的摄影技巧，深邃的水、奇妙的光、海的诱惑在他的作品中得到充分体现。即便一些来自农村的"草根"技艺者，虽然没有受过专业训练，但也是一身真本事，如李子柒、彭传明等。

（三）综合表现力

有感染力的内容更能引发观众的共鸣和认同，因此以展示技艺过程为主的技艺展示类短视频需要从以下几方面来增加视频内容的综合表现力。

1. 拓展内容的丰富性和服务性

从单纯的才艺展示转变为技艺教学，提升服务功能，为用户提供现实价值，有价值的内容才会吸引用户去看，人人都希望有一门手艺或者绝活，这是用户的痛点。技能教学类内容的特点及优势在于时间短、信息密度大、过程详细，能快速地为用户提供学习机会，吸引力较强。

2. 才艺展示者的表演创意与特色

视频只是一个窗口，而才艺者本身的专业表演展示才是硬核输出。仅仅局限于直截了当地进行技艺展示，无疑是枯燥乏味的，才艺者需要在表演中融入多元化的表现元素和独特的趣味性。在抖音圈粉3800多万的"高火火"，以幽默的风格著称，打出了自己的差异化和独特性。"高雨田大魔王"的魔术表演注重场景化、生活化。他最初引起大家关注是他喜欢在街头表演近景魔术，从2022年2月开始，"高雨田大魔王"携手抖音著名的"孝警阿特"，拍摄了系列预防犯罪视频，包括街头的扑克牌、骰子骗局、绿码诈骗、障眼法偷窃等，成功将魔术和反诈骗宣传结合在一起，实用又好玩。

3. 垂直类别达人增加"娱乐"元素

技能教学类短视频由于缺少核心人物，趣味性不够强，因此用户黏性也比较低，所以在创作过程中需要增加"娱乐"元素，让专业内容生动化、趣味化。例如"天元邓刚"作为分享钓鱼技巧的账号,从 2021 年 5 月开启了一种"黑坑盘老板"的内容模式,即去到某地的一个水库后,和老板商讨钓鱼价格,然后意气风发地在规定时间内展现自己的钓鱼实力,而到最后,他的满满战绩往往会让老板瞠目结舌,又心疼又哭笑不得。这种融入了水库老板前后反差的内容模式又为视频增加了强烈的喜剧效果,观察老板的反应也成为粉丝们新的乐趣所在,即使是不懂行的人也能看得饶有趣味。

思考与练习

1. 技艺展示类短视频的特点是什么?
2. 技艺展示类短视频的要素有哪些?
3. 如何增加技艺展示类短视频的趣味性?

第十一章　广告宣传类短视频的策划与制作

产品通过短视频进行推广，目的是给用户"种草"，"种草"的意义是留下印象。"百度汉语"的解释是"泛指'把一样事物分享推荐给另一个人，让另一个人喜欢这样事物'的行为，类似网络用语'安利'的用法。""种草"以后，才是引导消费者产生购买行为（比如挂小黄车、直播等）。广告宣传类短视频为传统视频广告提供了新思路，短视频平台"流量集中"的特点让很多广告商都选择了这种新的投放渠道，且广告宣传类短视频的创意性也提高了观众的观看意愿，增加了用户的活跃度和黏度，甚至重新定义了"广告"属性：观赏性、针对性、互动性。

因此，本章你将学到以下内容：
1. 广告宣传类短视频的特点；
2. 广告宣传类短视频的要素；
3. 各类型广告宣传类短视频的生产策略。

第一节　广告宣传类短视频的特点

由于广告宣传类短视频投放平台的变化，目标受众也发生了较大变化。短视频平台的广告可以通过精准的大数据计算对不同群体"投其所好"。在数据计算初期的广告投放阶段,对该广告不感兴趣的用户会直接划走,留下来并点关注的变成了黏度较大的忠诚用户,比如关注花西子、完美日记等产品的官方账号的用户,就进入了该账号的私域流量。

  广告宣传类短视频如何做才能将用户纳入自己的私域流量呢?第一步就要过滤掉非目标用户,抓住对它的声画、传达信息、卖点都感兴趣的群体,用广告的品牌个性感知用户价值。所以广告宣传类短视频各项特点要符合目标用户的审美。

一、独特的创意创新

  创意性是任何类型、任何平台的广告都必须具备的特点。"独特的创意创新"是指具有不可替代性的创造性想法和构思。广告不仅要在短时间内抓住受众注意力,还需要受众对引起自己注意力的产品、企业、宣发主题、城市或者个人等产生强烈兴趣,这才是广告的成功创意。广告宣传类短视频的创意性和传统视频广告的区别在于它是点对点、一对一的传播,所以它的创新点需要特色更鲜明。比如网易的黑猪肉广告宣传短视频,开篇是两个穿戴精致的妈妈像帮自己孩子相亲一样说着"孩子"的条件:

    A:是周妈妈?听说你女儿不错。
    B:听说你儿子也很优秀。
    A:我儿子事业有成,产业遍布全国,女方也得门当户对。
    B:我女儿的新房子,三千三百亩。
    ……

  "相亲"是大家永恒的八卦话题,开篇两方妈妈互相攀比较量的对话一下子就能激起大家窥听是非的欲望，一分多钟的对话，双方妈妈优雅地你来我往，唇枪舌剑，大家看得津津有味。突然，画面转向了妈妈们往下看的目光，才发现她们是在说一只狗和一头猪。

这种令人意想不到的反转就是广告宣传类短视频的"创意性"。这种创意是将广告宣传类短视频做成了网络微短剧的形式，有人物、有情节，我们在这种娱乐化的故事推进中，不知不觉就看完了一则广告。

因此，广告宣传类短视频的创意性表现在"情节化"。"情节化"实际是指广告的"故事性"。一些卖书的短视频账号，开篇会故意用百姓关注的人物之间的"矛盾"来引发观看兴趣。比如账号"格局思维社"做的著名企业家曹德旺的个人传记《心若菩提》的推广，广告的标题和点开第一句话就是："曹德旺为什么看不起李嘉诚？"我们把故事听完，才会发现视频是为了卖曹德旺的这本自传。大部分人如果没有看到短视频中的小黄车，在听到开篇那句话时，根本不会想到这是一本书的推广。

"创意性"就是指出乎意料：出乎意料这是个广告、出乎意料居然是这个商品或者出乎意料广告拍得如此精美……生产广告宣传类短视频时，多几个"出乎意料"，就是拥有"创意性"的基础。

二、内容广泛而通俗

广告，顾名思义，广而告之。"广"决定了传播范围。广告宣传类短视频在平台的初期投放都是广域流量，或者说，每一个用户在短视频平台第一次看到某个广告时都是在广域流量领域刷到的。比如抖音的"推荐"和快手的"发现"与"精选"菜单，就是广域流量，而进入它们的"关注"菜单，用户就是被关注者的私域流量。每个产品的官方账号都希望自己私域流量越多越好，被"大多数人理解"，所以，广告拥有"通俗性"才能被广泛传播，得到认可。

抖音在 2018 年 6 月开通了企业认证和机构认证，很多官媒账号打开了通过短视频进行政务宣传的道路。截至 2019 年 12 月，各级政府共开通政务抖音号 17380 个，其中数量最多的省份为山东省，共开通 1175 个。①

传统媒体的"政务宣传"给人一贯严肃的印象，但是进入新媒体短视频的平台，粉丝对很多政务号给予了"反差萌"这样的评价。其实"反差萌"就是政务号的"通俗性"。

最明显的是《新闻联播》的抖音账号，《新闻联播》在抖音平台专门开设了"主播说联播"系列。在这档节目中，每位主播虽然都很端庄大气，但与电视上始终给观众有距离感的形象不同。因为在《新闻联播》中要求的是"正播新闻"，正播新闻需要"感而不入"，就是有感受也不能太投入。但是"主播说联播"这个系列，是播音员在节目之外的形象呈现，不再是"正播新闻"，而是"说"新闻，说新闻要求重音突出，情感表达和肢体表达可以略微夸张。比如 2021 年 9 月 10 日的一期短视频，题目叫作"央视主播神模仿，打开'盲盒'看到的也是文化自信"。主播郑丽开篇就模仿三星堆各个文物的动作，然后再开始解说。这样的设计颠覆了主播们坐在主播台前一丝不苟的严肃形象，用"反差萌"营销体现文化自信。

不仅仅是营销某个实体产品，政务号、官媒号要达到营销某个精神、传达某种声音的效果，都需要接地气的"通俗性"，拉近和受众的距离，"坐下来、蹲下去"和受众面对面亲切交流，说我们听得懂的话，做我们看得懂的事。

三、建立情感沟通

人的大脑在接收到信息时需要三个层次来处理：本能层次、行为层次和反思层次（图 11-1）。第一层次：本能层次就是大脑情感系统在运作。

---

① 澎湃新闻. 报告：我国各级政府已开通政务抖音号 1.7 万余个 [R/OL]. (2021-04-28)
[2021-08-08]. https://baijiahao.baidu.com/s?id=1665182832278096210&wfr=spider&for=pc.

第十一章　广告宣传类短视频的策划与制作

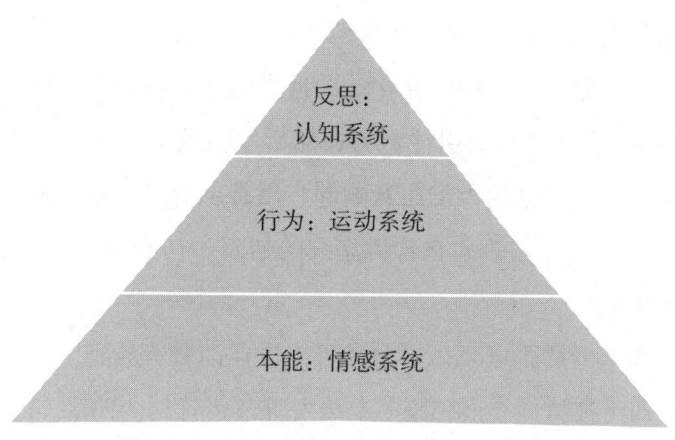

图 11-1　人的大脑在接收到信息时的处理层次

因为本能层次是大脑的第一反应，所以广告宣传类短视频在开篇就要抓住受众大脑的情感系统，与之产生沟通，继而影响第二层次。第二层次：行为层次——"买"还是"不买"，还没有等到到达"反思层次"，广告就结束了。第三层次：反思层次是大脑察觉本能层次无法判断的情况下才启动的，它的启动意味着深层次的思考，用深层次的思考来决定行为层次，大脑经过这一系列的操作，早就超过了广告宣传类短视频的时长，并且大脑越深入思考，人们想要购买一件商品的概率就会越低。所以广告宣传类短视频平台需要大脑运行的系统只能有两步：情感系统和运动系统，所以在第一层次就要在情感上和人产生深度沟通，让人的行为层次决定大脑直接行动。

　　能够和人产生沟通的广告宣传类短视频，要么用有声语言和用户对话，要么用镜头语言和用户对话，或者两者共同对话。珠宝品牌"麒麟"（Qeelin）的短视频广告采取的是镜头语言+创始人采访（有声语言）的方式来沟通。镜头语言是为了展现珠宝外观的美，通过创始人的采访展现的是珠宝内在美：设计方向、设计理念、设计风格和文化内涵。

　　创始人向受众沟通的是产品的"性格"。"麒麟"作为高端珠宝品牌，在短视频平台直接销售的概率极低，通过直播卖货更是不可能，直播需要的"走量"销售就不是珠宝销售的第一诉求。所以这则短视频的目的就是和人在情感上建立沟通，继而"种草"。

短视频的标题是：让中国文化走向世界的珠宝创始人。打出"中国文化""世界"这些标签来吸引注意力，然后用精致唯美的镜头语言和人进行进一步沟通，接着创始人的声音响起，用有声语言的内容来抓住受众进行沟通——我，作为创始人在告诉您我的初衷、初心和内心的理想境界，您是否愿意倾听？

能和人沟通的广告需要诚心与诚恳，潜在消费者看到了这份诚心与诚恳的沟通，产生被打动、被感染、受启发等情绪就是"种草"的成功。

四、成本优势突出

传统广告在成本方面除了前期、中期的拍摄成本，还有后期购买广告位等投放费用。如果没有购买流量的需求，除了拍摄成本，广告宣传类短视频后期的投放成本极低。如果该企业需要在短视频平台上认证，只需要花费600元，如果不需要认证，则是免费。

企业就算要花钱购买流量，比起传统媒体和网站的片头广告，少则一两万元，多则上亿元的投放费用（2018年《捉妖记2》买下2018年央视春晚开播前60秒的黄金倒计时广告，成为首个买下这一时段广告的国产电影。有媒体猜测，鉴于此前乐视在这个时段支付的7000余万元的广告费，此次《捉妖记2》的广告投入至少1亿元）。

而企业如果要在抖音上购买流量将自己的广告推上热门，如果是"定向版"，需要提升"主页浏览量"，投放热门时长6小时，播放量提升2500+，则只需要50元；投放热门时长24小时，提升25900+，也只需518元。

这样一来，企业、政府部门或者官方媒体就会有更多的成本投入广告宣传类短视频的制作上，用好的策划、文案、拍摄或者演员争取用户、引导受众，起到营销、宣传和引流的作用。

第二节　广告宣传类短视频的要素

一、抓住用户痛点

短视频时代的广告，用户的一根手指就可以决定自己是否感兴趣。能为用户提供情绪价值的内容是首选，情绪价值意味着正面情绪。这些情绪可以是感动，也可以是开心或者共鸣等。总之，广告宣传类短视频的"短"是需要在极短时间内满足用户的情感诉求，抓住用户的痛点，用户才能提升兴趣，感知其价值（图11-2）。

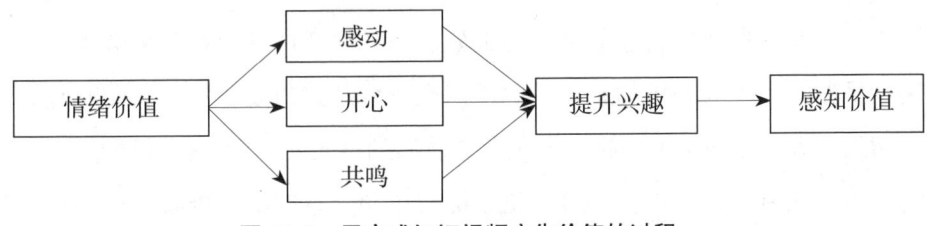

图 11-2　用户感知短视频广告价值的过程

用户感知到了产品或者宣传主题的价值，产生认可度，如果广告宣传的是产品或活动，用户才会被刺激而产生购买或参与的欲望，如果广告宣传的是某种精神文化，用户才能在认同的情况下，被引导思想。

抓住用户痛点的方法之一是内容要"有趣"。这里的有趣不是指搞笑幽默，而是指"趣味性"。趣味性是新闻价值要素之一，在新闻中趣味性一是指真实的新闻事件本身要让人感兴趣，二是指引人入胜、生动风趣的表达方式。放在广告宣传类短视频中，"趣味性"就要回归到它的特点——"创意性"，只有具有创意的广告宣传才能引人入胜。

二、减弱广告标签

在大家的常识中,广告就是推销产品,视频广告就是用动态图像的方式推销产品。"减弱广告标签"就是不让人感觉在"推销",弱化这一动词,让受众成为非干预隐形控制下的"奴隶"。简而言之,就是将以前赤裸裸的推销方式变成"隐形"推销。

广告宣传类短视频往往披着娱乐的外衣,制造一个话题吸引观众的眼球,最后来一个意想不到的反转。或者某位网红直接用体验的方式告诉用户自己使用这款产品后的功效,再加上前后的对比图,语气真诚、言辞恳切,在聊天的场景中将产品推销出去。

广告标签最弱的短视频要属植入类广告,"植入"往往出现在网络微短剧(微短剧)中,植入方式要自然顺畅,不违和。比如"我有个朋友"微短剧账号,有一期故事讲述的是年轻夫妇从奋斗多年的北京辞职回老家开餐馆,虽然没有了大城市的繁华忙碌,但在家乡却过得安稳舒适。尤其是镜头切到一家人在饭桌上团聚,男主角拿着酒的镜头时,"舍得"酒的标签入镜,但却只有 5 秒,更多的镜头给了男女主角。这时的画外音:……有人说坚持才能得到更多,我们觉得,有时候"舍弃"更需要勇气,有舍才会有得……

这就是植入的产品和剧情自然贴合,且产品的镜头出现时间短,编剧经过精心地打磨设计,让推销痕迹减弱,男女主角的情绪和精神力量成了关注焦点,但又因为他们的情绪与精神力量和产品个性的一致,大家也包容了这样的故事里有这个产品的广告印迹。

三、助力私域流量

2021 年 6 月,抖音 App 粉丝百万以上的企业号同比 2020 年 6 月,增长了 165%。① 用户关注政府、官方媒体或者企业与企业商品的短视频账号，就是进入了它们的私域流量，成为"家人"。在企业或者企业商品账号里，会定期在自己的私域流量直播销售自己的产品，直播时，产品会比在其他渠道购买时优惠。目前企业和企业商品都在通过直播优惠来巩固自己的私域流量，这样就有了稳定的消费者群。但是，这些"引流"都是通过广告宣传类短视频带来的。所以，广告宣传类短视频还需要提供"家人"的热情和温暖，让"家人"愿意为你花钱。

待如家人就是要让账号的广告有人的温度，甚至 IP 化。比如化妆品完美日记的官方账号，它在抖音的所有联盟账号（完美日记旗舰店、完美日记宠粉联盟、完美日记线下店）粉丝加起来有 500 多万。该品牌价格亲民，喜欢和一线艺人合作，官方代言人是周迅，何超莲、赵露思等都为其拍摄过推广片，"完美日记的广告"已经成了知名 IP。2021 年 9 月 4 日，"完美日记旗舰店"的账号推出了"开学第一天"的妆容呈现：新生代表、人气学姐、学生会会长。每一类人群的代表都有代表妆容和代表的完美日记眼影盘，在精心设计的时间点贴心满足大学生们的需求。

待如家人还需要关心家人的细节。完美日记散粉的短视频广告就做得专业又贴心。它通过各种实验实拍来证明自己散粉的细腻、防水、控油，不仅如此，广告的解说词还专门提到了"敏感肌"，这在彩妆类广告中非常少见。是否适合敏感肌使用，一般是护肤品要做的工作，可见该彩妆广告文案的细腻。并且有不少用户在下面留言，确实有点被"种草"。这条留言点赞量达到了 5000 多。

私域流量青睐的是将广告做得 IP 化，让广告有家人的温度和细腻。将用户拉入私域流量和维护私域流量都是广告宣传类短视频要做的工作。建

---

① 茉莉传媒. 抖音发布私域运营白皮书，茉莉数科彰显 DP 综合服务能力［EB/OL］.（2021-08-10）［2022-09-06］. https://t.cj.sina.com.cn/articles/view/7263657252/1b0f29d24001016uxt.

立私域流量难，要维护好更难，在快速更新迭代的线上拥有较稳定的消费者群体，绝非易事。

第三节　各类型广告宣传短视频的生产策略

在短视频平台投放广告宣传类短视频的账号，不仅有企业、政府和官方媒体，还有宣传需求的个人。企业的账号除了宣传自己企业本身，比如企业精神、企业文化等，还会宣传自己企业的商品；政府的账号除了发布重要会议信息、工作重点等，还会有政府工作中为民办实事、给百姓做提醒的典型事件片段等，内容多元丰富；个人账号则是为了突出个人的事迹和身份，大部分会从故事角度切入。

一、政务官媒类

政府的形象是严肃权威，但是短视频账号审美特征是大众化，它要宣传的内容就必须和用户产生情绪共振。官方媒体也具有这样的特点，比如"人民日报""新华社"等，它们对外的形象都是庄重地为人民服务。在短视频平台，"人民日报"会在9月18日这天剪辑全国各地用不同方式铭记历史的短视频，"人民网"会剪辑普通抗癌女孩"霍九九"故事的短视频，"新华社"会在第一时间上线"神舟十二号"返回舱开伞落地全过程，也会展现江西62岁"竹编爷爷"竹编手艺的短视频……这些官媒成了名副其实的头部短视频账号，是官媒短视频生产策略的成功案例。

1. 故事化

现在，各地、各级的政府部门基本都会有自己的融媒体中心，负责经营政府的短视频账号。比如北京市公安局的"平安北京"和上海市公安局的"警民直通车—上海"（简称警民直通车）。

这样的政务账号在听民声、答民疑、解民忧的同时，要宣传自己的政府形象和法律法规。所以，用一个个真实的故事呈现，才能引起大家的足够关注和重视。公安局的民警每天都有大量的执法视频，一些较典型的执法视频经过对主人公的隐私化处理以后，会被剪辑好放在这些政务号上。比如警民直通车有一期真实事件的视频叫作"高架惊魂"，视频中，一名醉酒男子听到警察说"我现在对你负责"时质问他："你是我谁啊？"警察回答"我是人民警察。"随即，该男子立刻翻越高架桥护栏要往下跳，民警眼疾手快抓住了他，将他救下。这则视频只有短短15秒，却表达了三个方面：

（1）劝诫大家喝酒后不要冲动；

（2）让大家看到民警的责任心和使命感；

（3）表现了民警在处置紧急事件时的专业性。

这则短视频就是一则真实的小故事，这样的小故事在这样的账号里还有千千万万，这比用口号喊一千次一万次"为人民服务"更有说服力，让百姓在一件件真实的故事中看到政府和官媒的不易，生出更多理解之情，从而更好地在生活与工作中去配合他们的工作。

除了真实的故事视频，很多政务号在防诈骗的宣传主题短视频里，还加入了网络微短剧的形式，出演者都是民警，他们用较夸张的剧情更生动地提高大家对各种诈骗信息的防范意识。

2. 服务化

警民直通车将一个个真实的执法视频在短视频平台展现，并且还拍摄了专门的网络微短剧来提醒大学生们"校园贷"的陷阱，视频发布在九月开学季，是专门为大学生们"服务"的。"青岛消防"的账号在雷雨季专门让消防员拍摄了一组如何避免雷击触电的、搞笑"顺口溜"短视频。2021年教师节，"四川文旅"官方账号发布了可以在这几天（教师节前后）凭教师证半价游玩四川景区的消息。

这些都是政务和官方媒体的短视频账号针对不同人群的服务内容，这些内容和故事性内容、政务发布的消息等穿插在账号中，增强了这些账号内容的丰富性，让人民群众感到这些账号"宣传服务两不误"，心中有人民，心中爱人民。

3. 趣味化

对于公安类、消防类账号来说，很多真实案件本身就具备一定的趣味性。比如"中国消防"账号，会有可爱的小猫，表情一脸委屈被卡在警戒桶里，消防员将其救出的视频，这则视频宣传的是消防员战士细腻的爱心；还有一期短视频，剪辑的是一名男子打电话说有"几个妖怪"把他的房子烧了的真实电话录音，虽然前面只有音频，但剪辑运用了文字的趣味呈现方式（紧跟音频一行一行的呈现，根据音频内容的重要程度，文字大小、颜色不一），最后还有报警人因醉酒自己制造了这场火灾这种意想不到的反转结果。

这些视频的趣味性和幽默程度绝对不亚于幽默搞笑 UP 主们的短视频，这些趣味视频对粉丝进入他们的私域流量，对其开展后期的宣传引导工作起着重要作用，是每一个政务官媒号里的"流量王者"。

二、企业宣传类

在短视频平台注册的企业账号里，几乎都会有自己的企业形象宣传片，是为了让更多人了解自己的企业文化和企业精神，继而选择该企业的服务或者产品。但是，投放在短视频平台上的企业宣传短视频大部分会有一个共同的问题：忽略短视频的内容、审美，传播和叙事特征，只是将该片当成传统宣传片来策划和剪辑，希望制作出来的宣传片可以在各个平台投放，变成"万金油"。因此，企业宣传类短视频的优秀作品并不多，至少和优秀的商品广告短视频相比，数量略少。

1. 以人为本

这是大部分企业宣传类短视频都没有做到的生产策略。企业方在创作自己的形象宣传片时，头脑中只有"展示自己"这一件事，而对于怎么展示才能真正吸引到目标人群的眼球、怎么才能展示目标人群需要的那一部分，却并没有深入思考过。我们现在看到的企业宣传类短视频大部分都是以企业建筑的外立面、公司的接待前台、城市高楼大厦的人群／车流延时镜头等作为开场，最后再以这样的大全景镜头作为结尾，典型的总—分—总结构。

缺乏故事和人情味是造成企业宣传类短视频无法让人有深刻印象的主要问题。讲故事是为了拉近和观看者的关系，但故事里是需要有"人"来推动情节的。企业的诞生是人创造的，企业的运作也是人推动的，但是，大部分企业宣传类短视频都忽略了"人"这个重要元素，让企业在宣传片里看起来就是一个冷冰冰的运作机器。

"国家电网上海电力公司"的企业宣传类短视频做到了以"人"为本，从头到尾都是基层员工在电网的各个领域工作的镜头，并且在宣传片的最后，还打上了这些员工的名字。在这部宣传片里，我们看到的是企业对基层员工作出贡献的认可，这比起不停夸耀企业功劳的内容，更能拉进和观众的距离，给人留下深刻印象。一个能够关怀基层员工的企业，必定是一个有温度的企业。

2. 不走套路

前文我们说到了企业宣传类短视频的开场套路。不只开场，在整个内容的规划上，都会有一套不成文的套路：

（1）以激动人心、气势磅礴的音乐开场，接着就是大楼、车流／人流、山川／湖泊等航拍镜头；

（2）字幕包装出现：地理位置、员工数量、企业历史、获奖、申请专利、产品销量等，此时的镜头一般是车间、奖杯、员工群像、物流运输等镜头；

（3）有些企业还会加入老板和高管们望向远方、与合作伙伴签字握手、戴着安全帽在车间巡视等镜头；

（4）一个航拍的镜头作为收尾。

这样的宣传片套路和短视频可以说没有任何联系，根本无法在前5秒抓住受众的目光。所以，我们要远离套路，尤其在开场就要带入创意。"王府井集团"创立于1955年，所以它的企业宣传短视频在开场采用了左右屏对比的方式。左边是1955年人们购物的画面，右边是2021年大家购物的画面，这样的对比直观新颖，让人立刻能理解到王府井集团的悠久历史，悠久历史的传承是值得信赖的托付。

3. 提炼重点

企业的故事是讲给别人听的，切忌"自娱自乐"。"自娱自乐"是企业宣传短视频里非常常见的问题：时间冗长、内容广泛、缺乏重点。一句话概括：什么都想展示，最后却什么都没有展示。

首先，超过5分钟的企业宣传短视频，再精彩，也很难让人有耐心一直往下看。其次，宣传短视频不是企业优势的全部堆砌，而是最突出优势的重点提炼。最后，受众的互联网记忆很短，内容多而杂相当于没有内容。比如牛奶企业，不要既想说奶源地的优秀，又想强调杀菌技术的先进，还想展示奶制品种类的丰富；文具公司也不要既想说文具设计新颖，又想说产品质量经久耐用，甚至还想展示企业文化如何优秀。这样的"优点堆砌"只会变成流水账，无法提升用户的兴趣。

三、城市形象类

在短视频平台出现城市形象宣传片有PGC也有UGC。UGC多是出于兴趣和热爱，PGC则具有旅游宣传目的。无论是哪种目标，总之都是要表现城市的"性格"。2003年，张艺谋为成都导演了城市宣传片，那个时候我们还处在2G时代，没有发达的互联网营销，因此这部宣传片相比张艺谋的名气，引起的反响并不大。但是这部宣传片还是较好地展现了成都的城市性格：温和又麻辣，传统又现代。

1. 性格和个性

城市形象不能简单地以"美"概之。"好看的皮囊千篇一律，有趣的灵魂万里挑一"，只有性格和个性才会给人留下持久的深刻记忆。如何去表现一座城市的性格，并且在性格中找到个性，这需要拍摄者在这座城市生活一段时间，才能产生较深入的了解。

每个城市的性格都有相似之处，比如长江三角洲地区，都是潮湿多雨的气候，都有梅雨季节，性格温润。可是比如上海和苏州又都具有不同的个性：上海是大家闺秀，苏州是小家碧玉，各自有各自的"市场定位"，个性和共性都要表现，性格才能更立体。

2. 细节和人文

"新片场"网站知名的摄影师（工作室）Vview（陈胤）曾经为上海拍摄了一部名为《上海如海》的城市航拍宣传片。这是他的个人作品，因此也有较浓重的个人痕迹。这部宣传片被多家上海政务号和官媒转发，其中包括上海市政府新闻办官方抖音号"上海发布"。

Vview很擅长使用无人机进行高空拍摄，但是无人机航拍很容易看不到城市的细节和人文气息。但是城市的细节和人文气息又恰恰是展现城市面貌的"主力军"。因此在这则短视频中，无人机在外滩拍摄到了有人招手的镜头，而整部片子的开头，是从代表老上海的浦西往浦东过渡的镜头，表现的也是从旧到新、从从前到现在的变迁。

当然，还有上海"多雨"的细节，也是在开头浦西朝着浦东过渡的镜头中，用雨声的音效去展现的。

3. 角度和立场

一个城市的宣传短视频，最好的方式是让外地人拍摄。本地人拍摄家乡很有可能陷入"自娱自乐"的怪圈。

"不识庐山真面目，只缘身在此山中。"城市宣传短视频本来就是拍给这座城市以外的人看的，目的是吸引大家前往，增进大家对这座城市的了解。而本地人恰恰容易有一些角度和立场的局限性，就像自己并不是最了解自己的人一样。

一直在这座城市生活，你看习惯的风景可能在别人眼里就是美景，你吃习惯的饭菜可能在别人口中就是极具特色的美味，你天天相处的伙伴，可能在别人的认知里就是非常有趣的人……就像做访谈节目一样，主持人必须对嘉宾有好奇心才有提问欲，而外地人对城市的好奇心肯定比本地人重，有了好奇心才有探索欲，有了探索欲才会发现这座城市的特色，才能看到城市全面的性格和独特的个性。

四、商品广告类

这是在短视频平台类型投放最多的广告宣传类短视频。商品的类型是多种多样的，投放的方式也是五花八门的。化妆品、母婴用品、服装、零食……2021年4月21日，QuestMobile（北京贵士信息科技有限公司）发布《2020中国移动互联网春季大报告》[1]，报告显示抖音的女性用户占到了57%。2021年3月快手发布《快手有佳人：女性人群价值报告》[2]，报告中显示2020年1~12月，快手活跃女性人数增长17.7%。根据用户的性别分布和增长来看，"女性向"产品的广告能得到的回报率更高一些。

何为女性向的产品，除了刚才提到的化妆品、母婴用品、服装和零食外，还有瘦身产品、家居用品等。在上述报告中还体现出用户的线上消费能力也在增加，可以承担线上200~1000元消费金额的用户从2019年3月的44.2%增长到了51.4%。

1. 生动形象

德国拜耳品牌的灭蟑螂药做过一期《蟑螂为啥来你家》的短视频来

---

[1] QuestMobile 研究院. QuestMobile 中国移动互联网春季大报告［R/OL］.（2020-04-28）［2021-09-06］. https://wenku.baidu.com/view/e011c4f3a2116c175f0e7cd184254b35effd1a18.html.

[2] 快手商业策略中心-磁力数观. 快手有佳人：女性人群价值报告［R/OL］.（2021-03-13）［2021-09-06］. https://max.book118.com/html/2021/0311/5334133230003142.shtm.

推广自己的蟑螂药。这个短视频做得非常有趣，讲解人专门制作了一个蟑螂模型，为了避免引起观者不适，他做的蟑螂既形象又可爱，文案也非常的生动。比如："那什么样的环境对于蟑螂来说才是最适宜的呢？首先，食物充沛水源充足、隐蔽性好、来去自如的地方。这逻辑多像咱们选月子中心啊？"短短一句话说清了蟑螂喜欢的环境，并且还和人的生存环境做了对比，幽默又形象，容易给人留下深刻印象。

这样的广告短视频，无论男女老少都很好理解，尤其是很多女性更加在意家中的卫生环境，通过这样的形式，会比生硬的科普介绍更容易让人了解灭蟑螂药的作用原理，也才会让大家更信任其功效而去购买。

2. 找到标语

主打结实耐穿的工作鞋品牌"Timberland"（添柏岚）在2021年9月于线上新发布了新拍摄的广告短视频。这个品牌在2007年才正式进入中国零售市场。因为英文发音，被中国的消费者戏称为"踢不烂"。品牌方欣然接受了这个称呼，目的就是拉近和消费者的距离和体现商品质量过关，且短视频的文案很符合年轻人的审美，搭配的镜头精致有创意。虽然讲的是鞋和人共同成长的故事，但短视频中的"人"始终没有露脸。穿这双鞋的人经历了与朋友、爱人、家人的分别，最后跋山涉水一路找寻自己，这双鞋也穿烂了。这时，视频广告最后的标语和文案的主题才在镜头中呈现："没有穿不坏的鞋，只有踢不烂的你。"

这句广告词和品牌名称戏剧化的结合立刻深入人心，上口且励志。好记的广告词就是每个品牌自己的标语。就像当年的"我的梦中情人，要有一头乌黑亮丽的长发"和"恒、源、祥，羊羊羊！"一样"洗脑"易懂。

3. 情节灌输

无论是在网络微短剧中的植入广告，还是前文提到的Timberland的工作鞋广告，受欢迎的商品广告大部分都带有一定的情节演绎。植入广告就植入在剧情里，不用赘述，而单独的商品广告，如果也是通过故事情节的灌输让观众记住的，肯定会有更高的概率让人"念念不忘"。

这几年泰国的广告很受欢迎，原因就在于他们的广告短视频都有情节的灌输，并且情节离奇夸张，让人大跌眼镜。比如有一个泰国品牌的风扇广告，讲述的是：有一位国王太热，希望找到凉快的办法。于是就有大臣拿出了该品牌的电风扇，结果刚开1挡，国王就直接被吹得飞出窗外了。整个广告短小精悍，结局出人意料，情节离奇幽默，很难不让人记住。

还有前文提到的网易黑猪肉广告，也是将趣味情节灌输在广告中，并且最后还有情节反转。

除了趣味幽默的情节，还有令人感动的情节、令人意外的情节等，但是，情节不能为了灌输而灌输，整个广告短视频的情节，还是要符合商品的品牌个性。

五、个人宣传类

在短视频平台投放的个人宣传类广告，有企业为了宣传自身而拍摄的员工、老板等的个人形象视频，也有政务官媒账号拍摄的倡导学习先进个人的视频。

在短视频时代，个人形象宣传需要的是真实和个性，形象要立体鲜明，不能脸谱化。尤其是宣传先进人物，不能只强调他的功绩付出，还要有他遇到的难处、心理状态等。

1. 做大于说

个人形象宣传片和人物纪录片有类似的地方。相同之处在于要多看人物做了什么，而不是听他说了什么。毕竟"做"比"说"更有说服力。快手账号"中国警察网"有一期介绍新疆生产建设兵团第十四师皮山农场喀尔塔格孜派出所民警唐飞，就遵循了这一理念。

虽然全片都有解说配音，但当配音说到唐飞从最早只能用手势和维吾尔族群众打招呼，到后来可以用维吾尔语和他们交流并为他们办了很多实事时，唐飞说维吾尔语的原声就出现在了视频中，的的确确让我们感受到了这位汉族民警的付出与用心。

还有一期介绍武汉的一位派出所民警刘俊，解说词说到他冒死开走随时要被犯罪分子引爆的汽车和制服袭警凶徒时，都有真实的资料画面出现在视频中，极具说服力。

2. 付出大于荣誉

唐飞和刘俊这两位公安民警的个人宣传短视频都向受众说明了为什么要拍摄他们。说明的方式一是通过他们获得的荣誉，二是告诉大家他们对人民的付出。

在个人宣传类短视频中，他们做了什么比获得什么更重要。因为他们的获得是因为他们的付出。付出是因，得到是果。且这样的先进人物付出也并不是为了得到，他们获得的荣誉是政府和人民对于他们的认可，而我们要向他们学习的是：他们如何做、如何付出、如何为人民服务。

3. 特色大于全能

没有任何一个人是十全十美的，所以个人宣传类短视频一定要抓住这个人的某一个点来进行挖掘，然后放大，修饰后放在视频中。就算是某个领域的权威人物，他也在这个领域有他相对来说的弱项和强项，或者说，他在这个领域有他的专攻角度。

我们来分析 NBA 著名球星库里的一则 26 秒宣传片。任何一个体育明星在做自己擅长的体育运动时都有自己的个人风格，不可能这项运动的每一个方面他都能做到满分。这部宣传片非常有创意，抓住了库里打球的特点：动作漂亮、身体灵活。从这两个方面入手，出人意料地和优雅的芭蕾舞进行对比，写出了"观看的时候很漂亮""他的身体像音乐一样律动""无论他在空中还是地面，他的身体都知道该怎么做"的三句话文案，每出现一句文案，视频就会切到和文案符合的库里打球的画面，全片没有一句配音和解说，就靠着跳芭蕾和库里打球的画面对比，以及这三句字幕，让人看到了 NBA 巨星的个人特色。

广告宣传类短视频还会有更多的方式出现，除了单独开设账号、植入网络微短剧等，随着未来VR/AR的发展，还会有和人互动性更强的新形式出现。我们目前需要做的，就是生产出更加精致饱满的内容，以适应科技的迭代、平台的快速发展，让这种类型的短视频找到更好的商业化办法、让更多的企业和商家愿意选择这种方式来推广产品、让政府和官媒在短视频平台发挥更好的引导宣传作用。

思考与练习

1. 什么是优秀的广告宣传类短视频？
2. 广告宣传类短视频如何与用户进行沟通？
3. 广告宣传类短视频有哪些类型？
4. 如何制作广告宣传类短视频？

第十二章　网络微短剧的策划与制作

关于微短剧的名称有不同的说法。2020年，国家广电总局"重点网络影视剧信息备案系统"将"单集时长不超过10分钟的网络剧"定义为"网络微短剧"。但快手和抖音平台都将其叫作短剧。比如快手的官方平台认证账号还叫作"快手短剧"。2021年6月，抖音推出了"短剧新番计划2.0"。但是"短剧"在百度百科上是指"电视、戏剧舞台使用的精短栏目剧本、小型戏剧脚本的创作，属于戏剧文学形式的一种，在国内以电视情景喜剧最为著名"。所举的例子有电视连续剧《武林外传》、《我爱我家》和《雾都夜话》等。因此，为了避免和电视连续剧的概念混淆，在本书中使用"微短剧"这个名称。

微短剧和短视频是从属关系，是短视频的一个分类。

因此，本章你将学到以下内容：
1. 微短剧的特点；
2. 微短剧的要素；
3. 微短剧的生产策略。

第一节　网络微短剧的特点

时间追溯到 2013 年。优酷出品联合万合天宜影视文化有限公司制作了单集时长只有 5 分钟的迷你剧《万万没想到》，在那一年，《万万没想到》正片加番外共 12 集，累计播放量突破了 2 亿人次。之后，《万万没想到》系列有了第二季、第三季、第四季……2014 年 9 月，两季播放量已超过了 10 亿人次。这个系列颠覆了大家对"连续剧"时长的认知。这应该是国内最早的微短剧雏形。

微短剧既包括单集是一个小故事的小剧场，也包括多集且连续的故事片。只是单集时长都不超过 10 分钟。

2020 年 12 月 18 日，2020 快手金剧奖颁奖盛典在青岛举行，快手大数据研究院联合快手微短剧发布《2020 快手短剧生态报告》（简称《报告》），《报告》中显示，从 2019 年快手小剧场入口建立开始，共收录微短剧超 20000 部，播放量破亿的剧集超 2500 部。近 1200 位微短剧作者粉丝数超 100 万，超 30 位微短剧作者粉丝数突破 1000 万。半年时间过去，从 2021 年 1 月至 2021 年 6 月 30 日，快手平台上单部累计播放量超过 1 亿的系列微短剧又有超过 800 部，其中有 40 部作品为快手"星芒计划"孵化的独家连续微短剧。2021 年 1 月 19 日，抖音发布首份娱乐白皮书透露，抖音将于 2021 年正式进入微短剧赛道，为文娱行业提供全面的服务与支持。抖音将携手真乐道文化、华谊创星、五元文化、唐人影视、新线索影业、萌扬文化等业内头部制作公司，开发至少 30 部的精品微短剧。

至此，各大短视频平台纷纷进入并开始抢夺微短剧市场。

在 2020 年 12 月快手发布的《报告》中，我们可以看到快手将自己平台上最受欢迎的古装微短剧《一胎二宝》作为代表性作品进行了情节分析。

该剧已通过快手分账政策获得百万元收益,女主角御儿也在快手 App 收获了 1800 多万粉丝。《一胎二宝》的剧情特点:时间短、反转多、节奏快,这样就会增加微短剧的带入感。女主角在一开场是大着肚子的怀孕形象,0.01 秒以后就被逼婚——0.01 秒的时间矛盾就快速形成,先怀孕,后被逼婚,这种颠覆常理的剧情能立刻引发观众的兴趣。

时间短就意味着剧情要简单:长话短说、人物少、矛盾多而短、情节连贯但爽。因此微短剧的第一个特点就是"浓缩性"。

一、高度浓缩剧情

几大短视频平台的微短剧时间都很短,从几十秒到 3 分钟。3 分钟已经算微短剧较长的时长。微短剧现在的形式有两种,一种是连续剧,一种是一集一个独立故事。连续剧的形式在快手 App 较多,与快手的"星芒计划"有关。抖音上基本都是一集一个单独的故事,但是在 2021 年,抖音自制的首批微短剧将会陆续或已经上线,包括关晓彤、娄艺潇等人出演的《男翔技校》,秦牛正威、李诞等人主演的《为什么还要过年啊?!》,费启鸣、白举纲、何泓姗等主演的《别怕,恋爱吧!》,以及黄新淳、刘津言等主演的《星动的瞬间》等。抖音自制微短剧都是连续剧形式。

但无论是连续剧还是单独的剧集,每一集的内容都会比常规连续剧紧凑。微短剧的矛盾爆发在每一集都必须有,只是或大或小。如果说把一部剧的矛盾点画成曲线图,那么微短剧的曲线图就会有短促的直上直下的趋势,因为矛盾点也被浓缩在了极短的时间里。

再说到情节的转换。传统电视剧或者网剧需要两到三集交代清楚的情节,微短剧几秒就会呈现。因为情节的铺垫减少,所以剧情中涉及的人物数量也会减少,以避免旁逸斜出的分支剧情。

微短剧的台词也很简单直白,不需要发人深省,不需要过多的铺垫或者为之后的剧情留下悬念。大家需要的就是易于理解,不用思考、直接推进剧情的简短台词。如台词过长，一定会影响微短剧时长。

因此，微短剧从各方面来说都是浓缩版的电视剧，如图 12-1 所示。

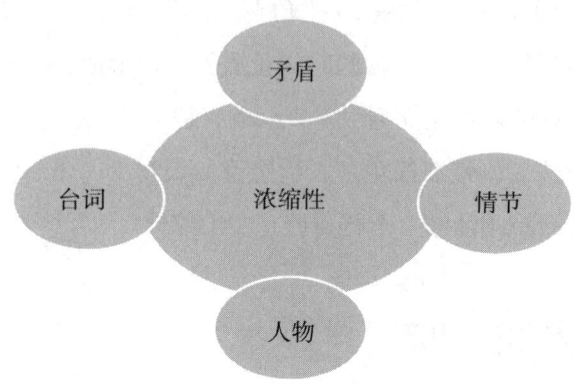

图 12-1　微短剧的浓缩性

二、成本花费低廉

据微短剧内容生产方透露，目前的拍摄采取的是 3×30 模式：后期的剪辑一般是一集 3 分钟（有时候在 1 分钟到 2 分钟之间），一共 30 集，一个星期拍摄完毕，每个演员的总片酬都在万元以下。这比起电视剧动辄几千万的成本是非常划算的。因为成本低，所以生产方对回报的要求也不会太高。《一胎二宝》和快手分账获得的百万收益就足够覆盖成本并且算获得可观利润与变现成功的范例。

也有电视剧公司转战过微短剧市场，有电视剧公司高层透露，他们的拍摄方式用的是电视剧的团队模式与技术模式，之后感觉回报率低，便不再涉足微短剧领域。因为电视剧的各种模式成本消耗大，受众群体也有较大区别，并且微短剧需要的是高频更新、快速上线，他们不太适应这种"打法"。由此可见，成本低是优势，降低成本也是一门技术。降低成本又能满足目标受众需求，是团队的能力。有微短剧导演透露，他们在制作流程与人员配置上是靠近小型电视剧剧组的，但比电视剧速度更快，对精密程度与默契度的要求更高。他们的整个剧组一般有 70 人，但导演、监制、摄影、美术、录音、灯光、服装、化妆、武术指导，甚至剧照师和编剧全程都会在场，设备方面，吊车、威亚也配备齐全，且全组人都有大制作网剧电视剧的项目经验。

成本低不代表技术要求低。由此可见，微短剧对剧组要求就是"电视剧的拍摄团队＋微短剧的拍摄速度＋微短剧"的制作模式。

三、节奏紧凑快速

节奏与浓缩性这一特点有直接关系，正因为浓缩，所以节奏要快。节奏快是指矛盾在短时间内出现数量多。除了快，还要紧凑。节奏紧凑是指故事的起承转合都进行了精练，杜绝多余交代与复杂的人物关系。

还有演员的表演不需要细腻委婉，比如有了小心思，就是转动一下眼珠，悲伤就是哭泣，高兴就是微笑或大笑，不需要让观众琢磨猜测，以便快速推进下一场情节，让节奏快速流动起来。并且观众可以脑补的地方就让观众自己去想，不需要拍摄出来。比如抖音上"我有个朋友"账号是一名叫金赫的年轻导演的微短剧号，其中有一个微短剧是讲离异父亲独自将女儿抚养长大的故事，最后的情节是，女儿突然问："爸爸，你什么时候给我找个妈妈啊？你一个人太辛苦了。"接下来微短剧就结束了。留给观众无限的遐想空间：女儿为什么突然问这个？她为什么觉得爸爸辛苦就要找个妈妈？接下来爸爸会怎么回答？

如果导演把观众对这段情节的这些疑问都拍摄出来，不但结尾缺乏了神秘感，还会使节奏变得拖沓。

四、将受众强烈带入

"带入"就是走入、进入，"强烈带入"就是让观众容易进入剧情的跌宕起伏，不停地想看下一集，直到最后大结局。我们经常听到"刷剧"这个词，而短视频平台上观众看微短剧的操作方式就是典型的对"刷剧"的诠释。看了第一集，把受众带进去了，让受众立刻想刷出第二集、第三集、第四集……的剧情走向，让受众有"一口气吃成个胖子"的上瘾心理，就是微短剧的成功。

第二节 微短剧的要素

一、柴米油盐、家长里短

家庭情感的柴米油盐、家长里短的微短剧在针对下沉市场的快手App里，很多时候是通过婆媳关系、婚姻选择等剧情来呈现的。

比如快手账号"情绪唱片"置顶的第二个微短剧就是用很直白、简单的方式呈现了女性的婚姻选择，剧中人物都很脸谱化，微短剧的时长不允许立体化的人格出现，因为没有情节铺垫和让观众深入思考的时间。男主角是一位在北京打过工就自以为是的傲慢男人，女主角一开始是懦弱顺从的小镇姑娘，结局成长为离婚后找到自己与自由的独立女性。这样的人物设定很俗套，但是不妨碍引起女性群体的共鸣，也正是因为剧情简单、人物脸谱化、结局俗套才更容易让生活在柴米油盐等琐碎中的普通人和剧情产生共鸣。

除了婆媳关系和婚姻选择，也有把婚姻生活的温暖包容拍成系列微短剧的账号。比如"这是TA的故事"，网友在他们微短剧下的留言是"别人演的是故事，你们演绎的是生活"。比起其他账号因为剧情内容较多而舍弃的人物立体化，这个账号剧情简单，人物层次更丰富，演员的表演也相对含蓄克制，没有通过过大的情绪起伏来制造矛盾，微短剧中的演员对夫妻拌嘴、秀恩爱、精打细算家庭开销等细节的演绎，展现的就是平凡日子中的平凡夫妻。没有狗血情节与鸡飞狗跳，但是又充满着丈夫无声的关爱和妻子刀子嘴豆腐心的包容。因此网友会有"演绎的是生活"这样的感受。

无论是何种形式的柴米油盐、家长里短，只要目标受众明确，坚持好账号的一贯风格，不要在账号运营到中期阶段还在尝试不同的风格、什么样的目标受众都想揽入、每期微短剧质量都能保证好，收获对这类题材感兴趣的专一"铁粉"就不是难事。

二、三年逆袭、五年翻身

"知乎"上有一个问题：为什么很多人喜欢逆袭的故事，乐于看影视剧中人物黑化？其中有一个回答是：因为自己的人生已经很糟糕了，现实中不能咸鱼翻身，希望看到电视上上演自己不能够过上的生活是正常现象。

"很糟糕"有夸张的成分，"黑化"在这里也只是一种象征性的说法，只是用来形容主人公变得更理智清醒。因为我们大多数人都是普通人，都过着普通的生活，无所谓"成功"或者"不成功"。所以看到他人的人生经过一系列磨难、改变做事方式、从不成功到成功，总是开心、愉快的。

在这里，"三"和"五"只是一个时间流逝的说法，不是真的三年和五年。但就这个要素而言，重点词在于"逆袭"和"翻身"。仔细研究这类主人公的成长之路，在开篇基本都是无名小卒，甚至受人歧视与凌辱，然后一路过关斩将、阴差阳错，经过时间的流逝，最后成长为雄霸天下的大人物或者受人尊敬爱戴的人。基本这类微短剧都是人们俗称的"爽剧"，类似于当年的电视剧《延禧攻略》，展现的是女主角一路从最不起眼的宫女成为令妃的"逆袭之路"。我们不评价剧本的优劣，2020 年这部电视剧的收视率在 0.96%，稳居第一。

所以这类微短剧当然也会受人追捧，快手上这种类型的微短剧较多。比如《霸婿崛起》《女人的复仇》《家庭主妇的逆袭》等，播放量最低的在400万左右，高的达到了4000万以上（截至2021年8月）。我们从微短剧的名称上就能知道这是"三年逆袭、五年翻身"的故事，目标受众定位清晰，缩短用户浏览时间，非常明确自身需要浏览量的目的。

虽然"逆袭爽剧"点击量高，但是其受众黏性不大。基本是"爽"完就结束，点赞量和播放量相比只有1∶80左右。比如《家庭主妇的逆袭》，播放量有4196万，但是点赞量只有51万，评论也只有6000多个，说明这种剧对于大多数人而言只是"看个热闹"，在后期的变现上价值不高，从长期来看，在用户审美疲劳时，这样的"爽剧"生存空间可能会被挤压。因此，今后具备这类要素的微短剧在拍摄时，要在剧本、演员和后期制作上下更多的功夫，不能一直在舒适区靠套路吃老本，争取为受众带来更多与众不同与高质量的"逆袭"与"翻身"的故事。

三、幽默搞笑放松身心

搞笑幽默是短视频永远的大主题之一，没有人希望自己的碎片化时间是充满悲伤与不愉快的。在短视频崛起的2017年，除了音乐，幽默搞笑就是短视频App最早的基调。当然，那个时候还有很多低俗幽默化的作品内容，这几年随着竞争的紧迫性和受众的审美提高，人们对"幽默搞笑"的标准也越来越高，形式也越来越多样化。

以前大家习惯性把很多幽默的微短剧叫作"段子"，其实就是幽默搞笑微短剧最早的雏形之一。2017—2018年比较流行一人分饰多角扮演家庭成员的微短剧，比如"戏精牡丹""大连老湿王博文"，都是因为一人模仿自己的各个亲戚而在微博上收获了大批粉丝的。那个时候微博App的短视频功能还是使用的嵌入的"秒拍"。2020年微博有了自己的"微博视频号"，三到四年的时间，除了微博视频号，"戏精牡丹"和"大连老湿王博文"在抖音或快手上也拥有属于自己的幽默微短剧阵地。虽然两人的"戏路"都有所变化,不再局限于家庭成员的模仿,但都在探索着更新颖和更有意义的搞笑方式。

除了这两位"老牌"幽默搞笑微短剧的账号,之后还进入了"多余和毛毛姐""田田小阿姨""最美空姐蒋胖胖"等多位各种形式的幽默搞笑微短剧账号,让"幽默"这个元素在微短剧中的运用方式变得多元化起来,受众在这个领域的选择也多了起来。

四、月黑风高好戏开场

拥有"月黑风高"要素的微短剧,要么是悬疑,要么是魔幻。这两者都是最受"00后"男性欢迎的题材。无论是悬疑还是魔幻,男性关注的点都是因为这两个元素会带来"刺激"与"不可预见性"。

1. 悬疑

"悬疑"这个元素很多时候出自侦探探案类的题材。从明代开始就有短篇公案小说集《龙图神断公案》(又称《龙图公案》或《包公案》),书中记录的是包公审案断案的系列故事,我们所熟悉的"包青天"的故事都出自此书,所以人们对"悬疑"的好奇心自古有之。具备这类元素的微短剧账号有"名侦探小宇"和"名侦探步美"。

除了侦探探案类可以展现悬疑元素,还有像"奇妙博物馆""选择体验馆"这种贴近生活的恐怖类微短剧账号。剧情设置类似于极简版的美国电影《七宗罪》,将人的各种不良欲望放大,并且在结局告诉大家拥有极端欲望的人都没有好结果,且这些结果基本都带有超现实色彩。比如一直自私自利的老人在欺负完邻居后永远消失了、网络上的美女真面目是另外一个丑陋的大妈、一个对择偶标准很苛刻的男人最后选择了和芭比娃娃结婚……这些都是让一般观众想象不到的结果,甚至会产生怀疑和不理解的心态,完全符合"悬疑"的意义。

2. 魔幻

魔幻元素一般体现在穿越、灵魂互换、重生、超能力等情节中，并且还有一些动漫作品里。穿越、灵魂互换、重生和超能力等情节在很多古风剧里经常出现，而古风剧又十分受到女性观众的追捧，因此，带有魔幻色彩的古风剧是赢得男女观众的双赢题材。例如《重生之农门肥妻》《孟婆十九》《月老玄七》《通灵妃》等。

另外，近年来，具备魔幻元素的动漫微短剧迅速发展，不仅仅是短视频平台，"爱芒优腾"（爱奇艺、芒果TV、优酷、腾讯）+B站这几大中长视频平台都开始自制和播放国漫微短剧。基于"短视频+动漫"IP的商业模式，这几年带有魔幻元素的自制国漫层出不穷，主要有《只好背叛地球了》《都市妖怪生存指南》《超能力小苏》等，剧集的累计播放量少的有100万次，多的有上亿次。魔幻+国漫微短剧后期还有更广阔的发展前景，国漫的中长视频已经跑出了较成熟的市场模式，国漫微短剧的品质和创意还有更多的上升空间。

第三节　各类型网络微短剧的内容生产策略

微短剧的划分可以按照形式（比如独幕独角戏、IP连续剧）、团队规模、内容主题等多种方式进行，以内容主题分类的方式比较容易理解，这样的方式包括了微短剧的各个特点和要素，从特点和要素出发来研究生产策略，生产策略就有了明确的目标。本节中，我们按照微短剧的内容主题不同将其划分为生活情感类、人生励志类、古风魔幻类、搞笑幽默类和动漫动画类五种类型。

目前，微短剧的发展还在初期阶段，无论是生产策略、演员表演还是策划营销都还不够成熟，整个行业都处在调整之后蓄势待发的时期。根据不同的类型有不同的生产策略，生产者可以更细致地理解微短剧制作前期和中期的具体方向。

一、生活情感类微短剧

生活情感涵盖了生活中的各种情感：友情、亲情和爱情。所以校园剧、家庭剧和爱情剧就包含在其中。生活情感的主流观众还是女性，年龄从校园、爱情和家庭依次递增。当然，很多家庭剧也包含爱情的成分，校园剧也有初恋的萌芽，观众会有重合，但总体来说，校园剧的主流观众还是最年轻的学生群体。而爱情剧下的分支也有：高甜、情感分析、婚姻，来满足不同受众的需求。

（一）校园剧

校园剧有大学和中学之分，无论大学还是中学，遵循的剧本原则都是中学不能谈恋爱，且同学之间的社交相对简单。而大学则是一个小社会，人际故事相对较多，所以剧本需要引起观众共鸣。剧本是一部微短剧最前期的环节之一，且剧本的重要性是针对连续剧微短剧而言。连续剧微短剧变现较容易，一般是和短视频平台直接分账，所以在上线之前就得有亮点，让更多人知道。但是一集一个故事的校园微短剧则需要跟观众产生较强的共情，让人看后立马感觉"对对对，我们班也有这种人"或者"我也在学校（宿舍）见过这种人"。

1. 连续剧前期有爆点

展现中学时代的微短剧代表有国漫《19天》，抖音自制36集微短剧《男翔技校》。《19天》是漫改IP，在《2016中国IP产业报告》中，《19天》以103.9的评分遥遥领先，超过《盗墓笔记》《鬼吹灯》《斗破苍穹》等网络小说。《19天》通过四个少年的主线，讲述的是高中校园同学之间的友情。《男翔技校》则是由关晓彤、娄艺潇等当红明星特别出演，讲述职高故事的青春偶像剧。这两部代表作都是微短剧中的连续剧，一部是有受欢迎 IP 的资本，另一部是演员阵容的强大，因此，如果需要大流量的加持，微短剧就要找到前期宣传的爆点。

校园剧针对的是年轻群体，年轻人感兴趣的话题有国漫/日漫、偶像、反校园霸凌等，如果这些校园连续剧能够和这些话题牵上线、拉上钩，就相当于在前期抓住了目标受众。

2. 单集剧需要认同感

虽然单集剧的每一集都是单独故事，但 UP 主基本都会形成一个系列。比如账号"叮叮喵 dxy"，UP 主叮叮喵的表演内容中会涉及一些和同学与老师相处的小细节，例如宿舍之间的人际交往、爱和老师套近乎的学生干部等，让正处在学生时代或经历过学生时代的人产生认同感。

叮叮喵早期也有涉及中学校园题材的单集剧，点赞量一般为 50 万~60 万。她在中期拍摄了一期中学系列话题"上学时那些奇怪的虚荣心"，点赞量很快达到 120 万。之后就开始有了"上学时那些奇怪的虚荣心 1、2、3……"一直发展到了二十多集。这个系列其实就是揭开了大家在中学时的一些小心思：父母用饮料瓶灌装白开水让自己带到学校，然后看到同学买的真正饮料后，不好意思拿出来；看到同学都买了贵的零食自己还是决定超出预算买和同学一样的；女孩子以认识高年级的男生为荣……很多人都有过类似的小心思，因此，不只是年轻学生，很多经历过中学时代的人也会对这些内容产生认同感。

不只是"虚荣心"，她还推出了上学时的那些"小心思"、上学时的那些小"作"、大学时那些令人迷惑的氛围等各种校园系列，都是为了让大家找到情感上的认同感。

（二）家庭剧

家庭剧不但是指婆婆妈妈的家长里短、永远有问题的婆媳关系，也可以是温暖美好的日常琐碎。账号"这是 TA 的故事"所演绎的故事中，就将夫妻问题、婆媳矛盾和兄弟姐妹间的嫌隙用温柔化解，很少有激烈吵闹的情节。前面说过粉丝对这个账号的评价:"他们不仅拍的是生活,还是温柔含蓄的生活。"微短剧的特点"浓缩性"与"重节奏"要求剧里的矛盾要多而短,但这个"多"是针对连续剧而言。单集剧有一个矛盾,并且在剧情里快速解决这个矛盾即可。但无论矛盾多大,单集微短剧最后要让人看到的结局一定是矛盾消失。

1. 开头矛盾结局反转

"这是 TA 的故事"的故事在开头会直接切入矛盾,比如男方妈妈来家里吃饭,小姑子和老公都要帮着女主角收拾碗筷和洗碗,被婆婆拦住。女主角没有计较地走入厨房洗碗,婆婆拉着儿子说给要嫁人的女儿买一台洗碗机,而镜头切到女主角还在厨房洗碗,男方也正好在此时顺从地答应了妈妈的要求。虽然不是特写镜头,但还在厨房洗碗的女主角紧抿着嘴唇,脸上明显写满了不开心。

这个情节一出来,大家立刻就会有情绪上的不满,不满的这种情绪会激发大家往下看的欲望。虽然最后的结局不是婆婆改变了,而是老公坚定地站在了妻子这边,为妻子买了洗碗机,并拒绝了自己母亲提出要为妹妹买洗碗机的要求。这就和之前男主角答应母亲形成了结局反转。从形成矛盾到结局反转只有短短的 1 分 46 秒,反转的结局没有让婆媳关系和谐,但却让夫妻矛盾消失了。

在这一分多钟的时间里,观众会觉得情绪经历起伏后又得到了舒缓。

2. 抓住细节着力放大

很多时候我们为了家庭中的某些事不开心,而这些事实际上都是些鸡毛蒜皮的小事。比如老公回家老把袜子扔到地上、父母进自己房间老不敲门、上厕所老被人催等,这些事不值一提,但是又总能让人不舒服。优秀的单集系列剧就很擅长将这些细节夸张演绎,着力放大,和经历过同样"不舒服不自在"的人达成共识。

比如"戏精牡丹"在 2021 年过年期间发了一条微短剧叫作"过年时,忙的是厨房里的妈妈,悠闲的是客厅里的爸爸"。这是他看到的很多家庭里过年时父母"分工"的小细节，可能也是很多人都觉得习以为常的小细节。他用夸张的方式演绎出了妈妈的忙碌和爸爸的悠闲，很多粉丝都留言说看到了自己家的情景。

这部微短剧的结局是爸爸负责洗碗、拖地，妈妈吃完饭出去看电影。这部微短剧让粉丝感到和作者达成共识的同时，还看到了如何让爸爸不再悠闲，妈妈不再只会忙碌。

3. 宣扬正向家庭观念

"戏精牡丹"的这则《妈妈忙碌爸爸悠闲》的微短剧，最后的结局是爸爸体谅了妈妈的辛苦，妈妈也略带夸张"翻身做主人"状地批评了爸爸，学会了爱自己。这就是在宣扬正向的家庭观念：家庭要有相对公平的分工，不能只劳累一个人。

包括"这是 TA 的故事"的每期视频，开头都会有矛盾点，比如家人的不理解、夫妻的拌嘴、婆婆的自私等，但最后的结局都会从丈夫积极的实际行动、妻子刀子嘴豆腐心的体贴中让观众看到：家家都有矛盾和难题，关键是夫妻怎么同心同力去解决的主题。

从 2010 年到 2019 年，离婚登记人数由 268 万对增加到 415 万对，不仅仅是离婚人数的增加，有不婚不育意愿的人数也在上升。2019 年中国 65 岁以上人口占全国人口的比例为 12.6%，60 岁以上人口占全国人口的比例为 18.1%，中国社会人口呈现老龄化状态，如果家庭类的微短剧再不停地从负面角度去梳理家庭关系，让大家丧失组建家庭的信心，无疑是雪上加霜。

（三）爱情剧

"爱情"是各类影视作品的永恒主题。无论是电影、电视剧还是网剧、微短剧，大家对爱情剧的收看意愿和其他类型的影视作品比会高很多，尤其是女性观众。从 2021 年 8 月抖音 App 的"抖音微短剧榜"我们可以看到，排名前三的微短剧中，有两部是爱情主题。排名第一的是最受男性观众喜欢的"人生励志"类型，后面我们会分析它的生产策略。

1. 高甜

高甜爱情剧的剧本相对来说矛盾点较少，或者矛盾点不足以让观众情绪起伏较大。高甜，顾名思义，不仅要甜，还要很甜。这类剧受欢迎的原因很简单，观众看它的目的只有三个：舒压、幻想、带入。

（1）矛盾单纯。

爱情小说有一种类型叫"虐恋"，两个人的感情之路非常坎坷，对感情的处理方式也很不健康，不是自虐式自怨自艾，就是不理智的虐待对方的情感，这类小说的受众群体很广，相关IP改成微短剧的并不多。因为在碎片化的时间里，大部分女性观众还是想磕"甜甜的恋爱"。因此，高甜剧的矛盾不可以虐心，让男女主角有一个个小误会，然后还要快速的一个个解开，总之，就是完全不符合现实生活的爱情，让女性观众产生不切实际幻想的高甜剧最受欢迎。

（2）启发幻想。

高甜剧能让人产生"幻想"，第一，男女主角的形象要好，一定是俊男美女，男才女貌。第二，男女主角的爱情场景一定要足够梦幻，比如男女明星拍戏的场景、男主角英雄救美女主角的现场、女总裁/男老板在职场叱咤风云的时刻等，离现实生活远，才越有幻想空间，才越具备"童话"的特质。

我们小时候都看过童话，大多数女性在幼时都幻想过自己是公主或者穿上美丽的公主裙，幻想是创造想象的一种特殊形式，是一种情感的寄托。在快节奏的现实生活里，这样的微短剧相当于为这一部分观众创造了一个情感寄托的栖息地。

（3）积极带入。

幻想的目的就是带入自己。能够让观众有带入感的高甜剧，情节一定是非常令观众向往的，比如男主角特别优秀、男主角对女主角特别好、女主角特别独立等。我们来看快手官方账号"高甜剧场"里高甜剧的台词：

"家务是男人做的、钱是男人赚给女人花的……"我们不能否认现实生活中也会有会说这种话的男性,但是无论在剧中还是现实生活,女性听到这种话大部分都会觉得温暖感人,情不自禁就会把自己带入成女主角,去"云享受"这份温暖。

2. 情感分析

做情感分析的账号在短视频平台中有不少,但是通过微短剧做情感分析的并不多。因为剧本有一定难度,不仅要擅长爱情剧的套路,还需要了解心理学的一些小常识,并且要对人心有较高的敏感度。这里举例的账号"呵,生活!"(简称"生活",于2022年1月停止更新)。这个微短剧账号的"卖点"在于洞察人心,洞察在感情中或者离开感情、即将进入感情中男女的心,并且拍摄方式也很有创意,在女主角进入角色演绎情节的时候,还会时不时面对面和观众交流。

(1)分析精准。

"生活"有一期微短剧拍摄的是冷战中的男女。女主角面对镜头开场:"情侣在冷战的时候最喜欢做什么?有人改黑色头像、有人朋友圈三天可见,而这些我们都不会做……"开篇她就把大部分情侣冷战的小细节直接说出。还有一期,开篇依然是女主角的叙述:"我感觉自己这次真的要分手了,我一吵架就控制不住自己说的话,我跟他说过我要改,可是我怎么也改不了……"男主角去哄她的时候,她其实还想再摆一摆架子,但还是会面对镜头说:"我绷不住了。"

这是通过细节演绎,将男女吵架的心理活动非常精准地表现出来,得到了很多粉丝的情绪同步认可。

(2)洞察情绪。

通过微短剧去揭露情侣间的微妙情绪,目前来说"生活"是做得最细致的。有一期叫作《就是想作,就是玩儿!》的微短剧让人印象深刻。第一幕是女主角对着镜头说:"你们有没有控制不住想作的时候?刚在楼下散步他没拉我的手,我生气了……"这句话一出来,有过恋爱经验的年轻女孩立刻就会有"情感共振"的感觉,这就是洞察了恋爱中女孩的小情绪。

接下来的剧情里,男孩还在哄着女孩,女孩又对着镜头说:"这种时候,应该给他个台阶下算了,但是我做不到……"这就是很多情侣间吵架,女孩子偶尔想作的真实心理活动:明明知道自己不对,但是碍于面子,就是想作和闹腾。这样的情绪有些时候是恋爱中的男女都不自知的,因为大部分人都缺乏情绪自省的能力。

这部微短剧把这些情绪解释出来、分析出来、表演出来,实际上是在给恋爱中的女孩做一个小小的提醒——小作怡情,大作伤身。

(3)贴近生活。

贴近生活不用多说,所有的情感分析片段都是来自生活中发生过的真实片段,否则难以让人产生觉察和自省。大家看情感分析微短剧是为了寻找共鸣,共鸣就是在自己身上也发生过类似的事,发生在自己身上的事,就是生活。

账号"生活"中涉及的片段:刚才提到的散步没牵手、女孩经常因为小事就说男孩不爱她、女孩嫌男孩好面子请客太贵等,都是普通情侣日常生活中常见的矛盾。

所以,这类微短剧的成功之处在于:我们在他们的生活里看到自己的生活,在自己的生活里和演员产生共鸣。

3. 婚姻

婚姻可以是生活也可以是爱情。"这是 TA 的故事"这个账号会探讨婚姻里的家庭责任,也会展现婚姻里的爱情。婚姻里的爱情和恋爱时的爱情是有区别的。恋爱时的爱情可以任性吵闹、扭头就走,而婚姻里的爱情多了挣扎、犹豫和克制。

所以,拍摄婚姻里的爱情微短剧最需要的是:分寸得当。"这是 TA 的故事"有一集微短剧是讲七夕节,有朋友问女主角,她老公有没有给她送礼物,通过女主角的表情观众看出她并没有收到礼物。这一幕,女主角没有直接回答,而是用一个沉默的表情看向了问她问题的朋友。这样的处理与很多剧情的常规表现方式不太一样，此时，女主角虽然心里是不高兴的，但是碍于面子，她在朋友面前是克制的，没有直接回答，但是观众立刻明白了她的无奈。

这个账号一直是固定的男女主角，从年龄上看是一对中年夫妻，中年夫妻往往会忽略节日的仪式感，但在现实生活中，这个年龄段的女方被忽略以后，往往是和剧情设定一样，是不好意思直接表达不满的。

这一幕没有激烈的戏剧化，但却很真实，掌握好了婚姻爱情剧的分寸感，引起了粉丝的热议。

二、人生励志类微短剧

人生励志类微短剧在抖音和快手平台都很受欢迎，励志微短剧《二蛋的正能量》获得了总计9.3亿的播放量（截止到2021年8月）。账号"二蛋的"所有微短剧都是主打"正能量"系列，进入该账号页面，标题也是充满正能量：养育之恩、母爱、善有善报等，可以看出他的目标受众较针对下沉市场，用很直白简单的方式在表达各种中华民族的传统美德。

人生励志类微短剧需要在情感上、精神上对受众起到鼓励和启发的作用，所以它主要需要情绪感染。要在一两分钟的时间里感染观众情绪就需要人物性格单一、矛盾冲突激烈、道理浅显易懂。

1. 人物脸谱化

人物脸谱化在文艺作品里是不好的评价，但是在微短剧发展的初期阶段，这是一个简便省事的方法。时间、剧情、人物数量和矛盾的浓缩性让剧情没有那么多时间进行人物的性格塑造，所以励志剧就是单纯的需要"英雄"的出现来扭转剧情。好人就是好人，坏人就是坏人，没有那么多复杂的人性来给观众探讨。

比如"二蛋的"有一集叫作《十跪亲娘》的微短剧，剧中的儿媳妇是一个十恶不赦虐待老人的恶毒女人，母亲是一个为了儿子忍受儿媳妇欺负的善良老人，儿子是一个单纯孝顺、发现老婆虐待母亲边哭边给母亲下跪认错的好人。这部剧里每一个人都是用几个词语就可以简单概括的形象，方便煽动观众对人物的情绪。

2. 矛盾夸张化

仍然是《十跪亲娘》这部剧，矛盾的展现从一开始就用儿媳妇故意挽着母亲、充满威胁的眼神和母亲躲闪的目光告诉观众，这个儿媳妇对婆婆不好。这是在引出矛盾。接着男主角离开，遇到邻居欲言又止的眼神，镜头切换到母亲坐在阳台打的地铺上，儿媳妇对着她恶劣的谩骂，这是在揭示矛盾。最后在门口听到一切的男主角走进屋内声泪俱下给母亲道歉，这是全剧的高潮和矛盾的处理结果，如图12-2所示。

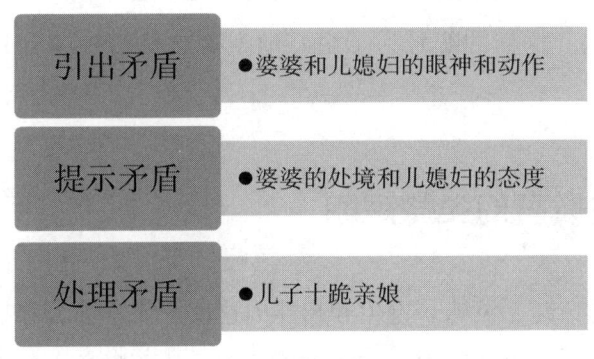

图12-2 《十跪亲娘》的矛盾展现与处理

在现实生活中如果遇到这种事，大部分男性的处理方式应该是和妻子理论，在谈话中向母亲认错，不太可能"十跪"，这种将矛盾夸张化的处理方式，男主角和母亲流泪抱头痛哭的镜头，让这则微短剧获得10.8万条的评论，大部分都是粉丝在说自己情绪受到感动的内容。

3. 主题浅易化

《十跪亲娘》这部剧的主题很简单，标题就提示了一切，夸张的剧情时时刻刻都在强化"孝顺"这一主题，观众一点多余的脑筋都不用动。

还有员工捡到"蛋总"钱包归还给他，然后"蛋总"帮助他们向自己老板讨要拖欠工资的微短剧,目的就是告诉大家别让热心的员工寒了心;新来的经理歧视送水工人不和其同乘电梯,被"蛋总"开除,目的是告诉大家人不分高低贵贱,要尊重所有职业;"蛋总"回到老家发现弟弟已经将父母送去养老院,把弟弟好好教育了一顿,主题也非常浅显易懂:百善孝为先。

这些正能量微短剧类似于舞台小品,矛盾在短时间内爆发,主题简单且对很多人有教育启发的作用,一些长辈看后还喜欢转发给晚辈学习,使得这类微短剧转发量、留言量和点赞量一直在短视频平台上名列前茅。

但是,现在的受众对微短剧的宽容度还较高,很多粗糙的细节(比如演员的表演、剧情的连贯性、服化道具等问题)都可以暂时忽略不计。但当越来越多的实力团队进入微短剧市场时,尤其是进入"人生励志类微短剧"这个赛道,这样的账号为了更好地生存,就要在细节上下更扎实的功夫。

三、古风魔幻类微短剧

在魔幻的穿越、灵魂、重生和超能力这四个元素中,穿越、灵魂和重生大部分都出现在古装剧中,超能力更是在仙侠题材的古风剧中作为男女主角的主要技能存在,超能力也会出现在一些现代微短剧中,比如《这个男主有点冷》的女主角,女主角经历快穿(指主角进入某个系统之中,系统安排任务要求他/她穿越至某个世界,在较短的规定时间内完成他/她在这个世界的任务:攻略某人或杀掉某人等,然后再穿回系统,或者直接进入另一个世界进行下一项任务)重生后,用超能力攻陷男主角,最后和男主角相爱的故事。这部作品实际是拥有魔幻元素的爱情微短剧,"爱情"是主题,"魔幻"只是可有可无的辅助,起到锦上添花的作用。

在古装微短剧中,"魔幻"和主题剧情直接关联的较多,一部分是以动漫形式展现(动漫动画的微短剧生产策略我们会在后文进行探讨),另一部分就是《一胎二宝》那样集魔幻和爱情于一体的古风微短剧。古风微短剧都是在架空的朝代，不然会限制住可以施展各种魔幻元素的剧情，且这类古风微短剧会有一个"魔幻"道具贯穿整个剧情作为主要矛盾，比如《一胎二宝》中的"魔幻"道具是"厌龙草"和"凤舞花"。

还有非魔幻元素的古风微短剧，但这类微短剧主人公无论男女至少有一方是身怀绝技的，比如《大盗轩辕修》，男主人公是一个惊天大盗，但同时也是一代绝世枭雄，迎合了男性观众的英雄情结。

1. 人物脱离现实

大多数古风微短剧的男主角比现代剧的"霸道总裁"还要脱离现实，他们不是身怀常人没有的超能力，就是拥有旁人无法想象的隐藏身份。"脱离现实"的目的是让观众暂时远离和忘掉现实生活世界，走入这些微短剧。古风微短剧的动作戏都比较简单，虽然很多剧组武术指导、吊车和威亚都配备齐全，但是因为大部分微短剧演员自身在这方面的素养不强，再加上拍摄时间要求短。出于成本考虑，纯武侠类的古风微短剧并不多。古风微短剧中展现的大部分男女主角拥有的，都是仙侠剧中的"神仙能力"和一些简单的武打动作，"神仙能力"在这里是指魔法一样的特效技能：让人死而复生、治疗伤病、瞬间穿越各个地点等。

比如《冥君娶妻》，讲述的是巫女与冥王相爱的故事，男女主角的设定都是神话剧中才有的身份。巫女可以让死去的冥王肉身复活、可以让书生扭伤的脚瞬间痊愈，冥王可以将人打入油锅地狱……这些设定能让观众找到小时候看神话故事的新奇感。

2. 虚拟世界架空朝代

正因为人物的非现实性，人物的发展就不用遵循环境和社会的诸多限制。那么为了人物设定的自由度更大，他所存在的就可以是有一套自创世界观的虚拟世界。比如《三生三世十里桃花》《斗罗大陆》《仙剑奇侠传》等知名IP，全都有作者创造的宏大虚拟世界。

有了"神"、"仙"和"侠"的元素，就会有仙界、凡界之分；虚拟世界的名称也是作者自己创造：斗罗大陆、六界、九重天、四海八荒等，这些名称多是借鉴《山海经》《西游记》或者宗教传说中的说法。目前，具有仙侠元素的古风微短剧有宏大世界观的不多，但还是在自创的虚拟世界或者架空朝代中，比如前面举例的《一胎二宝》、《大盗轩辕修》和《冥君娶妻》，对于朝代背景都故意没有交代，再加上都有魔幻或者仙侠元素，剧中只有几百年、几千年的时间流逝展现，都是虚拟的"江湖"。

这样的时代背景设定是利大于弊的。首先，不用担心篡改历史；其次，编剧决定人物命运的自由度更大；最后，天马行空限制度小的剧情让观众的想象空间更广阔。

3. 男女主角虐恋情深

古风微短剧中的恋爱剧、仙侠剧的男女主角，一定会有比重较大的感情戏。恋爱剧肯定以恋爱为主题，仙侠剧很多时候给观众的感觉是"谈恋爱时顺便拯救了苍生"，有点本末倒置。但是这种"本末倒置"目前仍然拥有市场，俘获着女性观众的心。尤其是男女主角的感情戏再加上"虐恋"的成分，比如罗密欧与朱丽叶似的家族障碍、人神妖仙身份不一致的障碍、拯救江湖复仇敌人的责任障碍等，并且男女主角一定是爱对方爱到可以献出生命的程度。

《愿与妻共白头》是《一胎二宝》女主角御儿官方团队制作的又一部古风微短剧，剧中有重生元素，讲述的是前世被男主角误会害死的女主角重生后又一次遇到男主角，仍然心甘情愿与之相爱的故事。这是典型的"虐恋情深"，每一集播放量为600万到800万，粉丝的留言互动积极：分析剧情、分享感受。

该团队生产的《深墙锁梦》剧情中，女主角青梅竹马的情人为了保全她服毒药自尽，依然是"虐恋"套路，有大反转的该剧第二十一集，播放量达到了2000多万。

古风微短剧对服化道具的要求较高，否则很难让观众有"带入感"，如果再加上魔幻元素，后期的特效虽然不复杂，但细致性与精致性要让观众有沉浸感。比起现代场景的微短剧，古风微短剧在前期的妆发、置景和后期的剪辑上需要花更多的成本，但这片市场的变现情景良好且多元。比如御儿的个人 IP 已经在快手打响，开始了直播带货，她还成立了自己的营销团队，主打自有品牌。2020 年 8 月 9 日，御儿的快手直播实现了 365 万 + 总观看人数，127 万 + 总成交，达到 2020 年度最高点，截止到 2020 年 8 月 10 日，御儿团队直播电商成交总额高达 4406 万。御儿的女性粉丝占据了 81.44%，所以她的自有品牌以日用护肤品为主。

这是目前微短剧中，第一个靠内容打响个人品牌的演员。相信在古风微短剧这个类别中，随着行业的发展成熟，还会诞生更多的个人 IP。

四、搞笑幽默类微短剧

中国著名喜剧演员陈佩斯曾说："喜剧是一个理性的创作过程，它带给人们的是快乐，但其实它是要经过严格设计和精准的表现才可以完成的。"

我们看完优秀的喜剧，第一个情绪反应就是哈哈大笑，殊不知，这简单的"哈哈大笑"的背后，有着编剧与演员深度理性的思考与推敲，尤其是在观众对于幽默搞笑的微短剧审美要求越来越高的今天，像滑稽剧一样刻意搞笑的微短剧市场已经越来越小，"内容"始终是硬核。

幽默搞笑的微短剧基本都是单集故事的形式，打造个人 IP 为主。全网拥有 3700 多万粉丝的"多余和毛毛姐"算是最早在短视频平台为大家带来笑声的 KOL。女扮男装的精准模仿、夸张的各色假发、细微的洞察闺蜜、同事、母女之间的小心思，并且在极短的时间内夸张地演绎出来，让他在 2018 年底吸引了众多粉丝的目光。除了精准的洞察女人心，他的各种经典语言也为他树立强人设助力不少。

1. 强烈的个人特点

"好嗨喔，感觉人生到达了高潮，感觉人生到达了巅峰。""好无情，好六亲不认……"辨识度颇高的贵州口音一出来，大家就知道是 UP 主毛毛姐来了。毛毛姐生产的情景类微短剧，都是在同一个室内场景，并且一人分饰多角。即便是室外场景，也基本没有场景切换。

毛毛姐的代表性形象是令大家印象深刻的一头红假发，还有搞笑微短剧账号"小李飞叨·李洋"的 UP 主李洋是一头短卷发，他俩都是用的这个形象直接做的账号头像，强化大家的视觉记忆。拥有千万粉丝的搞笑 UP 主毛光光，他的代表形象则是用绿色眼影搭配他饰演的一身柜姐制服的固定角色"吴桂芳"。

这几个 UP 主独特的语言和形象就是他们强烈的个人特点。我们记住一个人，无非是通过声音、语言和形象。因此，从这三个方面的任何一面入手，打造让人印象深刻的特征，是塑造搞笑类 UP 主个人 IP 的重要一步。

2. 细致的演绎生活

把生活中的小事用幽默的方式展现出来是很多喜剧类影视作品的做法。飞机上乘客和空姐的对话、夫妻间的吵嘴、买东西时的讨价还价等，这些都是我们平常看似乏味，被人演绎以后才发觉很多有趣的生活细节片段。账号"我是赵岩"的作者很擅长捕捉生活细节，并通过细致的演绎让大家忍俊不禁。比如有一期微短剧是讲奶奶耳朵听不清，家里每个人跟她大声说话她几乎都会听成和吃海鲜、抽烟相关的事，最后家里人用非常小的声音说了一句打麻将，奶奶立马听清，从沙发上蹦起来去拿钱。下面的很多留言都在讨论自己家里耳背的长辈都是像"奶奶"一样"选择性耳背"，让家人们又好气又好笑。还有一集是讲"妈妈眼中的外卖"，长辈们或多或少都会觉得外面的食物不干净，这集微短剧略带夸张地演绎了这一情节：妈妈口中的麻辣烫里有让人吃了上瘾的东西、菜洗不干净还致癌；炸鸡的鸡都有三头六臂全是吃激素长大的，也致癌；涮串的竹签上面都有别人的口水，依然致癌……这集微短剧里，妈妈的语言内容虽然夸张，但就是我们身边长辈形容外卖的"浮夸版"。

3. 男扮女装拼演技

毛毛姐、毛光光、李洋等都是男扮女装搞笑 UP 主的典型代表。男人扮演女人，并不是一味地"扮娘"，而是要抓住女人的表情、动作和语言特点。大家为什么会喜欢看他们男扮女装，是因为他们"比女人还懂女人"，一部分女性自己都察觉不了的小心思，被这些男人们都提炼了出来。

比如毛毛姐有一集微短剧描写的两个闺蜜约会，之前两人电话约定好都不要化妆，结果见面时一个比一个打扮得精致。粉丝留言纷纷感叹这是现实中很多女性朋友之间的真实写照，除了有 100 多万的点赞，还获得了 4 万多的评论。

"最懂女人心"的还有李洋，他饰演的爸爸妈妈是很多人家里父母的样子，尤其是他演绎的父母拌嘴的片段让人印象深刻。很多人家里的爸爸经常会有"废话性"提问，比如看到妈妈买了一堆水果，会问：你买水果干啥？妈妈在上厕所，爸爸也会问：你在厕所干啥？李洋在自己微短剧里，演绎的妈妈幽默可爱，她的回答是水果买来看的，我在厕所吃饭等，用这些爆笑的回答解开了爸爸的明知故问。还有些爸爸喜欢说"随便"，他的微短剧里，妈妈也用很多爆笑的回答回怼了爸爸的"随便"，比如妈妈问吃什么，爸爸说"随便"，妈妈就不做了；妈妈问哪件衣服好看，爸爸说"随便"，妈妈就说赤橙黄绿青蓝紫各来一件……粉丝的留言也都是在回应说自己家里有同样的情况，学到了处理办法。

男扮女装吸引的是女性观众，主要是因为演绎的生动、内容的共鸣，且男人来演女人更增加了喜感和新鲜感。

2020 年底，百度旗下的"好看视频"与开心麻花联合出品了搞笑微短剧《发光的大叔》，该剧是连续剧的形式，一共 11 集，每集 4~6 分钟。在 2021 年 2 月上线以后，反响较小，原因主要有两个方面：一是笑点不密集，矛盾不激烈；二是故事表达的情绪和他人共识度不高。

腾讯微视 2021 年 1 月上线的搞笑微短剧《铁锅爱炖糖葫芦》，截止到 2021 年 9 月已经更新 62 集，主演是电视剧《乡村爱情故事》谢广坤和谢飞机（谢腾飞）的扮演者唐鉴军和曹桐睿。观众对主演的熟悉感，剧情的紧凑感和由《乡村爱情故事》延续的喜剧感使得该剧的累计播放量达到了2.2亿（截止到2021年9月）。

五、动漫动画类微短剧

"iiMedia Research（艾媒咨询）数据显示，2019年中国二次元用户规模约为3.32亿人，2020年为3.7亿人。预计2021年将突破4亿人。"[1]艾媒咨询分析师认为，随着二次元文化的泛化发展，其用户规模将持续增长。

"二次元"用来指代动漫动画、游戏等作品中的角色。"二次元"的用户规模如此庞大，正是动漫动画微短剧市场的新机会。

动漫动画微短剧走角色IP的路线较多，比如国漫IP"僵小鱼"、"尊宝爸爸"、"一禅小和尚"和"狗哥杰克苏"等，这几个动漫账号均凭借着各自的"人设"特点在全网拥有千万粉丝。当然还有内容IP影视化的微短剧，如《万界仙踪》《斗罗大陆》等，播放量和点赞量虽然无法和前者相比，但因为有之前小说与漫画粉丝的积累，这类型微短剧粉丝的黏性更大。

腾讯举办的主题为"一花一世界"的UP 2019腾讯新文创生态大会上，腾讯动漫发布了"漫动画"这个概念。这是一种介于漫画和动画之间的形式，通过补帧，加入声优演绎、音乐音效等元素以竖屏的形式展现漫画剧情，账号"胡渣少女"及漫改IP《代嫁丞相》、《19天》和《请叫我小熊猫》等都是"漫动画"的代表。

还有一些"漫动画"和现实照片结合推动剧情的账号，基本都走的喜剧路线，收获的粉丝量也不小，如抖音账号"天才小熊猫"，只发表了6

---

[1] 艾媒大文娱产业研究中心，艾媒网．艾媒报告｜2019—2022中国二次元视频行业专题研究报告［R/OL］．（2020-03-05）［2022-09-10］．https://www.iimedia.cn/c460/69592.html．

部微短剧作品，就有494.5万粉丝（截止到2021年9月），除了动画形象的喜剧效果，还有内容的独特不可复制性。

1. 内容讨巧 > 形象塑造

动漫动画的微短剧形式有漫动画、CG动画片、木偶动画和水墨动画等。无论主角是哪种类型的动画风格、何种形象，只要具有自己的外形特点，观众的包容度都挺大。因为最主要的还是"内容"。

账号"一禅小和尚"的作者是一个有圆乎乎脑袋的小和尚，虽然他的形象特点是"可爱"。但是可爱的他却在每期微短剧中都说出耐人寻味的人生哲理与为人处世的智慧话语："上天让你结束一段关系，并不是想没收你的幸福，而是他把你的委屈都看在了眼里，是为了让你解脱，才放那个人走的，对了，上天还让我转告你，他已经安排了一个视你如命的人，在未来等你。"

还有账号"狗哥杰克苏"，形象没有狗的憨态可掬，反而是成年男人的体态，并且里面大部分角色都是拟人的动物形象：猫头鹰和绵羊等直立行走、穿各种衣服、去酒吧、住酒店……动画的内容每一期都在通过狗哥杰克苏和自己老婆的日常相处探讨两性关系、家庭关系，狗哥的微短剧题目诸如："哪有什么婆媳矛盾，只是你这个当儿子当老公的不作为罢了""都是我不好"等，狗哥杰克苏都站在为成年女性发声的立场上。

这两个账号的动漫动画微短剧都是面对的成年人，讲人生道理、讲爱情、讲家庭等。主角的形象风格迥异，虽然不太符合大众对"动画"人物好看和可爱的固有印象，但更贴合各自的价值取向。因为是动画片，情节的起承转合还是更简单直接，成年人在情节中找到默契的同时还可以解压。

2. 心灵鸡汤 > 幽默滑稽

"心灵鸡汤"是个外来语，英语原文是chicken soup for the soul，意思是"给心灵的鸡汤"。它是指对人的精神与心智有正面安慰作用的文艺作品。心灵鸡汤可以是一段话、一篇文章、一句台词或者一部电影。

"一禅小和尚"账号内容主打各种"心灵鸡汤"剧情演绎，总点赞量达到了 2.6 亿（截止到 2021 年 9 月）。对点赞量贡献最大的是一个演绎鸡汤文字的微短剧，题目也较长：《快乐或许总比痛苦短暂，但我仍希望你怀抱能够得到的希望，也拥有不害怕失去的勇气》，总点赞量 1756.6 万，这是目前微短剧单集点赞量的最高纪录（截止到 2021 年 9 月）。

我们来看这则微短剧的配音："在清水中放一颗糖，不会太甜，但放一勺醋，就会很酸；捡到钱不会太高兴，丢了钱却懊恼不堪；人不能因为一件喜事高兴一整年，却能因为一个创伤，郁郁终身；痛苦给人的刺激总是远远大于快乐，所以人们宁可不得到，不愿再失去，逐渐的，不悲、不喜。"

这则微短剧所有的画面都和配音内容"声画对位"，放糖、放醋、捡到钱、丢钱等情节都被动画人物"一禅小和尚"演绎了出来。配音也是用的和他形象吻合的男童声，稚嫩中又带着看破人生的老道，让经历过人生酸甜苦辣的成年人在平静中得到安抚。虽然大部分人都喜欢在碎片化的时间里放松身心，但和主打幽默滑稽风格的动漫动画微短剧相比，这种简短鸡汤式的微短剧更容易快速抓住受众。

"心灵鸡汤"这一概念和"心灵鸡汤系列丛书"的创始人之一杰克·坎菲尔德（Jack Canfield），已经上过上千次电视节目，粉丝中还包括各界政要与知名企业家。"心灵鸡汤"这个系列的书在全球销量过亿，可见各色人等对于"鸡汤"的心理需求都很强烈。我们改变不了环境，但却可以改变心态，心灵鸡汤存在的目的就是帮助大家调整心态。

3. 一集一梗连续作战

连续剧形式的动漫动画微短剧都是之前有"群众基础"的 IP 漫改，比如《长歌行》《斗罗大陆》等，它们的连续性是因为有宏大的历史背景和虚拟世界观，也正是因为它们故事背景的复杂性，很多连续剧形式的动漫动画微短剧已经属于中视频的行列，时长基本都在 10 分钟以上，需要占据观众较完整而不是碎片化的时间。它们故事的连续性也让观众没有办法随意选择剧集观看，必须具有一定系统性，这就已经过滤掉了一部分时间与精力不允许的观众。

因此，一集一个故事，每个故事里面有一个梗的动漫动画微短剧会更受欢迎。"漫动画"账号"胡渣少女"、"天才小熊猫"和"徐福日记"都是属于一集一个完整故事的微短剧。

"胡渣少女"每一集的情节都是围绕个人 IP"胡渣"的生活与工作展开，一集一个无厘头的喜剧故事，每集标题在账号首页就能轻松浏览。作者胡渣展现的是当代年轻人的自嘲与尴尬，大家看后会觉得可爱与放松，并且不用深究她的个人背景与"前世今生"，她带给观众的是轻松和愉快。

还有每集故事极具创新性与不可复制性的"天才小熊猫"。作者的画风非常简单，内容喜剧效果也非常强，但对故事情节的构思非常复杂严谨。比如点赞量最高的一期微短剧，讲的是一位学漫画的人花了 5 个月时间在微博请教他怎么画漫画，并且也练了整整 5 个月的漫画。在故事里，作者把请教他的这个人的微博账号名称"漫画家王者"公布了出来，大家都纷纷去搜索，真的有剧情里提到的这个账号，并且从 2018 年 6 月到 10 月，更新内容和"天才小熊猫"微短剧里说的一模一样。

其实这就是作者本人专门为剧情建立的微博号。由此可见，作者花了整整 5 个月的时间来打磨这个微短剧，并且为了增加真实性，他的铺垫让一切情节都"有迹可循"。网友纷纷留言说"这是个狠人"。这里的"狠"是指他对作品的高要求，这种高要求也造就了他微短剧剧情的不可复制性，吸引了一批"死忠粉"。也正是因为他打磨每一集故事的"高要求"，所以更新频率很低。并且，每一集都是一个单独的精彩故事，没有连续剧情，这就更增加了受众对更新频率低的包容性。

除了短视频平台抖音、快手、腾讯微视、好看视频等，中长视频平台爱奇艺、腾讯视频、优酷和芒果 TV 都纷纷加入了微短剧的阵营，打造和各个阅读平台如七猫小说、米读小说、起点读书等网文 IP 合作孵化的新模式。微短剧领域目前仍然是在起步阶段，类型的丰富程度、剧本的精细化、演员的表演、后期的制作、变现的方式上都还有很大的拓展与上升空间。尤其是现在各个平台都推出了"青少年模式",那么真正适合青少年观看的微短剧题材寥寥无几。我们期待微短剧今后会更多加入历史、普法、人文艺术教育元素,除了趣味化和引起观众的情绪共振以外,还要更多地起到引导思想的作用。

成功的作品是迎合需求,伟大的作品是创造和引领需求。

思考与练习

1. 微短剧和电视剧、网剧的不同点在哪里?
2. 什么样的微短剧会受到市场的欢迎?
3. 从内容来看,微短剧有哪些分类?
4. 生产不同类型的微短剧的要求是什么?

参考文献

[1] 周建青.新媒体视听节目制作：第2版［M］.北京：北京大学出版社，2019.

[2] 郭庆光.传播学教程：第二版［M］.北京：中国人民大学出版社，2011.

[3] 秋叶.短视频实战一本通：内容策划　拍摄制作　营销运营　流量变现［M］.北京：人民邮电出版社，2020.

[4] 郑昊，米鹿.短视频：策划、制作与运营［M］.北京：人民邮电出版社，2019.

[5] 刘东明.新媒体短视频全攻略：前期拍摄+后期处理+广告变现+营销推广［M］.北京：人民邮电出版社，2018.

[6] 龙飞，vivi的理想生活.手机短视频拍摄与剪辑从新手到高手［M］.北京：电子工业出版社，2021.

[7] 刘瑜.送你一颗子弹［M］.上海：上海三联书店，2010.

[8] 罗兰.米开朗琪罗传［M］.傅雷，译.北京：生活·读书·新知三联书店，1999.

[9] 鲍楠.短视频内容的主要类别与特征简析［J］.中国广播电视学刊，2019（11）.

[10] 谢玮欢.新媒体时代短视频营销思考［J］.合作经济与科技，2021（18）.

[11] 赵雅轩. 抖音搞笑短视频的语言文本表达研究［D］. 武汉：武汉体育学院，2019.

[12] 孙玉婷. 媒体奇观视域下的抖音搞笑短视频研究［D］. 湘潭：湘潭大学，2021.

[13] 快手大数据研究院. 致披荆斩棘的你——2020快手内容生态半年报［R/OL］.（2020-07-22）［2021-08-20］. https://wenku.baidu.com/view/8b5e5bb32f3f5727a5e9856a561252d381eb2036.html.

[14] 卡思数据. 2019美妆短视频KOL营销报告［R/OL］.（2022-01-30）［2022-02-01］. https://max.book118.com/html/2022/0129/6230013020004114.shtm.

[15] 快手大数据研究院. 2021快手内容生态半年报［R/OL］.（2021-08-11）［2021-09-01］. https://max.book118.com/html/2021/0809/8123053121003131.shtm.

[16] 艾瑞咨询. 2020年中国移动互联网内容生态洞察报告［R/OL］.（2021-07-28）［2021-09-01］. https://max.book118.com/html/2021/0728/5043331243003320.shtm.

[17] 新榜研究院. 2021视频号发展年中报告［R/OL］.（2021-07-23）［2021-09-03］. https://max.book118.com/html/2021/0722/7106122155003146.shtm.

[18] QuestMobile研究院. QuestMobile中国移动互联网春季大报告［R/OL］.（2020-04-28）［2021-09-06］. https://wenku.baidu.com/view/e011c4f3a2116c175f0e7cd184254b35effd1a18.html.

[19] 快手商业策略中心-磁力数观. 快手有佳人：女性人群价值报告［R/OL］.（2021-03-13）［2021-09-06］. https://max.book118.com/html/2021/0311/5334133230003142.shtm.

[20] 网络视听生态圈.《2020快手短剧生态报告》发布：90后和00后作者占71%（附PPT全文）［R/OL］.（2020-12-21）［2021-09-

06］.https://lmtw.com/mzw/content/detail/id/195916.

［21］艾媒大文娱产业研究中心，艾媒网.艾媒报告｜2019—2022中国二次元视频行业专题研究报告［R/OL］.（2020-03-05）［2022-09-10］.https://www.iimedia.cn/c460/69592.html.

［22］腾讯医典.医疗科普短视频与直播洞察报告出炉！解锁当代人知识型养生十大真相［EB/OL］.（2021-07-06）［2021-09-03］.https://xw.qq.com/cmsid/20210706A01CSP00.

［23］运营那些事儿.短视频发展简史：从20分钟到15秒的新秩序［EB/OL］.（2018-06-07）.https://www.niaogebiji.com/article-17658-1.html.

［24］袁军.提升中国核心术语国际影响　加快构建中国话语体系［N/OL］.光明日报，2022-04-21［2022-08-08］.https://baijiahao.baidu.com/s?id=1730649106110341250&wfr=spider&for=pc.

［25］胡毓靖.陈睿：1.13亿用户在B站学习，是中国在校大学生的三倍［EB/OL］.（2021-06-28）［2021-09-02］.https://k.sina.cn/article_1887344341_707e96d5020013k6x.html?amp;vt=3.

［26］央广网.快手发力泛知识内容生态　携手百位大咖打造知识直播IP"快手新知播"［EB/OL］.（2021-06-24）［2021-09-01］.https://baijiahao.baidu.com/s?id=17034197499127728 36&wfr=spider&for=pc.

［27］环球网.B站董事长兼CEO陈睿：B站泛知识内容播放占比达45%［EB/OL］.（2021-06-03）.https://baijiahao.baidu.com/s?id=1701537703860281942&wfr=spider&for=pc.

［28］互联网圈子那点事.报告｜巨量算数：2020年抖音用户画像报告［R/OL］.（2020-03-18）［2021-09-02］.https://www.163.com/dy/article/F8067CL80511ANPT.html.

［29］腾讯网.百度短视频生态全面升级　推出"轻知计划"［EB/OL］.（2021-04-26）［2021-09-02］.https://new.qq.com/

omn/20210426/20210426A046AP00.html.

[30] 乐水.《捉妖记2》的央视春晚60秒,或将开启国产电影"超级碗"式营销[EB/OL].(2018-02-13)[2021-09-05]. https://baijiahao.baidu.com/s?id=1592212875384355824&wfr=spider&for=pc.

[31] 茉莉传媒.抖音发布私域运营白皮书,茉莉数科彰显DP综合服务能力[EB/OL].(2021-08-10)[2022-09-06]. https://t.cj.sina.com.cn/articles/view/7263657252/1b0f29d24001016uxt.

[32] 猫叔.纳入广电监管6个月,微短剧如今咋样了?[EB/OL].(2021-02-26)[2021-09-18]. https://baijiahao.baidu.com/s?id=1692771720017094159&wfr=spider&for=pc.

[33] 青瞳视角.抖音发布娱乐白皮书,将联合业内头部制作公司开发精品微短剧[EB/OL].(2021-01-20)[2021-09-06]. https://baijiahao.baidu.com/s?id=1689399342615215640&wfr=spider&for=pc.

[34] 缪禾.排队离婚?离婚率飙升下,"光棍危机"诞生,3000万单身汉怎么办[EB/OL].(2021-02-02)[2021-09-10]. https://baijiahao.baidu.com/s?id=1690490153995541535&wfr=spider&for=pc.

[35] 知乎.中国人口老龄化真的严重吗?[EB/OL].(2020-03-24)[2021-09-10]. https://www.zhihu.com/question/376429046/answer/1081171198.

[36] 新榜.单场直播销售额127万!快手古风短剧第一人的带货方法论[EB/OL].(2020-09-05)[2021-09-25]. https://www.sohu.com/na/416589318_108964.

[37] 艾伯特的书店.为什么说喜剧的内核是悲剧[EB/OL].(2017-10-18)[2022-09-10]. https://www.sohu.com/a/198794905_814503.

[38] 卡思数据.垂类内容分析合辑丨2018年细分领域内容打造方法论总结[EB/OL].(2019-01-29). https://mp.weixin.qq.com/s/H9y95rVuAQedQhlGmWw3ng.

[39] 岳遥. 闺蜜档账号崛起，如何靠"秀友情"吸睛变现？［EB/OL］.（2019-06-25）. https://mp.weixin.qq.com/s/0W1iETMzWw4x_h2XnH3U4g.

[40] 大婷婷. 搞笑节目不难做! 4个套路让观众笑到停不下来［EB/OL］.（2018-03-15）. https://mp.weixin.qq.com/s/V3ZekD3PC_fZfUq859-lYQ.

[41] 张木子. 从内容到变现：手作类账号「突围」之术［EB/OL］.（2020-07-30）. https://mp.weixin.qq.com/s/pcML3Z05Cva5qmlKwt2XfA.

[42] 谭天论道. 短视频给我们构建一个什么样的传媒业？［EB/OL］.（2020-10-30）. https://www.sohu.com/a/428320513_716096.

[43] 袁海. 7条让观众沉迷抖音的套路，在你打造出现象级IP前都管用！［EB/OL］.（2018-06-28）. https://mp.weixin.qq.com/s/9-KKRe5c1Wh0Q0S3ZxxJwA.

[44] 岳遥. 整人"整"出千百万粉丝，【整蛊】是快速涨粉的有效密码吗？［EB/OL］.（2021-03-30）. https://mp.weixin.qq.com/s/WEIVTsD8tiXllusx9SuE6w.

[45] 岳遥. "一个人撑起一台戏"，这些"戏精"达人们是如何吸粉百万的？［EB/OL］.（2020-12-25）. https://mp.weixin.qq.com/s/zU9D780Xw_7X-bwQjV7tww.

[46] 张木子. 一支视频点赞量破800万，专业喜剧人"吃香"的秘密？［EB/OL］.（2020-12-28）. https://mp.weixin.qq.com/s/wTc1KqTutjTwWSsXKGL2Nw.

[47] 岳遥. 热度激增，职场类内容能否成为创作者的下一个切入口？［EB/OL］.（2019-10-17）. https://mp.weixin.qq.com/s/mZYyyAWiXF7K3Il9KiqwzQ.

[48] 周换. "进击"的妈妈：剧情类账号，"妈妈"的出场率为何这么高？［EB/OL］.（2021-04-12）. https://mp.weixin.qq.com/s/7TdDZusxYZXfw-PFEQ5tMw.

[49]岳遥. 爆红背后,情侣类KOL的机遇与挑战[EB/OL].(2019-11-28). https://mp.weixin.qq.com/s/qJZeDzIH3Dhs7Rid1Goplw.

[50]榆河. @刘宇引发国风热潮,短视频时代,国风文化如何破圈?[EB/OL].(2021-04-10). https://mp.weixin.qq.com/s/fVisKUVnF5V2NJRsGa89sQ.

后 记

  我与胡筱老师相识于四川传媒学院,由于对短视频策划与制作的共同兴趣和教学研究需要,我们成为志同道合的好友。在日常的教学中,我们看到学生们对于短视频策划与制作的热情,也看到企业和市场对短视频人才的需求,但却苦于暂时还难以找到一本立足于应用型传媒高校较为科学系统又有丰富的案例和较强的实战技能指导的新媒体短视频专业教材,于是我们萌生了结合应用型传媒高校的人才培养方案、教学计划和教学大纲,从教学实际与一线实践出发,编写一套成体系的教材作为教学工具和教学指导的想法。

  在教材的编写过程中,我们始终以习近平总书记提出的"文化软实力"概念为灵魂,坚持人才是第一资源、创新是第一动力,深入实施科教兴国战略、人才强国战略,为培养出更多的满足时代需求的有历史责任感、有勇力、有担当的优秀传媒人才为己任。根据CSM(中国广视索福瑞媒介研究)发布的《2021年短视频用户价值研究报告》显示,2021年上半年,短视频用户的渗透率已达90.4%,用户自制或上传短视频的比例由2018年的28.2%攀升到42.8%。当短视频成为人们"表达"与"吸收"自己见识与观点的平台,作为短视频创作主力军的年轻人就需要策划和制作出更多优秀内容,以展现中国老百姓平凡而积极努力的生活状态,展示中华文化的独特魅力,讲好中国故事,树立好中国形象。在"人人皆是自媒体"的时代,并非人人皆是"优秀"自媒体。因此,在本教材的编写过程中，我们希望除了用丰富的理论知识帮助学生构建策划和制作短视频的基本策略和方法，更希望能通过一些较新、较近的案例来帮助学生理解短视频的策划与制作。

本书由胡筱老师和我合作完成，第一章由我们共同编写，第二章、第三章、第五章、第八章、第九章、第十章由我独立完成编写，第四章、第六章、第七章、第十一章、第十二章由胡筱老师独立完成编写。

写作过程并非一帆风顺，但还好有胡筱老师并肩前行。更令人感动的是，我们的师友、学生及家人都对我们给予了无私帮助。在本书付梓出版之际，首先，感谢在书稿写作过程中给予指导和帮助的电子科技大学谢梅教授、四川传媒学院有声语言艺术学院院长王雷、上海视觉艺术学院新媒体艺术学院院长汪建强、上海视觉艺术学院表演艺术学院院长栾洪金、四川传媒学院朱荣清教授；其次，感谢本书的责任编辑屈明飞女士及中国国际广播出版社的编校团队为本书的出版倾注了大量的心血。

本教材在编写过程中参阅了大量关于短视频的专著、译著、论文、教材等著述，以及大量 UP 主的视频作品，借鉴、引用了许多同仁的研究成果，由衷感谢前辈们的辛勤劳动和无私奉献。本教材以学生为本，参照行业需求，在内容方面博取众家之所长，融会短视频创作的理论精华，在实践方面结合大量丰富的实战案例，力求在一定程度上比较全面地、系统地呈现短视频在策划和内容生产上的策略。然而，由于编者水平有限，可能未如所愿。偏颇疏漏之处，恳请各位同仁不吝赐教。

钟欣颖　2022 年 11 月 22 日于成都
胡　筱　2022 年 11 月 22 日于上海